PONGRATZ-SEEBACH — BURGEN UND SCHLÖSSER
YSPER-WEITEN-PÖGGSTALL
(NIEDERÖSTERREICH III/2)

ISBN 3 85030 008 0

NIEDERÖSTERREICH:

I. VIERTEL UNTER DEM WIENERWALD (3 Teile)
   1. ZWISCHEN WIENERWALD UND LEITHA
   2. BADEN, GUTENSTEIN, WR. NEUSTADT
   3. BUCKLIGE WELT, SEMMERING, RAX

II. VIERTEL OBER DEM WIENERWALD (3 Teile)
   1. ZWISCHEN GREIFENSTEIN UND ST. PÖLTEN

III. WALDVIERTEL (4 Teile)
   1. LITSCHAU, ZWETTL, OTTENSCHLAG, WEITRA
   2. YSPER, WEITEN, PÖGGSTALL

IV. WEINVIERTEL

V. WEHRKIRCHEN NIEDERÖSTERREICHS (2 Teile)

Umschlaggestaltung (Pöggstall), Zeichnungen:
Akad. Maler Ferdinand Dorner, 1050 Wien

Fotos: Gerhard Seebach; Ernst Toman;
Zeichenunterlagen, Kreutzbruckpläne, Stiche:
Burgenarchiv der NÖ. Landesregierung, 1010 Wien

Pläne: Hochschul-Prof. Dr. techn. Adalbert Klaar, Wien;
Gerhard Seebach, Wien

Die Baualterspläne wurden im Bundesdenkmalamt von Prof. Dr. techn. Adalbert Klaar verfaßt. Die Wiedergabe derselben erfolgt mit ausdrücklicher Genehmigung des Bundesdenkmalamtes. Alle sonstigen Rechte, insbesondere das Reproduktionsrecht bleiben diesem vorbehalten.

Alle Rechte vorbehalten
c 1972 by BIRKEN-VERLAG / A 1060 WIEN
Printed in Austria

ISBN 3 85030 008 0

Offsetdruck: Josef Toman, 1060 Wien, Linke Wienzeile 40

BURGEN und SCHLÖSSER
YSPER - PÖGGSTALL-WEITEN

WALTER PONGRATZ
GERHARD SEEBACH

BIRKEN-VERLAG/WIEN

ISBN 3 85030 008 0

VORWORT

Der Burgenband Niederösterreich III/2 umfaßt die Burgen, Schlösser, Wehrbauten und Adelssitze des politischen Bezirkes Melk, Expositur Pöggstall. Die große Zahl von kleinen Adelssitzen erforderte für den flächenmäßig kleinen Landstrich zwischen Ysper- und Weitenbachtal die Herausgabe eines eigenen Bandes. Unter den annähernd 180 Objekten finden sich mehr als 100 Ansitze, befestigte Wirtschaftshöfe und Turmhöfe. Ihre Qualifizierung als *„Sitze"* bedingte auch erstmals eine Dreiteilung der topographischen Objektsaufnahme: Der erste Teil behandelt die bestehenden Objekte, der zweite die verschwundenen und der dritte die *„fraglichen"*, wie landesfürstliche Höfe, deren Sitzqualität bisher weder urkundlich (Nennung als Sitz, „de"-Nennung, Siegel) noch baulich nachgewiesen werden konnte. Die historische Bearbeitung der Objekte wurde durch den Umstand erschwert, daß viele urkundliche Belege vermutlich nur in bayrischen Archiven zu finden oder überhaupt verloren gegangen sind. Für die bautechnische Aufnahme und Vermessung der Objekte waren trotz der vorherrschenden Objektsdichte ca. 60 Tage erforderlich, bei fehlenden historischen Unterlagen mußte oft der Bau selbst den Nachweis seiner Sitzqualität erbringen.

Bei den einzelnen Objekten (in Klammer: Gemeinde, Gerichtsbezirk und Bezirkshauptmannschaft) folgt nach einer ausführlichen Lagebeschreibung die Erstnennung mit Quellenangabe, (der bei größeren Objekten die Besitzgeschichte bis zur Gegenwart anschließt). Nach einer knapp gehaltenen Baubeschreibung folgen Baugeschichte und erstmals eine qualitative Wertung und funktionelle Bestimmung des Objektes. Ein Literaturverzeichnis beschließt die einzelnen Beschreibungen. Die Datierungen und Baualtersanalysen stützen sich hauptsächlich auf die Auswertung der Franziszeischen Fassion der Jahre 1819/24 (Siedlungsanalyse) und auf die Arbeiten Herrn Univ.-Prof. Dr. techn. Adalbert Klaar, der auch in Gesprächen wertvolle Hinweise und Anregungen gegeben hat. Wo möglich, wurden seine Baualterspläne verwendet, z. T. in Zusammenzeichnung mit der Franziszeischen Fassion als Siedlungspläne.

Die Bildbeigaben umfassen Baualterspläne von Herrn Univ.-Prof. Dr. techn. Adalbert Klaar und Herrn Gerhard Seebach, Pläne von Oskar Kreutzbruck und Reproduktionen barocker Kupferstiche. Die Zeichnungen sind von Akad. Maler Ferdinand Dorner.

Es sei nun allen, die zum Werden dieses Bandes beigetragen haben, herzlich gedankt, vor allem dem Bundesdenkmalamt und Herrn Univ.-Prof. Dr. techn. Adalbert Klaar, den Betreuern des Niederösterreichischen Landesarchivs, Herrn Dr. Fritz Eheim und Frau Dr. Sylvia Petrin für die Unterstützung bei den Auswertungen der Franziszeischen Katastermappen, Frau Helly Halmer, der Verwalterin des Niederösterreichischen Burgenarchives, die die Kreutzbruckpläne in liebenswürdiger Weise zur Verfügung stellte. Gedankt sei Herrn Direktor Karl Kafka für seine Vorarbeiten auf dem Gebiet der Niederösterreichischen Wehrkirchen und Herrn Oberstudienrat Dr. Rudolf Büttner, den Herrn Josef Weninger, Erich Kurka und Wolfgang Heger für ihre Unterstützung bei Vermessungsarbeiten, Herrn Cand. phil. Martin Bitschnau für seine Hinweise und sein Vergleichsmaterial von Tiroler Burgen, den Besitzern der einzelnen Objekte für ihre Unterstützung bei bei Vermessungen, vor allem den Herren Geistl. Räten von Ebersdorf und Neukirchen, den Herren Pemmer, Wolf (Kienhof), Kreuzer (Pischingerhof) und Ringler (Rappoltenreith).

Unser besonderer Dank gilt dem Inhaber des Birkenverlages, Herrn Josef Toman, der durch sein persönliches Interesse an der Burgenforschung sowie seine Unterlagen das Buch wesentlich mitgestalten half.

Walter Pongratz, Gerhard Seebach

BEITRÄGE ZUR SIEDLUNGS- UND HERRSCHAFTS-GESCHICHTE DES SÜDWESTLICHEN WALDVIERTELS

Jener Teil des südwestlichen Waldviertels, welcher in Süden durch die Donau, im Westen durch die Grenze gegen Oberösterreich (Mühlviertel), im Norden durch das waldige Hochland von Martinsberg-Kottes und im Osten durch die westlichen Ausläufer des Jauerlings begrenzt wird, umfaßt im wesentlichen den ehemaligen Gerichtsbezirk Pöggstall und den Gerichtsbezirk Persenbeug (beide pol. Bez. Melk). Von Norden kommend, durchströmen zwei Flußläufe, die Ysper und die Weiten, den südlichsten Teil des böhmischen Granitplateaus, um dann über den Steilabfall des bewaldeten Hochlandes in die Donau zu münden. Da auch das nördliche Ufer der Donau ziemlich steil an den Strom herantritt, fließt dieser, tief eingebettet zwischen den Hängen dahin. Erst das vor einigen Jahren erbaute Donaukraftwerk Persenbeug hat mit seinem Staubecken das Landschaftsbild wesentlich verändert.

Nur in der Weitung *("Scheibe")* von Persenbeug-Gottsdorf tritt der Steilrand zurück und ließ so Raum für eines der frühesten Siedlungsgebiete am nördlichen Donauufer frei, das zugleich Ausgangspunkt für das Vordringen nach dem Norden darstellt. Im Allgemeinen ermöglichen nur die Täler der linken Seitenflüsse, der Ysper und der Weiten, den Zugang in das nördliche Waldgebiet. Im Unterlauf dieser Flüsse finden wir auch die früheste Besiedlung, wie beispielweise durch die Slawen im 7. und 8. Jahrhundert, wie zahlreiche Ortsnamen beweisen.

Kelten, Römer, germanische Stämme, Avaren, Südslawen und vor allem bayrische Kolonisten können in ununterbrochener Siedlungsfolge in diesem verhältnismäßig eng umgrenzten Gebiet nachgewiesen werden. Anthropologische Untersuchungen im Raume Sarmingstein - Persenbeug an der heutigen Bevölkerung konnten sogar avarische Merkmale feststellen, während Orts- und Rufnamen in den frühesten Urkunden in einem 20 bis 25 km breiten Streifen nördlich der Donau auf eine starke südslawische Bevölkerung vor der Eindeutschung durch die Bayern schließen lassen. Diese erfolgte in der karolingischen Zeit auf friedlichem Wege und war um 1000 abgeschlossen.

Der günstigen geographischen Lage entsprechend, nimmt es nicht Wunder, daß sich die älteste urkundliche Nennung einer Siedlung in dieser Gegend auf *Persenbeug* bezieht, welches im Jahre 863 erstmalig *„ad Biugin"* in einer Kaiserurkunde genannt wird. In dieser wird dem bayrischen Kloster *Niederaltaich* sein dortiges Besitztum bestätigt und damit bewiesen, daß es sich hier um eine Klosterschenkung Karls des Großen handeln muß. Auch das westlich daran anschließende Gebiet zwischen Ysper und Sarming um *Nöchling* muß, was die älteste urkundlich überlieferte Namensform *„Nochilinga"* beweist, auf Besitznahme in karolingische Zeit zurückgehen, wenngleich auch der Ort selbst erst 998 urkundlich genannt wird. Damals schenkt Kaiser Otto III. seinem Vetter Heinrich Herzog von Bayern dieses Gebiet nördlich der Donau, wo später die Altpfarren St.Oswald und Altenmarkt als Mittelpunkte eines Pfarr- und Wirtschaftsbereiches entstanden. Dieses Gebiet übernehmen 26 Jahre später die östlich davon begüterten bayrischen Grafen von *Sempt-Ebersberg-Freising*, die als reichsunmittelbare Hochfreie und vermutlich nahe Verwandte der beiden karolingischen Markgrafen Wilhelm und Engelschalk - 871 in den Kämpfen des deutschen Königs gegen Zwentibold von Mähren gefallen - es nach der Zurückdrängung der Ungarn geerbt hatten. Wie wir heute wissen, hatte sich an den aus karolingischer Zeit stammenden kirchlichen und weltlichen Besitzverhältnissen des südwestlichen Waldviertels auch nach der vorübergehenden Oberherrschaft des Magyaren (907-955) nicht viel geändert.

Die mächtigen in Bayern und Oberösterreich begüterten Grafen von Ebersberg, die seit der zweiten Hälfte des 10. Jahrhunderts die *„Grafschaft"* Persenbeug besaßen, konnten, wie schon angedeutet, auch das Gebiet von Nöchling ihrem Bereich einverleiben. Nach dem Aussterben der Ebersberger in der Mitte des 11. Jahrhunderts, sind, nach vorübergehendem Besitz durch das Reich die *Burggrafen von Regensburg* die Herren des Gebietes Persenbeug-Nöchling. Auf diese geht wohl auch die Gründung der Pfarre Gottsdorf als kirchlicher Mittelpunkt der Grafschaft Persenbeug zurück. Landgraf Friedrich v. Steffening aus dem Hause der Burggrafen erbaute auf seinem Eigengut Nöchling eine Kirche, die 1160 geweiht und zum pfarrlichen Mittelpunkt des gräflichen Besitzes *(„predium")* zwischen dem Weidenbach und der Großen Ysper wurde und später nach dem Patrozinium *St.Oswald* den Namen erhielt. Die nach Norden fortschreitende Rodung in diesem ausgedehnten Waldland erreichte in dem *„oberen Dorf",* dem heutigen Nöchling, ihre letzte Stufe.

Erst 1180, nach dem Aussterben der Regensburger Burggrafen, kam der ganze Besitz an die mit ihnen verwandten Landesfürsten, die Babenberger, die im südwestlichen Waldviertel vor der Mitte des 12. Jahrhunderts besitzgeschichtlich keine bedeutende Rolle spielten. Die neuen Pfarren Gottsdorf und St.Oswald gehörten ursprünglich in den Bereich der Urpfarre Weiten, der sich nördlich bis zum Weinsberger Forst und westlich bis Spitz an der Donau, der alten Landschaft *„Grie",* erstreckte. Der Überlieferung nach soll die Pfarre Weiten schon im 11. Jahrhundert errichtet worden sein, ihr Titelheiliger St.Stephan weist eindeutig auf das Bistum Passau, dem schließlich alle Eigenkirchen des Waldviertels unterstellt wurden. Hier herrschten um 1100 die vor allem südlich der Donau reich begüterten Grafen von *Peilstein-Tengling,* die wieder ihrerseits mit den Ebersbergern verwandt waren. Ihr Gebiet reicht im Norden bis Schwarzau, wo um 1136 auch Markgraf Leopold III. Besitz hatte. Hier handelt es sich um das Gebiet von *Münichreith am Ostrong,* wo das Kloster *St.Nicolai bei Passau* roden und 1144 eine Pfarrkirche erbauen ließ. Im südlichen Teil des schon in der Mitte des 12. Jahrhunderts mit *„Grafschaft"* bezeichneten ehemals Peilsteinischen Hoheitsgebietes lag dessen Mittelpunkt, die Burg Weitenegg an der Mündung des Flusses in die Donau. Zweifellos gehörte dieses Gebiet schon im 9. Jahrhundert zum Burg- und Zollbereich von Melk, wo sich im 10. Jahrhundert die landesfürstliche Residenz befand. Um 1180 ging die Grafschaft Weitenegg durch Heirat an die Grafen von *Pernegg* über, die um 1220 durch die Grafen von *Lengenbach-Rehberg* beerbt wurden. Erst nach 1236 wurde auch hier der Landesfürst Herzog Friedrich II. Besitznachfolger, und beherrschte nun die Burg- und Grafschaftsbezirke Persenbeug, Yspertal, Weitenegg, Emmersdorf und Raxendorf in Personalunion. 1236 erscheint erstmals der landesfürstliche Burggraf zu Weitenegg als Richter über die Freien seines Gerichtsbezirkes, deren Rechte und Freiheiten dieses jetzt erstmals auch urkundlich mit *„Grafschaft"* bezeichneten Burgbezirkes, die 1284 durch Herzog Albrecht I. bestätigt wurden. Letzter Rest dieser aus der Frühzeit der deutschen Besiedlung stammenden Freibauern dieser Gegend ist das Freigericht *Raxendorf* beiderseits der Weiten, das in seiner Rechtsordnung bis 1848 fortwirkte. Andere Freibauernbezirke können zwar urkundlich nachgewiesen werden, sind aber schon viel früher durch das eingedrungene römische Recht abgekommen.

Schließlich muß auch das Gebiet um *Pöggstall* erwähnt werden, jenes Gebiet am mittleren und oberen Lauf der Weiten, welches gleichfalls zur Urpfarre Weiten gehörte. Hier befand sich im ersten Drittel des 12. Jahrhunderts noch viel ungerodetes Land, welches um 1125/30 Adelheid, die Witwe des Grafen von *Hohenburg-Poigen* dem oberösterreichischen Kloster Kremsmünster schenkte. Sie stammte aus der Familie der Domvögte von Regensburg und hatte dieses Gut vermutlich von ihren mütterlichen Vorfahren, den Grafen von Formbach, geerbt, die östlich von Weiten alte Hoheitsgebiete besaßen. Am anderen Ufer der Weiten besaß übrigens auch Markgraf Leopold IV. Güter, die er gleichzeitig Kremsmünster schenkte.

So kann zusammenfassend festgestellt werden, daß die Gerichtsbezirke Pöggstall-Persenbeug (pol. Bez. Melk), über dessen Burgen und Wehrbauten dieses Buch berichten soll, bis zum Hochmittelalter eine besondere, in sich geschlossene historische Landschaft darstellte. Das ganze Gebiet wurde vom Süden und Osten her durch große, vorwiegend bayrische, hochfreie Adelsgeschlechter, die untereinander verwandt und verschwägert waren, siedlungsmäßig aufgeschlossen. Erst allmählich rückt der Landesfürst in ihren Besitz ein, gleichfalls durch Verschwägerung und Erbschaft. Die bayrischen Grafenfamilien hatten großen Besitz in ihren Stammländern, von wo sie nicht nur siedlungswillige Bauern, sondern auch hochfreie Familien, Ministeriale und Edelknechte in ihrem Gefolge mitbrachten. Sie alle drangen in das Waldland nördlich der Donau ein und errichteten Siedlungen, Höfe und Wehrbauten. In den alten Hoheitsbereichen Persenbeug-Nöchling-Weitenegg gab es im 9., 10. und 11. Jahrhundert neben urkundlich nachgewiesenen Slawenresten noch zahlreiche Freibauern auf ältestem Rodungsland, möglicherweise ehemaligen Königsgut, deren Rechte und Freiheiten zum Teil noch bis in die Neuzeit weiterlebten.

Unter der Führung von Lokatoren, Kleinadeligen und Freibauern drangen die Siedler in das Waldland nördlich der Donau rodend vor, zuerst entlang der Flußläufe, wo sie noch Slawenreste vorfanden, später in das bergige, unerschlossene Waldland. Besonders im Gebiet zwischen Jauerling und Ostrong findet man eine auffallend große Zahl von kleinen Adelssitzen, Wehrbauten, Festen Häusern, und Turmhöfe - auch Wehrkirchen - neben kleinen, meist alten Siedlungscharakter aufweisenden Orten. Südlich des Weinsberger Waldes und westlich des Ostrongs (Gebiet von Nöchling) findet sich ein altes Einzelhofsiedlungsgebiet, was wiederum auf älteste Landnahme hinweist. Gerade hier treten verhältnismäßig zahlreich die Freibauern auf. Neben den Grafengeschlechtern sind es vor allem ihre Ministerialen und Edelknechte (armigeri), die fast in jedem der bestehenden Orte eine Burg oder einen befestigten Sitz bauten, nach welchem sie sich nennen. Manche dieser Wehrbauten sind später zu Verwaltungsmittelpunkten von größeren und kleineren Herrschaften und Rittergütern geworden. In vielen Orten finden wir Höfe, oft mehrere in einem und denselben Ort, die später verschiedenen Herren gehörten. Um sie lagert der Ortskern, was wieder auf frühe Besiedlung hinweist.

Schon in karolingischer Zeit erfolgten reiche Schenkungen an Hochstifte und Klöster wie an Niederaltaich (Bayern) und das bayrische Bistum Freising. Nach der endgültigen Landnahme durch die bayrischen Geschlechter, später aber auch durch den Landesherrn, werden diese Schenkungen an geistliche Grundherren in reichem Maße fortgesetzt. Wir finden die Klöster Neustift bei Freising, Walderbach (Oberpfalz, seit 1268 Aldersbach, Priefling bei Regensburg (seit 1283 Admont), Mossburg bei Freising, St.Nicolai bei Passau, Kremsmünster und Baumgartenberg (beide O.Ö.), sowie die niederösterreichischen Stifte Göttweig, Melk und Klosterneuburg in diesem Raum reich begütert. Zahlreiche Pfarrkirchen werden sowohl von den weltlichen Herren (z. B. Gottsdorf, St.Oswald), als auch von geistlichen Grundherren (Münichreith, Neukirchen am Ostrong), auf Rodungsland erbaut und vom Bischof von Passau, dem auch die *„Eigenkirchen"* unterstellt werden, geweiht. Sie alle wurden aus dem Gebiet der Urpfarre Weiten ausgeschieden.

Als der Landesfürst im 12. und 13. Jahrhundert diese alten Hoheitsbereiche endgültig erwarb, übernahm er die gräflichen Ministerialen und Kleinadeligen, brachte aber auch eigene ritterliche Leute mit, die von nun an zusammen dem Herzog als ihren Lehensherrn zu gehorchen hatten. Auf dem Boden der alten Grafschaftsgebiete entwickelten sich im späteren Mittelalter und in der Frühneuzeit eine Reihe von echten Herrschaften mit den dazugehörigen Landgerichten. Als bedeutendste Herrschaft ist *Pöggstall* zu nennen, die bereits unter König Ottokar II. an die Herren von Maissau gekommen sein soll, wenngleich sich dies aber erst 1299 urkundlich nachweisen läßt. Um den alten Markt Weiten entwickelt sich die Herrschaft Mollenburg, deren Landgericht aus dem von Pöggstall im 15. Jahrhundert ausgeschieden wurde. Der Ausbau zu dieser

Herrschaft erfolgte durch die Herren von *Streitwiesen,* einem Zweig der Ministerialen Stiefern-Arnstein, die durch die Babenberger sehr gefördert wurden und landesfürstliche Forstmeister waren. Die für den Landesfürsten wichtigsten Teile der Grafschaft Weitenegg, das Gebiet um die gleichnamige Burg an der Donau, behielt sich der Herzog bis ins 16. Jahrhundert. Damals wurde auch das Gut *Leiben,* seit 1196 urkundlich nachweisbar, mit Weitenegg vereinigt.

Neben den größeren Grundherrschaften, die zunächst alle in der Hand des Landesfürsten waren, sind auch eine Reihe von kleineren adeligen Gütern entstanden, wie zum Beispiel Rotenhof, Arndorf, Fritzelsdorf, Schwarzau, Seiterndorf, Würnsdorf, Raxendorf, um nur einige zu nennen. Der Großteil von ihnen wurde im Spätmittelalter und in der Frühneuzeit von den großen Grundherrschaften aufgesogen. Damit war zumeist der Verfall des Wehrbaues verbunden, wenn nicht dieser in einem Meierhof umgewandelt oder an Bauern vergeben wurde. Daneben gab es auch größere und kleinere geistliche Grundherrschaften, deren Güter manchesmal durch ihre weltlichen Vogteiherren ihren Besitzern entfremdet wurden.

Nach dem Bereitungsbuch aus dem Jahre 1590 zählen zu den größten Grundherrschaften dieses Gebietes Pöggstall (526 Grundholden in 20 Ortschaften, ein ziemlich geschlossener Grundbesitz!), Mollenburg (292/16), Leiben (262/26), Weitenegg (82/7), ferner Streitwiesen (94/9), Persenbeug (? /7), Arndorf (47/7) und Artstetten (46/6). Zu den bedeutendsten geistlichen Grundherrschaften gehörten damals Göttweig (418/35), Melk (90/14) und das Bistum Regensburg (102/4). Göttweig, welches mithin in die Spitzengruppe der Großherrschaften zählte, verfügte über Besitzungen, die von der Donau nordwärts bis zur Krems reichten, die aber nicht geschlossen, sondern in das Gebiet der kleinsträumigen Gemeinden des Waldviertels förmlich in Mosaiklage zwischen den Besitzungen der Herrschaften Leiben, Mollenburg und Pöggstall verstreut lagen.

Mittelpunkt dieser weltlichen Großherrschaften sind vielfach kleine Ministerial- und Edelmannssitze, die erst im Spätmittelalter sich zu dieser Funktion entwickelt haben und ausgebaut wurden, während die ältesten Burgen vielfach nur mehr als Ruinen vorhanden sind. Wie die Untersuchung von G. Seebach in diesem Gebiet ergab, ist der Großteil dieser kleinen Wehrbauten, allerdings umgebaut und in anderer Funktion noch erhalten. Es wurde beobachtet, daß ein Großteil dieser kleinen Wehrbauten und Turmhöfe, die überaus zahlreich vorhanden waren, sich vielfach um bestimmte landschaftliche Mittelpunkte (Altenmarkt, Ysper) gruppieren und durch Vermessungen an Ort und Stelle noch nachgewiesen werden können. Ja, es tritt sogar der umgekehrte Fall wie sonst gewöhnlich ein, daß über alte Höfe, die nach Grundriß und Lage eine Wehrfunktion im Mittelalter gehabt haben müssen, bisher keine urkundlichen Belege aufgefunden werden konnten. Da vielfach geistliche Grundherrschaften des Mittelalters, die im südwestlichen Waldviertel Grundbesitz hatten, außerhalb Niederösterreichs lagen, ist es durchaus möglich, daß sich in bayrischen oder oberösterreichischen Archiven noch diesbezügliche Urkundenbelege auffinden lassen. In diesem Sinne soll dieses Burgbuch Anregungen zu weiteren Forschungen geben.

Die freien Leute der Grafschaft Weitenegg - Persenbeug

Eine besondere Eigenheit in der geschichtlichen Entwicklung Niederösterreichs bilden die *„freien Leute"* der ehemaligen Grafschaft Weitenegg, deren Kern, das *„Raxendorfer Freigericht",* seine besonderen, sonst nirgendwo mehr in diesem Bundesland aufscheinenden Vorrechte bis zur Aufhebung der Grundherrschaft erhalten konnte. Otto H. Stowasser hat in seiner Abhandlung *„Die freien Leute der Grafschaft Weitenegg"* nachgewiesen, daß der Umfang dieser Grafschaft in der Mitte des 13. Jh. die Gebiete Persenbeug, das Yspertal, Weitenegg, Emmersdorf, Raxendorf und Rehberg im Kremstal (Eingang in die Wachau) umfaßte. Dieser alter Hoheitsbereich erstreckte sich bis zur oberösterreichischen Landesgrenze an der Donau, wie der Ortsname „*Freigericht Hirschenau*" östlich von Sarmingstein beweist.

In dieser Grafschaft des 14. Jh. sind nun ganz bestimmte bäuerliche Höfe mit besonderen Rechtsprivilegien begabt, wie die ältesten erhaltenen Urkunden aus 1284 und 1263 beweisen. So besaß beispielsweise der Markt *Emmersdorf an der Donau* die Hoch- und Niedergerichtsbarkeit für sich und die seiner Jurisdiktion unterworfenen Orte Schall-Emmersdorf, Grimsing, Reuthaimb, auf der Grub, dem Dorf bei der Kirchen, und anderen umliegenden Häusern und Gütern die alleinige Führung des Grundbuches zugebilligt. Hier sind die Rechte der einzelnen Freien dieses Bezirkes auf den Markt selbst übergegangen. Die Freien aber treten uns in hzgl. Lehenschaft als „*Lehner*" entgegen. Herzogliche Lehensleute bäuerlichen Standes werden auch 1377 in verschiedenen Orten links und rechts der Weiten genannt. Es sind dies die *freien Leute in Raxendorf und im Yspertale*, über deren Rechte die sogenannten Weistümer (Niederschriften der mündlich überlieferten Rechtsnormen) aus dem 15. Jh. genau Auskunft geben. Aber schon 1263 berichtet die erste urkl. Überlieferung, daß die Freien Leute der Dörfer um Raxendorf, beiderseits der Weiten, eine eigene Gerichtsgemeinde bilden. Damals erfolgte durch den Burggrafen v. Weitenegg, als gewählter „*judex liberorum*" (Richter der Freien) ein Gerichtsspruch im Steinhof am Weitenbach (Ortsgemeinde Mödelsdorf, GB Spitz a. d. D.) „*in publico placito liberorum*" „*beim öffentlichen Gericht der Freien*") (MB XI 76). Der Burggraf v. Weitenegg, einer ldfl. Herrschaft, war der Repräsentant des Herzogs, als den alleinigen Herren der Freien Leute. Die Rechte des Freigerichts sind 1459 aufgezeichnet worden, wobei ausdrücklich auf die Grafschaft hingewiesen wird (Winter II 1043). Das Weistum verzeichnet in dieser Zeit noch 60 Freibauernhöfe und 12 Erbvogtholden, die auf die Gemeinden Raxendorf, Loibersdorf, Prinzelndorf, Mürfelndorf, Fritzelsdorf, Afterbach, Troibetzberg, Ottenberg, Hinterkugel, Loitzendorf, Haslarn und Mödersdorf beschränkt waren. Gerichtsstätten waren neben dem Steinhof, der noch im 15. Jh. genannt wird. Loitzendorf und Raxendorf selbst. Noch 1523 und 1572 sind die Freibauern auf 11 Orte verteilt, die beiderseits des Weitenbaches liegen. Bis ins 18. Jh. ist das Freigericht in den landesfürstlichen Bestätigungen erwähnt.

Dasselbe gilt auch von *Weistum Ysper*, das ursprünglich das Recht *bestimmter* Leute im Yspertale verzeichnete. Hier ist vor allem noch vom „*aigen zu Isper und allen die zu demselben aigen geheren*" die Rede. Die freie Richterwahl, die in Emmersdorf bestand, ist auch für Ysper festgesetzt. Besonders merkwürdig sind die Privilegien der Mitglieder des Freigerichts *Raxendorf.* Wie das Weistum sagt, dürfen sie, wenn sie zur Residenz ihres einzigen Herren, des Landesfürsten, ziehen, ihre Pferde in den Stall des Herzogs einstellen, der sie mit Heu und Hafer versorgen soll, während er seine eigenen Pferde außerhalb der Ställe unterbringen muß. Sie haben das Recht, ihren Vogt (Burggraf v. Weitenegg) bei Verkauf der Grafschaft abzusetzen und einen anderen zu wählen. Außer der Blutgerichtsbarkeit steht ihnen auch das Recht zu, über ihren Besitz frei verfügen zu können. Diese außerordentlich großen bäuerlichen Vorrechte, die noch im 18. Jh. vom Kaiser bestätigt wurden, haben schon frühzeitig Anlaß zu Sagenbildungen gegeben. So wurde berichtet, daß ein Landesfürst, vom Feinde bedrängt, bei Bauern in Raxendorf Unterschlupf bis zu seiner Errettung gefunden habe.

Tatsächlich aber gehen diese Freibauernsiedlungen der alten Grafschaft Weitenegg-Persenbeug auf die früheste Besiedlungszeit, möglicherweise auf die karolingische Grafschaftsverfassung d. 9. Jh. zurück, als die Neusiedler auf Königsland rodeten. Damals wurden Freiheiten gewährt, die es im Hochmittelalter nicht mehr gab und in der Zeit des Eindringens des römischen Rechtes (16. Jh.) fast überall im Waldviertel die Freibauern in den Stand der Grundholden herabsinken ließ. Nur wenigen gelang es, ihre alten Rechte erfolgreich gegen die Grundherrschaften zu behaupten, wie die Raxendorfer und der Markt Emmersdorf, die ihre Rechte erfolgreich verteidigen konnten. Weniger gut ging es den Freibauern des Yspertales, die 1314 nur mehr die niedere Gerichtsbarkeit bestätigt erhielten, während die Rechte des kleinen *Hirschauer Freigerichts* keinen schriftlichen Niederschlag gefunden haben und wohl schon sehr früh verloren gegangen sind.

So sind es also *freie Leute*, die der ehemaligen Grafschaft Weitenegg ihren besonderen Stempel aufdrückten. Bis ins 16. Jh. ist noch von einer *„Grafschaft"* die Rede, während nachher ausschließlich die Bezeichnung *„Herrschaft"* verwendet wird. 1513 wurde die Verwaltung von Weitenegg nach Persenbeug verlegt, die Herrschaft selbst mannigfach verpfändet und schließlich 1593 an die Hoyos verkauft.

Allgemeine Betrachtungen über Bautypen am Ostrong

Der südliche Teil des Ostrongs war bereits in der Karolingerzeit dicht besiedelt, wie zahlreiche slawische und karolingische Orts- und Flurnamen zeigen. Besonders in den Siedlungsformen spiegelt sich die dichte Besiedlung wieder - so in den Haufendörfern wie Artstetten (slaw.), Klein-Pöchlarn und Nussendorf, wie in den frühen Straßendörfern, die, bereits eine planvolle Gründung zeigend, aus der bayrischen Siedlungsperiode vor 1000 stammen. Das herrschaftlich zersplitterte Gebiet des Ostrongs führte naturgemäß auch zu mannigfaltigen Bautypen von Burgen, Höfen und kleinen Adelssitzen, nicht zuletzt durch den Umstand, daß fremde weltliche und geistliche Herren beim Bau von befestigten Sitzen oft auf Bautypen ihrer Heimat zurückgriffen. Die große Zahl von kleinen Adelssitzen mit wirtschaftlicher Funktion, oft in geringer Entfernung voneinander im gleichen Ort gelegen (Unterbierbaum, Mampasberg, Altenmarkt, Pisching, Persenbeug u. a.), zeigt, wie kompliziert die besitzrechtlichen Verhältnisse in diesem kleinen Gebiet waren. Andererseits wird dadurch eine genaue Erforschung dieser *„Sitzgattung"* erleichtert. Es wurde der Versuch unternommen, eine qualitative Wertung der Sitze durchzuführen, wobei ein wichtiges Hilfsmittel dazu die Flur- und Siedlungsanalyse aus dem Franziszeischen Kataster bildete. So konnten aus dem Kataster sogar einige kleine Sitze fixiert werden, die historisch bisher nicht zu belegen waren (Ostronghof, Hasling, Haag, u. a.); etliche *„verschwundene"* Objekte wurden *„entdeckt"*, da sich bisherige Bearbeiter des Gebietes kaum die Mühe machten, sowohl die Planmappen des Katasters zu bearbeiten als auch Ortsforschung zu betreiben (Prinzelndorf, Aichau, Kienhof, Pischingerhof, Unterbierbaum, Ebersdorf, Gottsberg, Kälberhof, Krumling, Neukirchen/Ostrong, Mürfelndorf, Rappoltenreith, u. a.).

Außer Stadtburgen sind alle Burg- und Sitztypen am Ostrong zu finden, eine typenmäßige Entwicklung nur mit Hilfe der Bauten in dem nur ca. 20 x 25 km großen Gebiet wäre möglich. Der erste Waldviertler-Burgen-Band (Niederösterreich III/1, Burgen und Schlösser zwischen Litschau-Zwettl-Ottenschlag-Weitra) brachte in der Einleitung zur Datierung und chronologischen Reihung von Wehrbauten eine Theorie, die sich inzwischen gefestigt hat und weiter ausgearbeitet worden ist. Der im genannten Band gesetzte Ausdruck des *„Burgenspringens"* wurde durch Martin Bitschnau, Innsbruck durch den geeigneten der *„Vertikalverschiebung"* ersetzt und bezeichnet die zeitliche Abfolge der Wehrbauten in ihrer relativen Höhenlage zur zugehörigen Siedlung, desgleichen die Abhängigkeit von Vorgänger- und Nachfolgerbauten, beides unter Berücksichtigung von anderen Kriterien. Dazu bieten sich auch am Ostrong Beispiele wie: Ebersdorf-Weitenegg; Eitenthal-Preisegg; Weiten-Streitwiesen-Mollenburg; Neukirchen-Arndorf; St. Oswald-Altenmarkt-Ysper. Die von Prof. Adalbert Klaar und Heinrich Weigl ausgearbeitete Technik der Siedlungs- und Fluranalyse wurde im besondere Maße berücksichtigt. Für die Erfassung der frühen Anlagen wie karolingische Hofanlagen, Burg-Kirchenanlagen und frühen Kleinadelssitzen, die hauptsächlich durch den Kataster erfolgte, war ein neuer terminologischer Ausdruck nötig: das AREAL. Ein Ausdruck, ohne dem die

Bearbeitung der genannten Anlagen fast unmöglich ist. Seine Erklärung folgt im nachstehenden Abschnitt. Da viele Kleinadelssitze der Anlage nach nur größere Bauernhöfe waren, war auch eine Betrachtung über Hausformen einerseits, von qualitativ gleichwertigen Sitzen überregional gesehen andererseits nötig.

Karolingische Gutshöfe und Areale

Auf vor- und frühgeschichtliche Anlagen im Bezirk Melk an der Donau weisen nur folgende Flurnamen in der Josefinischen Fassion von 1785 (nach H. Weigl, Flurnamen als Zeugen vor- und frühgeschichtlicher Erdwerke in Niederösterreich, in: UH 1953, 1): Zeining, Trandorf: Gradisch (slaw. „*Gradist'e*" = Ringwall, Fluchtburg. Ein benachbarter Höhenrücken trägt die Bezeichnung Burgstock). - Raxendorf: Burgstall. - Dölla: Buchstallfeld. - Marbach a.d.Donau: Burgstallen. - Hofamt Priel:Burgstall Wald. - Urtaler Amt: Bauernhaus. Burgstall. - Wimberg:Khagwies (Gehag, bodenständig entweder kho - aus gehage - oder khoa - aus gehei, letzteres auch Khay geschrieben, bedeutet „*Verhau*". Die slawische Entsprechung presek ist ebenfalls nachweisbar). In Mollendorf kommt der Flurname „*Lebing*" vor, der aber sicher nichts mit „*Lewer*" zu tun hat, sondern eher zu slawisch Lomnik, „*Bruch*" gehört (Lewer ist eine bodenständige Weiterbildung des althochdeutschen hleo „*Grabhügel*", das ebenfalls in der Form Lee (berg), Lew und Löw vorkommt. Unter den Bauern bedeutet Lewer heute „*Erdhaufen als Grenzzeichen*".) Eine Deckung des Burgstalls bei St.Oswald mit Schaustein liegt nicht vor, da Schaustein eine hochmittelalterliche Anlage darstellt.

Bei den genannten Anlagen handelt es sich um vor- und frühgeschichtliche Befestigungen. Nach Auffassung von A. Ratz ist aber bei einer mittelalterlichen Nennung eines „*Burgstalles*" stets die Zeit der Nennung zu berücksichtigen. Der Begriff „*locus castri*" bedeutet im Sprachgebrauch d. 13. u. 14. Jh. Stelle, Standort, Platz der Burg. Mit dem mittelhochdeutschen Wort für Stelle „*stal*" ist es zur Wortverbindung „*purk (purch) stal*" gekommen, gleichbedeutend dem Ausdruck „*locus castri*". Nach Ratz wurde unter Burgstall meist eine kleine Anlage gemeint, etwa ein wehrhafter Wohnbau mit Bering und Turm. Aber auch im Burgenland wird heute mit dem Begriff Burgstall meist eine vorgeschichtliche, befestigte Höhensiedlung bezeichnet (Eisenstadt, Purbach u. a.).

Nach Schad'n heißen vorgeschichtliche Anlagen fast ausnahmslos nur dann Burgstall, wenn sie später wieder benützt worden sind. Er definiert den Burgstall als „*eine Stelle, auf der einst eine befestigte Anlage bestanden hat*". Diese Bezeichnungen sind unzulässig, da eine vorgeschichtliche Höhen-Siedlung oder „*Burgstall*" auch unbefestigt gewesen sein konnte.

Im Sprachgebrauch des Mittelalters bedeutet *Burgstall* sowohl eine verödete Burgstelle wie auch (nach Ratz) eine bestimmte wehrhafte Anlage selbst, abgesehen von direkten Burgnamen, in Niederösterreich: 1194 Hartwig von Burgstall (Buchberg bei Anzbach); 1120 Otto von Purchstal; 1342 von Burgstal bei Hardegg. Das waren zur Zeit der Nennung bestehende und nicht verödete Anlagen. In der Steiermark gibt es für das 12. - 14. Jh. eine beträchtliche Anzahl von Burgstallnennungen für bestehende und intakte Anlagen. Verfallene Anlagen werden ausdrücklich als solche bezeichnet oder heißen „*ödes Burgstall*" (Primaresburg 1400; Stadeck 1472).

Wichtig ist, daß zerstörte Anlagen im Spätmittelalter als öd bezeichnet werden; der Ausdruck Burgstall selbst muß daher für das Hochmittelalter für eine bestehende Anlage gebraucht worden sein. Erst im Spätmittelalter kommen auch in Niederösterreich die ausdrücklich als „*ödes Burgstall*" gekennzeichneten Burgstellen auf, so: 1455 „*ödhaus und Purkstal auf dem Chogel, Reineg*: 1448 zerstört, Kehrbach urkl. 1348 auf dem Schloßberg. 1607 „*ödes purchstal zu Kehrbach*".

Danach würden auch Eckhardstein 1314 und Weinsberg 1388 als damals bestehende

Anlagen gelten. Dazu ist aber zu bemerken, daß bei beiden Anlagen Siedlungen bestanden haben, die abgekommen sind. Es ist genau zu prüfen, ob sich diese Nennungen nicht auf die abgekommenen Siedlungen bezogen! 1628 wird noch der Windhof „der edle Purgstall am Windhag" genannt.

Bei größeren Burgen kommt der Ausdruck Burgstall nur dann vor, wenn auf der Stelle einer älteren, zerstörten Anlage eine neue Burg gebaut wird, so 1429 bei Aggstein. Die Gebäuderuinen selbst werden hier als ödes Haus genannt.

Nach Ratz wird also im 13. u. 14. Jh. eine Art der Burg locus castri = Burgstall genannt. Aus einer bestehenden Wohnburg einer Herrensippe, wenn sie nicht Herrensitz bleibt, sondern in sekundärer Verwendung steht, woran sich aber dann regelmäßig der parallele Begriff Bergungsstelle knüpft, wird eben ein Burgstall. Erst nach d. M. d. 15. Jh., vor allem in 16./17. Jh. setzt sich der Begriff Burgwüstung in der Namensbedeutung von Burgstall durch. Selbst in dieser Zeit wird aber noch dem Burgstall das Wort „öde" u. a. hinzugefügt. Erst das 19. Jh. hat die ursprüngliche Bedeutung des Ausdrucks verwischt. Wie die Beispiele Eckhardstein und Weinsberg zeigen, ist diese Annahme von A. Ratz noch zu hypothetischer Natur, vor allem, sie klammert die vor- und frühgeschichtlichen Anlagen zur Gänze aus. Sie finden keinen Platz.

Für Großburgen, meist in Arealform, trat bereits vor 1000 die Endsilbe „,-burg". Unter dieser Bezeichnung sind vor allem Anlagen zu verstehen, die in Arealform zugleich befestigte Siedlungen waren oder in ihrem Verband lagen. Die Bezeichnungen „Burg" haben sich in diesem Falle erhalten. Die häufigen Endungen auf „,-burg" bei Höhenburgen stammen erst aus der Neuzeit, wie auch die Mollenburg erstmals als „Malemberch" genannt ist. Als ältester „,-berg" - Name wäre „Luffinperc" in Oberösterreich in weiterer Umgebung des Ostrongs um 900 anzusehen, allerdings handelt es sich bei der Nennung um eine Traditionsnotiz, eine Burg läßt sich urkl. erst am 1281 nachweisen, obwohl ein Ekkerich v. L. zwischen 1122 und 1130 genannt wird. Nennungen, die auf -berg, -fels, -eck, -egg und -stein enden, treten erst nach 1100 stark in Erscheinung (Eckhardstein, Malemberch = Mollenburg, Hausegg, Kaumberg, Schaustein, Weitenegg, Wimberg).

Flurnamen in der Franziszeischen Fassion nehmen meist Bezug auf eine mittelalterliche Anlage, ohne eine solche näher zu bezeichnen: *Laimbach (Ostronghof)* Burgrecht. - *Prinzelndorf:* Hauswiesen, Hoffeld, Neugebäude. - *Fischer Lehen:* Hofedelfeld. - *Altenmarkt:* Burgfelder, Am Riedl. - *Dölla:* Burgstallerfeld. - *Oberbierbaum:* Angerfeld. - *Eitenthal:* Turnleiten - *Pleissing:* Im Lehen. - *Schaufelwald:* Auf der Oeden. - *Muckendorf:* Mauerwiesen, Leithen. Meist liegen in nächster Nähe der Fluren die namensgebenden Sitze. Bei Dölla ist eine vorgeschichtliche Anlage anzunehmen.

Nennungen in neueren Kartenwerken, wie in der Österreichischen Karte 1:50.000 sind im allgemeinen reine Berg- und Flurnamen, deren Zusammenhang mit einer Wehranlage in jedem einzelnen Fall überprüft werden muß. Damit sind vor allem die „Hausberg" Nennungen gemeint. Ähnliche Nennungen sind: *Münichreith:* Burghartsmühle. - *Nussendorf:* Wachtberg. - *Weiten:* Hausberg. - *Streitwiesen:* Wachtberg. - Burgsteinmauer, -berg, - wald. - Weiters die Namen Burghof, Purgstall und Burgern bei St.Oswald. Ortsnamen, die auf „,-stetten" enden, haben verödete Siedlungen als Vorgänger (bei Dorfstetten eine Reihe von kleinen Orten, bei *Artstetten* vermutlich eine slawische Siedlung).

Ausgesprochene Burgen des Frühmittelalters im damaligen Sinne von „Burg" = Burg und Siedlung als Areal im gemeinsamer Umwehrung, also eine befestigte Siedlung wie in Stein a. d. Donau (Altenburg) oder in Gobelsburg waren am Ostrong nur in einem Fall nachweisbar. Es sind aber etliche solcher Anlagen anzunehmen, da das Gebiet von Slawen dicht besiedelt war und slawische Burganlagen diesem Burgentyp im allgemeinen entsprachen. Am ehesten ist dabei an Dölla und Artstetten zu denken. Bei Steinbach ist jedenfalls bekannt, daß die Altsiedlung von Marbach auf Friesenegg (Steinbach), einer hochgelegenen Kuppe sich befand.

Aus karolingischer Zeit sind die ersten befestigten Anlagen erhalten. Handelt es sich bei Ebersdorf auch nicht um die Stelle der Eparesburg, so war hier doch ein befestigter Wirtschaftshof vorhanden. Die Nennungen der karolinigschen Anlagen lassen Schlüsse auf ihre Anlage und Form zu:

1) Verhagungen werden *„firmitates, munitiones, machinationes"* genannt, in Niederösterreich hauptsächlich im Zusammenhang mit Awarenbefestigungen 791 bei Kamp und auf dem Kamm des Wienerwaldes. Sie bestanden aus Wällen, Gräben und lebenden Hecken.

2) Provisorische Feldlager der Baiern werden *„castra"* genannt. Sie sind provisorisch befestigt und als Heerplätze planmäßig angelegt.

3) Für dauerhaft befestigte Plätze treten die Bezeichnungen *„castrum"* (Burg in Linz, Herilungoburg) und *„castellum"* in ottonischer Zeit (Wieselburg). Die deutsche Übersetzung bringt die Endung *„-burg"*, wie 893 bei Eparesburg, 860 bei Hollenburg. Im Hochmittelalter war *„castrum"* die Bezeichnung für eine stark befestigte Steinburg.

4) Dörfer werden mit *„villa"* bezeichnet *(„villa biugin"* 863 - Persenbeug). Ist das Dorf in Königsbesitz, so heißt es *„villa regia"*.

5) Neugegründete Burgorte führen die Bezeichnung *„urbs"*.

6) Restsiedlungen aus der Römerzeit heißen im allgemeinen *„civitas"* (Mautern 899), wobei für St.Pölten 799, Melk 831, Tulln 837, Traismauer 860 und Wien 881 diese Bezeichnung nicht vorkommt. Das Grundwort *„-mauer"* tradiert auf der Weiterverwendung der römischen Kastellmauern (Traismauer, Zeiselmauer).

7) Weniger deutlich bezeichnet ist die *„casa"*. Bei Perschling wird anläßlich einer Schenkung 834 von einer Kirche, der zugehörigen casa, vom Wirtschaftshof und anderen Gebäuden gesprochen. Die casa dürfte das Hauptgebäude des ganzen Gutes sein, bei einem reinen Wirtschaftshof das Hauptgebäude der curtis, beim Königshof der sala regalis entsprechend.

8) Königshöfe der Karolinger, Ottonen und der Salier bestanden im allgemeinen aus 3 Arealen. Die Pfalzen in Baden und Tulln zeigen die allgemeine Teilung in Burg, Wirtschaftshof und Taufkirche. Bei Wirtschafts- und Königshöfen ist die Unterteilung ähnlich, wenn auch das wirtschaftliche Moment überwiegt. Die fränkischen Wirtschaftshöfe sind für ein bestimmtes Gebiet zentral gelegene Gutshöfe und teilweise befestigt, was sich besonders auf das Kernareal des Hofes bezieht mit dem Hauptgebäude, beim Königshof der *„sala regalis"*. Mit *„curtis"* wird beim Hof das eigentliche Kernareal gemeint, während unter *„curticula"* das Wirtschaftsareal zu verstehen ist. Somit ergibt sich für einen Wirtschaftshof gesehen folgende Teilung: Als Kernareal die curtis mit dem Hauptgebäude, beim Königshof der sala regalis, als zweites Areal die curticula mit den reinen Wirtschaftsgebäuden, als drittes Areal die Viehplätze, Gärten und Hausäcker, beide erstgenannten Areale an 2 Seiten umgebend. Diese Einteilung hält sich bis in das Hochmittelalter, wo z. B. der Zehenthof (curia decimalis) in Freundorf 1252 grabenumgeben ist, der Meierhof (villicatio) anschließend ebenfalls.

9) Die gesamte Gutsbezeichnung mit allen Arealen wird *„predium"* genannt. Als Kern des prediums ist in karolinigscher Zeit eine curtis mit curticula anzunehmen. Die Bezeichnung predium ist noch im Hochmittelalter üblich, wie die Nennungen von St.Oswald (998 nochilinga) und Schwarzau als Eigengut (um 1115/22 suarzahe) zeigen.

Als karolingische Gutshöfe sind im Bezirk Melk n. d. Donau *St.Oswald-Nöchling, Ebersdorf* und *Gottsdorf* zu nennen. In *Gottsdorf* lag im Bereich der Kirche vermutlich das Gutsareal, das aber im 12. Jh. durch eine Umlegung im Grundriß verwischt worden ist. Aus ottonischer Zeit stammt die Burg von Persenbeug, die zwischen 950 und 970 errichtet worden ist (die Nennung 863 ist auf Gottsdorf - villa biugin - zu beziehen). Da die curtes und curticulae mit einer Frühform der mittelalterlichen Burgen, vor allem der

Kleinadelssitze darstellen und über die Burg-Kirchenanlagen eine stete Entwicklung zu ihnen führt, sollen diese Anlagen in besonderem Maße behandelt werden.

Obwohl der Terminus „Areal" bereits öfters in der Fachliteratur zu finden war, so wurde ihm bisher doch nur temporär eine rein flächenmäßige Bestimmung im jeweiligen Einzelfall erteilt. In Hinsicht auf eine Burgtypologie ist er geeignet, zu einem klar umrissenen Arbeitsbegriff zu werden, da auch seine Ableitung von „area" = Fläche historisch belegbar ist (Nennung der Burgstelle von Ebersdorf Anfang d. 14. Jh. als „area castri" dh. Platz der - ehem. - Burg). Als Areal ist im allgemeinen der spezifische flächenhafte Bereich eines Sitzes, Hofes oder einer Burg zu verstehen, unabhängig vom Alter der Anlage. Burgen in Arealform weisen immer zumindest einen zweckgebundenen Bereich, ein Areal auf, wobei Areal nicht mit Hof gleichgesetzt werden darf, da im Arealsbegriff Gebäude enthalten sind, beim Hof u. a. ausgeklammert. Die curticula bei einem karolingischen Wirtschaftshof bildet z. B. den gesamten Bereich innerhalb der Umgrenzung des Wirtschaftsbereiches, wobei vorhandene Gebäude in der Bezeichnung Areal enthalten sind, ohne daß sie ausdrücklich genannt werden. Im 12. Jh. gehen den Anlagen die Arealformen verloren. Für frühgeschichtliche, früh- und hochmittelalterliche Anlagen hat der Terminus des Areals volle Gültigkeit, was besonders bei einer zweckgebundenen Unterteilung des Areals zum Vorschein kommt. So kann sich ein Areal aus mehreren zusammensetzen, wie beim Gutsareal aus Sitz-, Wirtschafts- und eventuell Kirchenareal, wobei die Grundrißformen, die Anordnungen, Größe und Lage der einzelnen Flächen (eigentlich ohne Berücksichtigung der Gebäude) für eine jeweilige Typenbestimmung von Bedeutung sind. Auch Bezeichnungen wie curtis, curticula, predium, Pfalz u. a. sind arealsmäßig eindeutig festlegbar. Bei Burg-Kirchenanlagen herrschen im allgemeinen nur 2 Areale, das Kirchen- und das Sitzareal vor, i. d. 1. H. d. 12. Jh. beide annähernd quadratisch und gleich groß (Gottsdorf im Gegensatz zu den Arealen von Weiten, die um 1000 unregelmäßige Formen zeigen). Karolingische Gutsareale besitzen eine Dreiteilung wie in Ebersdorf und St.Oswald. Frühe Kleinadelssitze des 12. Jh. besitzen oft nur ein großes Areal, mit dem Hauptgebäude zentral gelegen, wie in Neukirchen/Ostrong (Das Sitzareal wurde erst durch nachträgliches Einstellen der Kirche unterteilt). Burgen des Frühmittelalters zeigen im wesentlichen ein großes Areal, eben den Siedlungsbereich innerhalb der Umwehrung. Das Abkommen der Arealsformen bei Burgen und befestigten Höfen im 12. Jh. erfolgte nicht zuletzt durch die Zusammenziehung von Wirtschafts- und Sitzareal bei kleinen Anlagen bzw. durch räumliche Trennung in Sitz und Meierhof (villicatio). Deutlich ist auch die Trennung bei den Kunsthügelburgen (Marchfeld, 12. Jh.), wo am Fuße der künstlichen Aufschüttung der Wirtschaftshof liegt.

Dynastenburgen des Hochmittelalters bilden wehrmäßig gesehen eine Neuauflage der Großburgen der Ottonik nach vorübergehendem Wechsel der Wehrverfassung zur Zeit der Salier zu einer auf kleinen Wehreinheiten aufgebauten Wehrordnung (Burg-Kirchenanlagen, wehrhafte Kirchsiedlungen wie Altenmarkt). Bei diesen Anlagen tritt oft ein Widersinn des Burgbaues deutlich zu Tage. In den meisten Fällen, wenn die „Ritterburgen" nicht zugleich Wohnsitz der Herrschaften waren, sanken sie bald zu Verwaltungsgebäuden ab oder sie wurden in Pflege gegeben, was der Anlage sehr oft nicht zum Guten diente. In Kriegszeiten wurden daher auch viele dieser Burgen ihrer eigentlichen Aufgabe nicht gerecht. Solche „zweifelhafte" Burgbauten bilden im 12. u. 13. Jh. z. B. der unvollendet gebliebene Burgbau in Ebersdorf und die Mollenburg. Ein weiterer Gesichtspunkt ist bei Neugründungen von Wehranlagen ebenfalls zu berücksichtigen, der nur zu gerne außer Acht gelassen wird. Oft stand der materielle Aufwand des Burgbaues in keinem Verhältnis zur eigentlichen Bestimmung des Objektes. In Tirol wurden unter Gf. Meinhard II. in der 2. Hälfte des 13. Jh. die Ministerialen in eine „untergeordnete" Rolle gedrückt. Die Folge war, daß ihre Burgen gleichfalls als Wohn- und Wehrbauten ihrer ursprünglichen Funktion verlustig gingen und sie schließlich in Gerichts- und Verwaltungszentren eine neue Bestimmung fanden. Nach vorläufigen Untersuchungen von M. Bitschnau, Innsbruck wurden Neubauten in Tirol mit letztgenannten Funktionen mit Wehreinrichtungen versehen, die oft nur traditionsgebunden ohne direkte Funktionen waren. Der Bautypus der Burg in damaliger Zeit war an sich derart ausgeprägt, daß Neubauten in traditionellen Formen aufgeführt wurden, ohne Reduktion der wehrhaften Bauteile und Einrichtungen dieses Typus. Dieses Motiv wird in Hinkunft bei einer qualitativen Wertung einer befestigten Anlage stets zu berücksichtigen sein.

Die beiden karolingischen Gutshöfe von *St.Oswald* und *Ebersdorf* und der nicht eindeutig festzulegende von *Gottsdorf* weisen gleichartigen Aufbau und Anordnung der Areale auf. Im Gutsareal liegt an höchster Stelle das Sitzareal, die curtis, in deren Mitte das Hauptgebäude des Hofes stand. Der Grundriß des Areals zeigt in Ebersdorf ein Oval mit Hauptachsen von 32 x 20 m, scharfe Begrenzungskanten (Umwehrung) durch künstliche Abböschung und war vom Wirtschaftsareal durch einen 6 m breiten Graben getrennt. Die gesamte Anlage liegt auf einem Felssporn, an 3 Seiten durch Steilabfälle natürlich geschützt. Vom (hölzernen) Hauptgebäude in der Mitte des Areals sind keine Reste erhalten. Das an die curtis grenzende Wirtschaftsareal zeigt ebenfalls ovalen Grundriß mit Hauptachsen von 46 x 34 m und liegt ca. 1. 5 m höher als das anschließende, beide Areale, an 2 Seiten umgebende 3. Areal, das eine Art kalhbreisförmigen Halsgraben bildete. Die Gräben, künstliche Böschungen und die Platzwahl sprechen eindeutig für einen befestigten Wirtschaftshof. Die Nennungen erfolgen als *„predium"*.

Die curtis von *St.Oswald* hat einen polygonalen, annähernd kreisförmigen Grundriß von ca. 28 m Durchmesser. In der Mitte stand an Stelle der Kirche (Wehrkirche) das Hauptgebäude. Das Baualter des Wehrturmes aus Schichtquadermauerwerk ist noch nicht genau bestimmt. Aus dem Franziszeischen Kataster ergibt sich eine ca. 10 m breite Umwehrung (Graben?), heute nicht mehr sichtbar. Der Kirchplatz mit dem Friedhof, die ehemalige curtis, liegt an der höchsten Stelle des Ortes. An die curtis schließt die curticula, das ehemalige Wirtschaftsareal an, noch heute hauptsächlich mit Wirtschaftsgebäuden verbaut. Wie in Ebersdorf und Gottsdorf faßt ein 3. Areal halbkreisförmig die beiden anderen ein. Die Zufahrt erfolgte von einem kleinen Vorplatz (Straßenerweiterung) aus. Der Weg führte durch das Wirtschaftsareal zur curtis. Die gesamte, ovale Hoffläche mißt ca. 78 x 58 m, in Ebersdorf aus der Spornlage bedingt ca. 65 x 30 m, in Gottsdorf ca. 75 x 42 m (curtis ca. 22 m im Quadrat, mit der curticula innerhalb der gemeinsamen Umwehrung ca. 42 x 31 m). Aus dem Fehlen von Sakralbauten in Ebersdorf und in St.Oswald (karolingisches Patrozinium!) dürften reine Wirtschafts-, also keine Königshöfe anzunehmen sein. Sehr deutlich ist die Zentralstellung der Höfe in einem großen Gebiet zu sehen, wie sich darin auch der Aufbau der karolingischen Marken mit einer weitgestreuten Einflußnahme ohne ausgeprägte Wehrlinien spiegelt. Untersuchungen an karolingischen Anlagen, besonders der Höfe in anderen Bundesländern vervollkommnen das Bild vom Aufbau der Marken und umreissen den Typus des Wirtschaftshofes noch klarer. Für die 3 Höfe am Ostrong sei auf die entsprechenden Texte in diesem Band hingewiesen.

Der *Eispöckhof* bei Niederweitersfeld *(Hof Wartenau)* bildete ein umwalltes Quadrat mit 16 - 17 m Seitenlänge, davor noch 2 Wälle und Gräben (Schutz des Wirtschaftsareals). Der karolingische *Königshof am Leithagebirge* hatte eine Umwallung von 109 x 130 m. Das Hauptgebäude, über römischen Resten nicht deckend angelegt, befindet sich an der höchsten Stelle innerhalb der Umwallung, davor die curticula und das 3. Areal.

Zur in karolingischer Zeit dicht besiedelten karantanischen Mark gehörte auch die Steiermark. Von den *fränkischen Reichshöfen* sind die Erdunterbauten z. T. noch gut sichtbar. Solche Höfe waren (z. T. vermutlich) beim *Pichlmaier in Klaus, in Haus, Kunagrün, Hofmanning, Niederhofen,* beim *Maier im Steinkeller ö. Hofmanning,* beim *„Moar im Bach" (Öblarn),* beim *Rieplmaiergut in Niederöblarn* und beim *Puttererschloß zu*

AREALE

KARNBURG / Kärnten

75 m

KAROLING. PFALZ

AREALE : 1 Sitzareal mit Kirche
2 Curticula 3 Heribergum

ST. OSWALD / NÖ

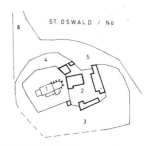

KAROLING. GUTSHOF

AREALE : 1 Curtis (später Wehrkirchhof)
2 Curticula
3 Viehplätze & Gärten
4 ehem. Umwehrung   5 Vorplatz
6 Siedlung

POTTSCHACH / NÖ

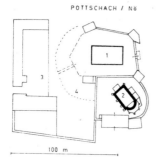

100 m

KAROLING. KÖNIGSHOF

AREALE : 1 Sitzareal - Curtis (Schloss)
2 Kirchenareal
3 Wirtschaftsareal - Curticula
(mit 4 - ehem. Graben)

TYP I

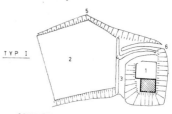

SCHWARZAU / OSTRONG / NÖ

MINISTERIALENSITZ 11. JH. in Arealsform
1 Sitzareal mit Festem Haus
2 Wirtschaftsareal   3 Graben
4 Wall   5 Siedlung
6 Burgweg u. Graben

TYP I

KOLBENTURM / TULFES / Tirol
(gez. Martin Bitschnau, Innsbruck)

TYP I

Hochhaus FORSTERN / Oö

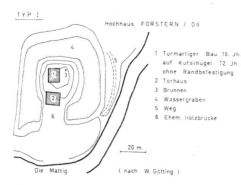

1 Turmartiger Bau 16. Jh.
 auf Kuhsihügel 12. Jh.
 ohne Randbefestigung
2 Torhaus
3 Brunnen
4 Wassergraben
5 Weg
6 Ehem. Holzbrücke

20 m

Die Mattig   (nach W. Götting)

Gerhard Seebach   28. 5. 1972

KLEINMINISTERIALENSITZE

TYP II

GOTTSDORF / NÖ

Burgkirchenanlage 1.H.12.Jh.

50 m

1 Curtis 9.Jh. = Kirchenareal 12.Jh.
2 Curticula 9.Jh. = Sitzareal 12.Jh.
3 Ehem. 3.Areal 9.Jh.   4 Vorplatz
5 Graben   6 Zufahrt
7 Donau   8 Böschung
9 Siedlung

TYP IIIa

PRINZELNDORF / Nö

1 Turmbau 2.H.13.Jh.   2 Innenhof
3 Spätma. Bauteile   4 Hof
5 Wirtschaftsgebäude   6 Berghang
7 Ehem. Strasse   8 Brunnen

TYP IIIb

SCHEMA

1 Turmbau mit Stube im Erdgeschoss
2 + 3 Küche - Diele - Einheit
4 Stallgebäude   5 Scheune
6 Innenhof   7 Hofeinfahrt

TYP IIIc   SCHEMA

1 Turmbau mit Kammer
2 + 3 Küche - Diele - Einheit
4 Wohnraum   5 Wohnbau
6 Wirtschaftsgebäude   7 Stall
8 Gesinde o. Ausgeding 9 Hofeinfahrt
10 Scheune   11 Innenhof

TYP IV

Beispiel einer "versetzten" Raumteilung

(KIENHOF / Nö)

1 Turmbau mit Stube
2 Küche   3 Diele

LAGE DER SITZE ZUR SIEDLUNG

① Ort ⟷ ◯   Kein direkter Zusammenhang

② ●◯   Anlage des Ortes um einen
             bestehenden Sitz

③ ●─◯   Gleichzeitige Gründungen

④ Sitz später als der Ort:

(a)   (b)   (c)

Sitz ausserhalb des Ortes   Sitz im Ort   Sitz am Ortsrand

Gerhard Seebach   30.5.1972

17

Aigen. Nachgewiesen sind Reichshöfe an der *Ingering bei Knittelfeld* und in *Pöls.* Das bekannteste Beispiel ist an der Mündung des Schladnitzbaches in die Mur sw. Leoben. Dort lag am *„Burgstall"* oder *„Rietzenkogel"* ein urkl. 904 erwähnter, ummauerter Gutshof (Terrassen und Erdwälle erhalten). Zu den ältesten eigentlichen Burganlagen gehören: *Reichenburg an der Save:* die heute verschollene *Hengstburg sw. Wildon; Dietenpurch am Dittenberg bei Ligist* (urkl. 1060) und die *Primaresburg bei Lankowitz.* Besonders in den Bezirken Judenburg und Knittelfeld ließen gute Siedlungsmöglichkeit und ausgezeichnete Verkehrslage eine größere Dichte von Reichshöfen zu, um die sich vielfach Dörfer entwickelten. Die *Gutshöfe* in *Niederhofen* und nahe der *Ingering* waren nach Herwig Ebner befestigt. In *Judenburg* selbst entstand eine große karolingische Flucht- und Gauburg, an deren Fuß sich das älteste Handelszentrum der Steiermark entwickelte. Der 20 m hohe *„Rietzenkogel"* (gleiche relative Höhe von Ebersdorf), war nach H. Ebner eine Turmhügelburg in Arealform, ein Gutshof, mauerumgeben und Mittelpunkt eines königlichen Schenkungsgutes. Die Befestigungen der Höfe sollen in der zweiten Hälfte des 9. Jh. erfolgt sein (Magyareneinfälle). Zu diesem Zeitpunkt entstanden auch die *Reichenburg an der Save* und die *Hengstburg bei Wildon.* Im Jahre 860 bestätigte Kg. Ludwig der Deutsche dem Erzbischof von Salzburg seine Erwerbungen, darunter einen hof *„ad Pruccam"* in *Bruck/Mur.* Seine Lage ist nicht genau umrissen, möglicherweise an Stelle des Pöglhofes. In *Freienstein-St.Peter* wurde auf einer vorgeschichtlichen Fluchtburg ein karolingischer Sitz, ein *„Steinhaus",* 904 urkl. erwähnt, errichtet (Verwaltungshof), Sitz der zu Karantanien gehörigen Grafschaft Leobental (Liupinatal). Beim Bau der Kirche in *Freienstein* wurden Teile der ehemaligen mittelalterlichen Burg mitverwendet. Es ergab sich ein Bau mit dem Seitenverhältnis 1:2 (13.10 x 25.50), dessen älteste Burgteile zumindest in die Zeit um 1100 zurückreichen. Möglicherweise sind es Teile einer 2. karolingischen Befestigungsanlage, womit einer der ältesten Bauten im genannten Verhältnis vorliegen könnte.

Die Baiern waren 591/92 in die Alpen in Tirol vorgerückt (s.: Osmund Menghin, Von Pfarrenhofen nach Säben u. Zur Kontinität kirchlicher Stucktturen in Tirol, in: Festschrift Franz Hutter, Tiroler Wirtschaftsstudien 26, Innsbruck 1969, 263). Ihre Landnahme erstreckte sich zunächst auf die Nordalpen, den Raum zwischen der Enns und dem tirolischen Zillertal. Als der Stamm um 600 in die Abhängigkeit der Ostfranken kam, verblieb ihm sein angestammtes Herrschergeschlecht der Agilolfinger. Um 700 ging unter dem fränkischen Bf. Rupertus vom von ihm gegründeten Kloster St.Peter die gesamte Entwicklung Salzburgs aus. Im 8. Jh. war Salzburg zum reichsten Bistum Bayerns geworden und zum Ausgangspunkt der Ostmission unter Karl dem Großen. Dem Ebf. Arn war 790 der gesamte Besitz der Salzburger Kirche bestätigt worden. So war Ebf. Arn auch die kirchliche Leitung Pannoniens, also Ungarns bis zum Donaubogen übertragen worden. Durch die Niederlage des bairischen Heerbannes in der Schlacht bei Preßburg gingen die Ostmarkengebiete 907 dem Reich verloren. Der Salzburger Erzbischof Theotmar fiel. Die Missionsrolle des Erzstiftes war nun auf Karantanien beschränkt. Nach dem Wiederentstehen der Ostmark hatte die Passauer Mission die salzburgische bereits überflügelt.

Zentrum Karantaniens war die *Karnburg* am Fuße des Ulrichsberges, *eine kaiserliche Pfalz* des 9. Jh. Sie bildete zu dieser Zeit den politischen Mittelpunkt und die zentrale Verwaltungsstelle des ganzen Landes Kärnten (mit Steiermark). Die gesamte ummauerte Anlage bildete ein stark unregelmäßiges Rechteck von ca. 270 x 150 m, wobei an höchster Stelle innerhalb des Pfalzareals die eigentliche Pfalz mit Kirche und Palas auf einem Felssporn lag. Gemäß der Bedeutung war *Karnburg* mit Mauern und quadratischen Türmen bewehrt. Teile der Kirche und Nebenkirche - der ehemalige Pfalzbereich ist heute Friedhof - stammen noch vom karolingischen Pfalzpalas. Unterhalb des leicht ovalen Kernareals mit ca. 60 m Durchmesser lag die curticula, ein ebener Bereich von ca. 75 x

90 m innerhalb der Ummauerung. Daran schloß ein 110 x 45 m großes Areal, das Heribergum an. Von den 4 Ecken der Ummauerung waren 3 mit Türmen bewehrt, 2 davon sollen zur Sicherung von Quellen gedient haben. Die weiträumige Anlage dürfte in vorgeschichtliche Zeit zurückgehen und war vermutlich im 5. und 6. Jh. die Fliehburg der römischen Stadt Virinum und ihrer Umgebung. Die noch in karolingische Zeit zurückgehende Kirche (karolingisches Patrozinium St.Peter) besteht aus einem rechteckigen Langhaus mit einem eingezogenen quadratischen Chor. Das Bruchsteinmauerwerk mit rot gefärbtem Mörtel (infolge Beimischung von Ziegeln) zeigt breit aufgestrichene Mörtelfugen, z. T. Fischgrätenmauerwerk und zahlreiche mitvermauerte römische Werksteine. Noch 983 wird Karnburg „*regalis sedes*" genannt.

Weitere karolingische Anlagen, z. T. salzburgisch, befanden sich in *Eberstein, Friesach* (zwischen 860 und 927 Bau der Peterskirche auf dem Virgilienberg), *Gurk, Osterwitz* (860 Gut „*ad Astawizam*", vermutlich ein Gutshof am Fuße des Burgberges), *Straßburg, bei Taggenbrunn, im nahen St.Peter, St.Andrä im Lavanttal* (Hof „*ad Labantam*"), *Bad St.Leonhard im Lavanttal* (im Bereich der Kunigundenkirche; Nachfolger eine ottonische Anlage bis zur Stadtburg Gomarn), *Millstatt, Rosegg, Treffen (,,curtis ad Trebinam*", Königshof mit Kirche. Ähnliche umliegende Höfe), *Villach, Drasing, Feldkirchen, Grafenstein, Gurnitz* (Curtis, zu Karnburg gehörig), *Hollenburg (?), Maria Saal* (860 „*ecclesia Carantana*"), *Maria Wörth, Moosburg* (karolingische Pfalz; auf 4 Hügel verteilte Befestigungsanlagen, deren einzelne Teile durch Mauern verbunden waren. Das Kernareal dürfte am Thurnerhügel gelegen haben, unterhalb das Gehöft Thurner, vermutlich der Platz der curticula. Die Hügel überhöhen das versumpfte Gelände um ca. 20 m), *Reifnitz, Tiffen* (Königshof ?), *Griffen, Mittertrixen, Obertrixen, Tainach, St.Lorenzen am Berg, Diex, Glödnitz, Lieding.*

Auch Oberösterreich war in karolingischer Zeit dicht besiedelt und aufgeschlossen. Eine bedeutende Rolle spielten die mit großem Landbesitz ausgestatteten Klöster, von denen Mondsee und Kremsmünster noch in der frühbairischen Zeit gegründet wurden (739 bzw. vor 777). Wie in Niederösterreich bestanden in ehemaligen Römerstädten Restsiedlungen weiter (Linz, Lorch, Enns, Wels). Die römischen Kastelle und kleinen militärischen Stützpunkte wurden vermutlich nach Abzug der regulären Truppen aufgegeben. An ihre Stelle traten Verwallungen auf Bergen und in der Ebene, die, in Hast und Eile angefertigt, von der zahlenmäßig abnehmenden Bevölkerung benutzt wurden. Erst im 7. Jh., mit Beginn der Awareneinfälle, verstärkten sich die passiven Schutzmaßnahmen. Kastelle und Städte aus der Römerzeit wurden notdürftig instand gesetzt, ebenso alte Wallburgen, wie das oppidum auf dem Kürnberg bei Linz (befestigte Höhensiedlung in Arealform; Fluchtburg aus vorrömischer Zeit). Neue Befestigungswerke *(Buchberg bei Heiligenstadt, Mühlberg bei Schneegattern,* beide Gemeinde Lengau; *Anger-Au,* Gemeinde Redlham) waren Kunsthügelburgen mit 2 Innenaufschüttungen. 788 bildeten *Wels, Linz* und *Lorch die Mittelpunkte des Königsgutes.* Unter den Franken entstanden *Pfalzen* wie in *Attersee* und *Ostermiething.* Für *Diersbach* fehlt ein urkundlicher Beleg. *Agilolfische (frühbairische) Pfalzen* wie in *Mattighofen* wurden in Wirtschaftshöfe bzw. in eine „*villa regia*" umgewandelt, d.h. übernommen. In der karolingischen Spätzeit wurden gegen die ersten Einfälle der Magyaren Großburgen wie die *Ennsburg* errichtet. Die in der Raffelstettener Zollordnung um 903/905 erwähnten Handelsumschlagplätze weisen auf einen regen Handelsverkehr entlang der Donau und eine starke Besiedlung hin. *Aus frühbairischer und karolingischer Zeit* sind folgende Anlagen für die Erfassung des Types „*curtis*" von Bedeutung: *Altheim* (passauischer Meierhof um 903); *Ansfelden;* Aschach a. d. Donau (Überfuhr- und Mautstelle, genannt 903 in der Raffelstettener Zollordnung); Attersee (885 genannt; Mittelpunkt eines Königsbezirkes und Pfalz, an der Stelle der heutigen Kirche gelegen); Aurolzmünster (der Vorläufer des Marktes dürfte die 831 erwähnte „*cella Antesana*", eine frühe Klostergründung gewesen sein, die durch die Magyarenstürme zerstört worden ist); Braunau am Inn-Ranshofen (788 ist zu *„Rantesdorf"* erstmals ein Hof erwähnt, der im 9. Jh., genannt 831, zu einer kaiserlichen Pfalz wurde. Seine Lage wird an Stelle des Langhauses und Turmes der ehemaligen Klosterkirche angenommen. 898 wird die von K. Arnulf gegründete St.Pankrazkapelle erwähnt); Eberstallzell; Enns (die Bischofskirche des 4. Jh. in Lorch wurde um 800 von einer karolingischen Steinkirche überlagert, die dann in der gotischen Laurentiuskirche ihren Nachfolger fand. Nach der Besitznahme des Landes durch die Baiern im 6. Jh. dürfte Enns ein Stammesvorort zu Lorch gewesen sein und vielleicht befand sich die bairische Herzogspfalz im Bereich des römischen Legionslagers, wie Funde von Hütten aus dem 6. Jh. vermuten lassen. In der 1792 abgerissenen Maria-Anger-Kirche wird die frühmittelalterliche Pfalzkapelle vermutet. 791 wird Lorch wieder erwähnt, aber erst gegen Ende des 9. Jh. dürfte wegen der Magyareneinfälle das ehemalige Römerlager aufgehoben worden sein. Um 900 entstand die Ennsburg auf dem Georgenberg nach rein militärischen Gesichtspunkten); Gunskirchen (819 *„Kundechirichun";* die Kirche liegt auf einem Kunsthügel); Helpfau; Hörsching; Kematen an der Krems; Kremsmünster, Kronstorf; Lengau; Linz (die Martinskirche aus dem 8. Jh. ist erhalten; castrum und Handelsplatz unterhalb der Burg. In der Mitte des 9. Jh. wird Linz als königlicher Ort - locus publicus - genannt); Luftenberg; Mattighofen (die aus einer bairischen Pfalz entstandene *„curtis regia Matahhoua"* war karolingisches Verwaltungszentrum des gesamten Matichgaues); Micheldorf; Mondsee; Neuhofen an der Krems (Königshof); Pettenbach; Pupping; Raffelstetten; Rebgau; St.Florian; Schärding (804 Wirtschaftshof des Hochstiftes Passau; Burgstelle in Arealform zugleich Platz der ältesten Siedlung); Schörfling; Schwanenstadt; Steyr (ungefähr gleichzeitig mit der Ennsburg); Traunkirchen (Altmünster); Schöndorf; Wels (Burg, Wirtschaftshof und Siedlung); Zellhof.

Leider wurden die karolingischen Höfe in den Bundesländern außer Niederösterreich bisher wenig bearbeitet, weil sie meistens schwer erfaßbar sind. Am besten bearbeitet sind karolingische Siedlungsformen in Wien und in Niederösterreich, nicht zuletzt durch die intensiven Siedlungsformenanalysen von Prof. Adalbert Klaar und die diversen Ausgrabungen, wie in Wieselburg, Bruck an der Leitha u. a. Orten, die Rückschlüsse auf karolingische Anlagen gestatten. Aus der Karolingik datieren in Niederösterreich noch einige bestehende Kirchen, wie Pottschach (St.Dionysius), Winklarn bei Amstetten (St.Rupert), St.Martin am Ybbsfeld, Abstetten bei Tulln, St.Martin (heutiges St.Andrä-Wördern im Hagenthale), Bad Fischau (St.Martin). Die Kirchen zeigen einen breitrechteckigen Grundriß im Verhältnis 2:3 (Pottschach: ca 10.50 x 13.70). eine Rundapside ist anzunehmen. Pottschach bietet eines der besten Vergleichsbeispiele von karolingischen Höfen. Die gesamte Anlage bestand aus 3 Arealen: dem Kirchen-, dem Sitz- und dem Wirtschaftsareal, das die beiden anderen an 2 Seiten zusammenfaßte. Das Sitzareal (heute Schloß) von ca. 60 x 40 m war von einem ca. 10 m breiten Wassergraben umgeben. Die Zufahrt erfolgte durch den Wirtschaftshof. Sitz- und Kirchenareal hatten zusammen ein ungefähres Ausmaß von 76 x 46 m, wobei das annähernd rechteckige Kirchenareal kleiner war. Das Gesamtmaß des Hofes betrug 130 x 105 m, was genau die Ausmaße vom Königshof am Leithagebirge sind. Eine Bestätigung für die Annahme eines Königshofes in Pottschach. Es zeigt sich, daß die Königshöfe ein größeres Ausmaß hatten, als die reinen Wirtschaftshöfe wie Ebersdorf und St.Oswald, die ihrerseits mit ca. 70 x 45 m einen eigenen Typus bildeten. Am größten waren bedeutende Pfalzen, wie die Karnburg in Kärnten.

Über die Anlage der curtes von Ebersdorf, Gottsdorf und St.Oswald läßt sich nun unter Berücksichtigung der Anlagen in anderen Bundesländern folgendes sagen: Die karolingischen Wirtschaftshöfe lagen zerstreut um einen verwaltungsmäßigen Mittelpunkt (bei Ebersdorf ist Melk anzunehmen). Sie hatten einen gleichartigen Aufbau wie die Königshöfe in 3 Arealen, nur von kleinerem Ausmaß. Die curtis als Kernareal (mit der

„*sala regalis*" als Mittelpunkt beim Königshof) mit einem länglichen Wohngebäude, bei gewöhnlichen Wirtschaftshöfen nach bisherigen Forschungsergebnissen ein 15-20 m langer Holzbau zentral in einem Bering aus Palisaden oder einer Holz-Lehm-Mauer, der die curtis vom 2. Areal, der curticula trennte. Diese war ebenfalls mit einer festen Umwehrung versehen. Bei größeren Anlagen (Pfalzen) lag sie innerhalb der gemeinsamen Umwehrung mit der curtis. Beide Areale waren von einem dritten an 2 Seiten umgeben, das zumeist eine nicht wehrhafte Umzäunung hatte und die Gärten, Viehplätze und Hausäcker beinhaltete. Die curtis mit der curticula waren befestigt, schon durch die Geländewahl am höchsten Punkt der Umgebung (Siedlung). Es kommt auch der Fall vor, daß eine curticula ohne curtis angelegt wurde, ein Meierhof, der dann in einer Umzäunung Wohn- und Wirtschaftsbauten enthielt. Diese Form war unbefestigt. Die Befestigungen bezogen sich nur auf die Beringe, die Gebäude selbst waren nicht wehrhaft. Niedrige Kunsthügel, künstliche Böschungen bis zu mehreren Metern kamen bereits vor. War eine Siedlung nahe beim Wirtschaftshof, so war diese im allgemeinen unbefestigt, außer sie war eine Burgsiedlung. Dann lag auch der Hof zur Gänze innerhalb der Ortsbefestigung (Baden bei Wien).

Bei Gottsdorf ist der karolingische Hof im Grundriß nicht eindeutig festlegbar. Der niedrige Erdunterbau, die Abmessungen (wie bei St.Oswald), die beiden vorhandenen fast quadratischen Areale und das umfassende dritte sind jedoch vorhanden. Ebenfalls Reste der Umwehrung der beiden Hauptareale, so daß eine karolingische curtis neben einer unbefestigten Siedlung angenommen werden kann. Jedoch war das spätere Sitzareal die curticula, während das mittelalterliche Kirchenareal die eigentliche curtis bildete (Auch die Zufahrt zur curtis durch die curticula ist vorhanden).

Da die karolingischen Siedlungsformen durch die Forschungen und Pläne von Prof. Adalbert Klaar bekannt sind, ist es möglich, durch die Dreiteilung, Abmessungen etc. die Höfe aus dem Kataster zu erfassen. Am geeignetsten dazu ist in Niederösterreich die Franziszeische Fassion aus 1819/1824, die im allgemeinen die mittelalterlichen Siedlungsbilder wiedergibt. So konnten für das Waldviertel erstmals karolingische Wirtschaftshöfe eindeutig fixiert und in ihrem Umfang und Aufbau erforscht werden. Dabei wurde die Annahme bestätigt, daß diese Höfe (neben dem gehäuften Auftreten von fränkischen Hausformen) einen klar umrissenen Typus darstellen.

Für die Entwicklung der Wehrbauten waren diese Höfe von entscheidender Bedeutung Es entstehen 2 Linien, beide Anlagen in Arealform (vor 1150) darstellend: Die Burg-Kirchenanlagen (Weiten, Pöbring) und die Frühformen der Kleinadlessitze (Neukirchen/Ostrong), oft auch Kombinationen, besonders in der ersten Hälfte des 12. Jh. bildend.

Quellenverzeichnis:
Franziszeische Fassion OM 772 (Weiten), OM 517 (Neukirchen/Ostrong), OM 501 (Pöbring), OM 773 (Ebersdorf-Lehen), OM 200 (Gottsdorf), OM 471 (St.Oswald); Klaar Adalbert, Baualterspläne von Pottschach, Ebersdorf, St.Oswald, Neukirchen/ Ostrong, Pöbring; Orts- und Siedlungspläne österreichischer Städte und Ortschaften. Bundesdenkmalamt, Wien;
Seebach Gerhard, Baualterspläne (St.Oswald, Ebersdorf, Gottsdorf, Weiten, Neukirchen/ Ostrong). Birken-Verlag, 1060 Wien;

Die Bautypen der Kleinadelssitze am Ostrong

Von den karolingischen Königs- und Gutshöfen in Arealform leiten sich die Burg-Kirchenanlagen d. 9.-12. Jh. und die Kleinadelssitze d. 11. u. 12. Jh. direkt ab. Die Anlage eines solchen Sitzes richtete sich nach seiner Aufgabe, die Größe des Baukörpers unterlag den Bauvorschriften des Burgenregals, wie Gebäudehöhe (3 Geschosse), Höhe der Umfassungsmauer, Grabenbreite und -tiefe sowie Art der Wehreinrichtungen. Diese Bauvorschriften waren regional verschieden, da das Burgenregal bereits i. 11. Jh. vom König auf die einzelnen Landesherren übergegangen war. Erstmals erscheint das Regal urkundlich in einem Edikt Karl des Kahlen 864 für Westfranken.

Abgesehen von rein militärischen Anlagen und Burg-Kirchenanlagen seien nun die einzelnen Typen der Kleinadelssitze des Ostrong chronologisch angeführt:

TYP I: Sitze d. 11. u. d. 1. H. d. 12. Jh. in Arealform mit Wohnturm als Zentrum des Sitzareals (Neukirchen/Ostrong; Schwarzau):
Unterteilung des Sitzes in 2 Areale, das Sitz- und das Wirtschaftsareal. Beide Areale besitzen eine eigene Umwehrung und kommen im 12. Jh. voneinander getrennt liegend vor. Das Sitzareal hat zumeist eine regelmäßige geometrische Grundrißform (Quadrat, Rechteck) und liegt leicht erhöht, entweder auf einem selbständigen Erdkörper (Kunsthügel) oder in Hanglage auf einer Terrasse (eine Seite durch den Berghang gedeckt). Zentrum des Sitzareals ist ein zumeist 3geschossiger Turm mit Mauerstärken um 0,7 - 1 m und einem Hocheinstieg mit gedeckter Holzstiege. Hauptraum im 2. Geschoß. Wehreinrichtungen: Torverriegelung, Hocheinstieg, überdachte Wehrplatte. Das Wirtschaftsareal ist auf jeden Fall vom Sitzareal durch dessen Umwehrung getrennt und kann auch in einiger Entfernung vom Sitzareal liegen. Dieser Typus war überregional und fand bis ins Spätmittelalter Anwendung (Beispiel: Der Kolbenturm/Tulfes in Tirol, wo ein derartiger Bau a. d. A. d. 13. Jh. ziemlich unverändert erhalten ist. Siehe: Martin Bitschnau, Der Turm der Kolbe zu Gasteig. Eine historisch-archäologische Untersuchung, in: Festschrift Johanna Gritsch, Innsbruck 1972, zum Druck bereitgestellt.) Auch die sogenannten Hochhäuser Oberösterreichs gehen auf diesen Typus zurück.

TYP II: Übergangsform vom Sitz mit 2 Arealen zu einem Areal, angeschlossen an ein Kirchenareal, besonders i. d. 1. H. d. 12. Jh. (Gottsdorf), *„uneigentliche Burg-Kirchenanlagen".* An ein bereits bestehendes Kirchenareal wird ein Sitzareal, das Wohn- und Wirtschaftsgebäude enthält, angeschlossen. Sitz von Verwaltungsbeamten mit Eigenwirtschaft.

TYP III: Geschlossener Sitz eines Kleinadeligen. Meist ab d. 2. H. d. 12. Jh. - A. d. 15. Jh.

IIIa: Alleinstehender Wohnturm und Wirtschaftsgebäude in einer Umwehrung (Gesamtareal) (Prinzelndorf, Kienhof, Kälberhof). Direkte Weiterentwicklung des Typs I, wobei die eigentliche Arealsform verloren gegangen ist durch die Zusammenziehung von Sitz- und Wirtschaftsareal. Die Wehreinrichtungen der Türme werden durch Bogenscharten (Prinzelndorf) und vorgekragte Wehrgänge (Kälberhof) erweitert. Der Baukörper des Turmes ist fast gleich wie bei Typ I. Die Hofmauer erhält Tore mit Verteidigungseinrichtungen. Bedeutendere Sitze, wie Seiterndorf erhalten einen größeren rechteckigen Wohnbau und eine Kapelle zusätzlich. Kennzeichnend für den Typ sind die voneinander getrennt stehenden Baukörper in einer gemeinsamen Umwehrung.

IIIb: Turmhöfe mit Wirtschafts-, Wohn- und Turmteil in einer Längsachse (Rappoltenreith, Krumling): Der Turm an einem Ende des langgezogenen Baues deckt das Hoftor und erhält im Untergeschoß eine Stube. Die oberen (beiden) Geschosse sind über eine Holzstiege zu erreichen. Die Bauten gehören der Raumeinteilung nach dem mitteldeutschen Haustypus an, wo der Stall dem Haus in seiner Längsachse oder im Winkel zugebaut sind. Sie zeigen im Wohnteil die Einteilung der fränkischen (auch in Südmähren zu finden) Hausformen: Stube (Erdgeschoß des Turmes), Diele-Rauchküche und Kammer; der Typ des *„abgeriegelten Flurhauses",* wo die Rauchküche in den Flurteil des Hauses eingestellt ist. Die Küche ist sehr oft in einem Bogen offen zur Stube (Kienhof, Froschhof/Kamp). Die Diele ist zugleich Treppenhaus.

IIIc: Turmhöfe, wo Wohnhaus und Wirtschaftsgebäude (Stall) parallel zueinander stehen und durch eine Hofmauer mit Einfahrt und Fußgängerpforte miteinander verbunden sind. Die Scheune ist im allgemeinen ein Holzständerbau (Kaumberg, Graslhof, Oberrußbach, Froschhof). Gleiche Raumeinteilung wie bei IIIb.

TYP IV: Weiterentwicklung der Typen IIIb und IIIc: Die Wohnbauten werden breiter und sind innen durch eine Längsmauer unterteilt. Die Rauchküche verschiebt sich derart, daß sie einen Eingang von der Diele und von der Stube erhält *(„versetzte Raumeinteilung")*. Die klare Unterteilung in einem schmalen Baukörper in Stube, Küche-Diele-Einheit und Kammer ist nicht mehr gegeben. Besonders seit A. d. 15. Jh. (Linsgrub, Kienhof, Rorregg, Erlangshof). In der Renaissance Auflösung der exakten Raumteilung bei kleinen Sitzen. Im Barock Dreiteilung durch einen mittleren Gang. Die Befestigung verlegt sich immer mehr auf die Umfassung und auf den Torschutz.

Eine weitere Datierungshilfe bildet die Lage des Sitzes zur Ortschaft. Es sind im allgemeinen 4 Fälle zu unterscheiden:

1) Der Sitz steht in keinem direkten Zusammenhang mit einer Siedlung (Kälberhof, Kienhof). Hier dient die Arealsform der Anlage als Datierungsgrundlage. Der Sitz dürfte hauptsächlich militärische und verwaltungsmäßige Aufgaben gehabt haben, Eigenwirtschaft (Meierhof) möglich.

2) Um einen Sitz wurde eine Siedlung angelegt (Filsendorf). Die Stellung des Sitzes geht dann zumeist aus dem Kataster hervor, da sich die Ortsparzellen nach dem Sitz ausrichten.

3) Sitz und Siedlung entstanden gleichzeitig. Starke Abhängigkeit der Siedlung vom Sitz. Gleichfalls im Kataster erkennbar (Schwarzau; Neukirchen/Ostrong: Die zugehörigen Grundholden bilden die zum Sitz gehörige Ortschaft).

4) Der Sitz wurde später als die Ortschaft gegründet. 3 Möglichkeiten:

a) Der Sitz liegt außerhalb der Ortschaft (Prinzelndorf, Erlangshof) und sondert sich im Kataster vom geschlossenen Ortsbild klar ab.

b) Der Sitz liegt innerhalb der Ortschaft (Losau, Unterbierbaum).

c) Der Sitz liegt am Rande der Siedlung (Gottsberg). Wie bei 4b) im Kataster oft nicht klar ersichtlich.

Die Datierungen der Kleinadelssitze ergeben sich somit aus folgenden Kriterien. Arealformen; Lage zur Siedlung und zur Kirche; Siedlungs- und Fluranalyse; Bautyp (Verhältniszahlen); Mauerwerksanalyse; Namensform; Historische Quellen; Herrschafts- und Wirtschaftsgeschichte; Höhenlage; Wehreinrichtungen.

Gliederung des Adels im Hochmittelalter

I. *Hochfreie* und *Gemeinfreie („nobiles").* Sie standen in keinem persönlichen Abhängigkeitsverhältnis, ihr oberster Herr war nur der König (Kaiser), dem sie den Treueid leisteten.

II. *Ministeriale („serviens").* Freie und Unfreie, die zu ehrenvollen Diensten (Hofämter, Kriegsdienste = Ministerium) beim König, Landesfürsten oder einem Hochfreien herangezogen wurden. Sie besaßen ursprünglich nur Lehen, später auch Eigenbesitz.

Beide Adelsgruppen verschmolzen im Spätmittelalter zum *Herrenstand.*

III.*Ritter, Edelknechte* und *Knappen („armigeri", „milites"),* bildeten den *niederen Adel,* der Hochfreien und Ministerialen Gefolgschaft leisten mußte. Sie wurden von ihrem Herrn mit einem kleinen Lehen *(„Festes Haus", Turmhof)* belehnt.

Angehörige dieses Standes bildeten im Spätmittelalter den *Ritterstand.*

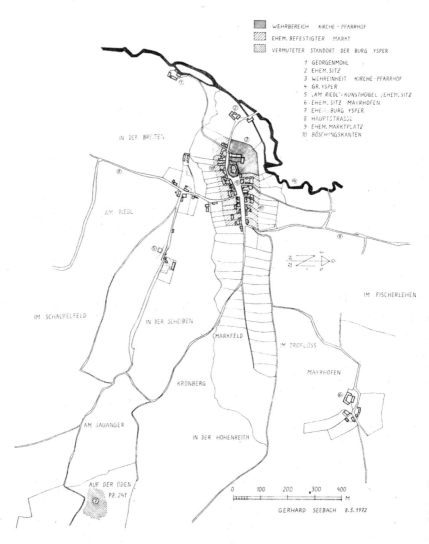

ALTENMARKT IM YSPERTALE (Marktgemeinde/Persenbeug/Melk) (mit ABFALTERHOF, FISCHERLEHEN, MAYRHOFEN, STRASS, HINTERLUEG, VODERLUEG, ULMÜTZHOF, WALKERSBERG, WEISSENLEHEN)

Das Gebiet um Altenmarkt muß im Zusammenhang mit Altenmarkt und Ysper gesehen werden.

Der Raum von Altenmarkt im Yspertale liegt inmitten eines Gebietes, in welchem der österr. Landesfürst schon frühzeitig Fuß gefaßt hatte. Der Name des Ortes lautete urspr. *Ysper*, seit dem Aufblühen des Marktes Ysper, westlich vom Bach, 1313 *Alten-Ysper*, dann 1357 *Altenmarkt zu Ysper* und später *Altenmarkt*. Der Ort ist die älteste Siedlung im Yspertale und wird schon 1312 *„Markt"* genannt. Er bildete mit kleineren Gütern der Umgebung ein eigenes Gut, mit dem 1307 die Herren v. Streitwiesen vom Landesfürst belehnt wurden (OÖUB VII 512) und es bis 1313 besaßen. Die Herren v. Streitwiesen waren stammesverwandt mit den Herren v. Stiefern-Arnstein, die als ldfl. Ministeriale aus dem Wiener Becken ins Waldviertel kamen. Nach mehrmaligem Besitzwechsel gelangte das Gut 1387 an Hans v. Tirna, um 1450 an die Herren v. Säusenegg, die es mit ihrem Gute Wimberg vereinigten. Nach vorübergehender Zugehörigkeit zur Hft. Weitenegg (1514) kaufte 1553 Irnfried Mang das Gut Markt Altenmarkt und baute damit seine Herrschaft Rotenhof bei Persenbeug aus. Seit 1720 teilte A. die Geschicke der Hft. Persenbeug.

Altenmarkt liegt auf einer Terrasse über dem linken Ufer der Ysper. Den Siedlungskern bildete ein Kirchweiler, der bis i. d. 12. Jh. keine größere Bedeutung hatte. Die Kirche (Hl.Magdalena) mit Friedhof und Pfarrhof, auf einer kleinen Erhöhung gelegen, war von Anfang an wehrhaft. Ist die heutige Kirche im Kern sptrom. (1961 wurden bei der Renovierung Rundbogenfenster, das S-Portal und mächtiges Hausteinquaderwerk freigelegt), so ist ein Vorgängerbau an Ort und Stelle inmitten des Friedhofareals, das von einer Ringmauer umfangen war, anzunehmen. Bei der Erweiterung des Ortes ab d. M. d. 12. Jh. durch einen Marktplatz mit dem Seitenverhältnis 1:8 wurde der kleine Platz des Weilers vor der Kirche miteinbezogen. Als Markt hatte der Ort im 14. Jh. endgültig seine Bedeutung verloren, während des 13. Jh. war er noch gleichrangig mit (Neu-) Ysper. Eine *ehem. Ortsbefestigung* ist anzunehmen, kann aber nicht nachgewiesen werden. War der Kirchweiler schon von der Anlage her wehrhaft, so ist auffällig, daß die Erweiterung im 12. Jh. nach dem Katasterplan mit Befestigung geplant war. Die Parzellenenden gegen S bilden eine scharfe Begrenzungslinie am Terrassenrand, gegen N ist sie nicht mehr so ausgeprägt, war aber vorhanden. Eine ehem. Ummauerung war nicht vorhanden, der Ort war vermutlich mit Palisaden und Zäunen am Böschungsrand bewehrt. Im N und S gab es je ein *Tor* für die Hauptstraße, die den von W nach O laufenden Platz in 2 Teile schneidet.

(NotBl 1859, 188; TopNÖ II 45; ÖKT IV 11; Reill 145; Plesser, Pöggstall 137, 140; 170, 231, 303, 305; 309; Weigl I 39 A 143; Franz.Fass; OM 14; Seebach; Klaar/BDA)

ALTENMARKT-HÖFE: Als 1307 Altenmarkt mit Umgebung als eigenes Gut durch den Landesfürsten an die Streitwiesener kam, war das der Beginn für Anlagen von z. T. befestigten, landesfürstlichen Höfen und kleinen Sitzen, von denen 2 in Altenmarkt selbst nachgewiesen werden können.

Einer dieser Höfe war *Altenmarkt Nr. 26;* außerhalb der Altsiedlung w. der Kirche oberhalb der Ysper. Der Hof, mit der größten Ortsparzelle, ist heute ein 2-gesch. Neubau, 3-achs. mit Krüppelwalmdach. Nur einige Mauerteile im Untergeschoß reichen noch i. d. 14. Jh.

Südöstlich von Altenmarkt auf der Flur *„Am Riedl"*, sind *bei Haus Nr. 39 Reste einer Befestigung* zu erkennen. Circa 5 m über dem Weg von Altenmarkt zum Haus Nr. 39 liegt rechterhand ein Erdwerk von 8 x 8 m Plateaufläche, im O ca. 1 m hoch, terrassenförmig im W zum Weg abfallend. Der Weg selbst war durch eine Mauer gesperrt, die an das Erdwerk anschloß. In der Franz. Fassion sind noch um die Häuser *Nr. 38-41 Gräben* eingezeichnet, die heute nicht mehr erhalten sind.

Am w. Abhang des Ostrongs liegen verstreut von S nach N folgende Höfe, die historisch zu Altenmarkt gehören und noch Altenmarkter Nummern tragen; Mayerhofen, Walkersberg (Beide Höfe liegen auf der Flur *„Burgfelder"*), Fischerlehen, Vorderlueg, Weißenlehen, Ulmützhof, Abfalterhof, Hinterlueg und Straß.

ABFALTERHOF (APFALTERN) (Altenmarkt 8 Nächst Altenmarkt)

Der 1387 erstmals urkl. genannte Hof *„Apholter"* (von ahd. apholtra = Apfelbaum) war ein Lehen des Landesfürsten mit dem er die Säusenegger auf Wimberg belehnte.

In den Hang gebaut, 100 m ö. der Straße, ist der Altbau aus der Zeit knapp um 1400 noch vollkommen erhalten. Seitenverhältnis 1:2; 3:6 Achsen; 2-gesch. (hofseitig 1-gesch.) mit Satteldach. Auf den Bruchsteinbau mit nicht besonders sorgfältiger Eckverzahnung wurden in jüngerer Zeit die Giebel aus Ziegel neu aufgeführt (2 Giebelfenster), die Dachform ist also nicht ursprünglich (ehem. Krüppelwalmdach). Die Raumeinteilung mit Diele-Küche-Einheit zeigt bereits die aufgelöste Form der Hochgotik mit versetzter Raumteilung. Kammer und Stube besitzen Nebenräume. Der Altbau, auf 2 Seiten von neuen Wirtschaftstrakten umgeben, ist in Anlage, Raumteilung und Proportionen ähnlich Mayrhofen, Lehenhof, Ulmützhof und Walkersberg, jedoch etwas jünger als die genannten (mit Ausnahme des Ulmützhofes). Straßenseitig sind Kellerfenster zu erkennen. Obwohl der Bau keinerlei Wehreinrichtungen aufweist, spricht die Anlage des Hofes für eine ehem. einfache Befestigung.

FISCHERLEHEN (Altenmarkt 46 Nächst Altenmarkt)

Der Hof gehörte um 1390 dem Peter Fischer v. Ysper und war ein ldf. Lehen (HHStA, Kod. blau 523, 50), welches um 1400 an Heinrich dem Fleischhacker von Ysper überging. 1411 übernahm den Hof Jakob der Grabner.

Der Hof ist im Altbau noch erhalten. Er liegt am linken Ufer der Ysper, links der Verbindungsstraße von der Bundesstraße nach Ysper. Der einfache 1-gesch. langgestreckte Altbau mit geringer Mauerstärke (50/60 cm) und kleinen Rechteckfenstern war vermutlich befestigt, wie die fast fensterlose Straßenfront zeigt, weist jedoch keine Wehreinrichtungen auf. Sein einziger Schutz war wahrscheinlich nur ein Graben, die Wirtschaftsbauten, die s. des Wohnbaues einen Hof umschließen, waren nicht wehrhaft. Auf die Sitzqualität weist noch die Lage im *„Hofedelfeld"* hin, wodurch die Annahme einer Befestigung noch bestärkt wird.

MAYRHOFEN (Altenmarkt 18 Nächst Altenmarkt)

1357 verkaufte *Heinrich v. Mairhof* einen Besitz dem Kloster Baumgartenberg (OÖUB VII 512). Der Hof war ldfl. Lehen und wurde 1411 dem Kilian Mairhofer verliehen. Um 1455 gehörte der Hof und 3 Hofstätten zur Hft. Wimberg.

Der Hof, 1-gesch. mit Krüppelwalmdach, 3:7 Achsen, Seitenverhältnis 1:2, ist im Altbau vollkommen erhalten und wurde im Barock (Türgewände) renoviert. Der Wohnbau ist typengleich dem Abfalterhof mit gleicher Raumteilung. Durch den Wirtschaftshof führt der alte Weg zur kleinen zugehörigen gleichnamigen Siedlung, von der der Hof die größte Ortsparzelle einnimmt. Schlechter Bauzustand.

HINTERELUG, VORDERELUG

Historisch gesehen bedeutungslos. Auffällig ist nur die alte Namensgebung, die auf einen ehem. Aussichtsposten (Warte) schließen läßt. Baumäßig haben beide Höfe die Vermutung noch nicht bestätigt. Nach der Franz. Fassion ldf. Höfe.

STRASS (Nr. 1)

Der Ort wurde 1432 *„an der Strass"* (NotBl 1859, 188) genannt.

Vollkommener Neubau. Nur der Speicher (Bruchsteinmauern mit Strebepfeiler) datiert aus älterer Zeit.

ULMÜTZHOF (ADELMUTHOF, ULMUTHOF) (Altenmarkt 10 nächst Altenmarkt)
Der Name lautet um 1432 *Adelmuthof,* 1455 *Ulmuthof* und bedeutet einen Hof des Adelmut. Seit 1432 gehörte er stets zur Hft. Wimberg und war ldf. Lehen (NotBl 1859, 187). Von 1596 bis 1695 benützte die Herrschaft den Hof als Schafhof.
Heute ein Neubau mit nur geringen Resten des Altbaues in den Außenmauern. Im Besitz der Fam. Lindner.

WALKERSBERG (WALCHERSPERG) (Altenmarkt 12 Nächst Altenmarkt) Unter-, Ober-)
1395 wird der ldf. Hof *Walchersperg* von Hzg. Albrecht IV. dem Heinrich Adam Dürrenbeck verliehen (HHStA, Kod. blau 20, 66). Heinrich Maierhofer vererbte ihn 1404 seinem Sohn Paul. Damals gehörte Walkersberg zur Hft. Wimberg.
Unter-W. (Nr. 11) ist ein Neubau d. 19., während *Ober-W.* (Nr. 12) im Wohnbau den alten Sitz erkennen läßt. Der 1-gesch. Bau mit Krüppelwalmdach, 3:6 Achsen, Seitenverhältnis 1:2 (hochgot. Typ) wurde aus mächtigen Bruchsteinen errichtet. Mauerstärken in den Außenmauern 1 - 1.10 m. Die versetzte Raumeinteilung mit Diele-Küche-Einheit (Schwarze Küche) ist vollständig erhalten. Neben dem Wohnbau befand sich früher der Brunnen (alte gefaßte Quelle vom Berghang) auf dem Podest längs des Wohnbaues, das Schutz gegen den Schmutz im Hof (Misthaufen in der Hofmitte) bot. Die Wirtschaftsgebäude, die einen großen Hof einschließen, sind z. T. noch ma. erhalten.

WEISSENLEHEN
Albrecht v. Pottendorf verlieh als Besitzer der Hft. Mollenburg 1427 dem Georg Kelberharder ein Pfund Gülte an dem Gute Weißenlehen (SchloßArch. Rosenburg). Der Weißenlechner wird 1533 im Urbar von Altenmarkt genannt und war zum Kälberhof bei Neukirchen dienstbar. Die Hft. Mollenburg verkaufte ihn 1602 dem Ferdinand Albrecht v. Hoyos, der ihn als Meierhof zum Schlosse Rorregg verwendete.
Altbau in der Neuzeit stark verändert.

ARNDORF (Neukirchen am Ostrong - Arndorf/Melk)
Nordwestlich von Neukirchen am Ostrong (1 km), liegt am Rande des gleichnamigen Ortes das Schloß.
Otto v. Aerndorf wird 1321 erstmals als Zeuge in einer Urkunde des Alber v. Streitwiesen genannt (TopNÖ VII 385); es gehörte als Lehen zur Hft. Mollenburg. Das Geschlecht der Erndorfer besaß dieses kleine Gut bis 1482, in welchem Jahre es an die Fam. Schauchinger gelangte. Auf diese folgte 1534 Georg Kornfail, der von den Rogendorfern auf Mollenburg mit dem kleinen Schloß belehnt wurde. Kaspar v. Lindegg auf

ARNDORF

Arndorf bei Pöggstall

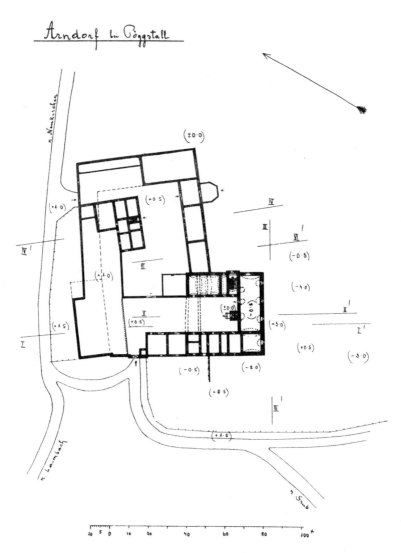

Mollenburg verkaufte A. 1586 dem Johann Jöppl. Nach oftmaligem Besitzwechsel kam das Schloß 1791 an Johann Frh. v. Stiebar, der es mit seiner Hft. Artstetten vereinigte. 1870 wurde das Gut wieder verkauft und gelangte 1917 an die vereinigten Kreiskrankenkassen Österreichs. Sie erbauten hier 1922 ein Rekonvaleszentenheim. Heute gehört es den Österreichischen Bundesforsten.

Der Kern des Schloßes stammt aus d. 2. H. d. 13. Jh. Das Schloß ist der unmittelbare Nachfolger des Wehrbaues in Neukirchen am Ostrong und steht mit diesem auch in Sichtverbindung. Das heutige, im Grundriß hufeisenförmige Gebäude um einen recht-eck. Innenhof machte im wesentlichen 5 Bauperioden durch.

Der ma. Kern steckt im heutigen Quertrakt, 2-gesch., mit dem z. T. über dem Bodenniveau liegenden Kellerräumen 3-gesch. - ein frühgot. Kastenbau im Seitenverhältnis 1:2 (ca. 22 x 11 m). Fensterachsen: SW 2. Gesch. 3, 3. Gesch. 2; SO 2. Gesch. u. 1. Gesch. 4, 3. Gesch. 6. Dieser Bau, aus 90 cm starkem, unregelmäßigem Bruchsteinmauerwerk ist bis zur vollen urspr. Höhe erhalten. Das Kellergeschoß war früher nur aus dem Gebäudeinneren erreichbar. Ob der Kastenbau urspr. einen Turm besaß, war bisher noch nicht zu bestimmen. Auffallend sind die Parallelen zu den spätrom. u. frühgot. Palasbauten im O. Österreichs, zu denen typenmäßig der Kastenbau Arnsdorfs zu zählen ist (Ybbs - Pas.auer Kasten, Pottschach, Neulengbach, Litschau), wenngleich die Mauerstärken bei Arndorf von der Qualität des Baues her wesentlich geringer sind. Die Wahrscheinlichkeit eines Turmbaues (siehe Pottschach) ist jedoch nicht auszuschließen, wie auch die typenmäßig verwandte Anlage des Kienhofes zeigt. Von der frühgot. Wehranlage hat sich aber noch die Grabenanlage erhalten. Von SW nach SO zieht sich ein noch 3 m tiefer und ca. 8 m breiter Graben um den Kastenbau, der Begrenzungswall ist im S noch stark ausgeprägt, ebenso die Schleusenanlage im Südosten. An den übrigen Seiten sind Wall und Graben durch oftmalige Umbauten zerstört. Der von SW nach NO gerichtete Kastenbau hebt sich noch heute durch sein höheres Walmdach von den späteren Anbauten ab.

Die urspr. Anlage bestand also im wesentlichen aus einem 3-gesch. Kastenbau, vermutlich mit Turm, umgeben von Wall und Graben. Außerhalb der Umwehrung der erste Wirtschaftshof. Bautypenmäßig gehört Arndorf zu den kleinen Sitzen, die sich baulich an größere Vorbilder hielten, wie die Verwandtschaft mit anderen zeitgleichen oder etwas früheren Bauten zeigt. Die Qualität des Sitzes war keine besonders große. Es handelte sich vielmehr um einen ausgesprochenen Sitz eines niedrigen Ministerialen, baulich den größeren Hoftypen (befestigt mit Wall, Graben und Turm) angehörend (Unterbierbaum, Fritzelsdorf, Kienhof). Die Errichtung des Sitzes dürfte mit der Bautätigkeit an der Kirche und der Vergrößerung der Siedlung von Neukirchen i. d. 2. H. d. 13. Jh. zusammenhängen (Datierung des Kirchturmes 1262). Strategisch ohne Bedeutung handelte es sich um den Nachfolgerbau des kleineren Sitzes in Neukirchen, hauptsächlich ein Verwaltungszentrum für ein kleineres Gebiet. Der letzte Arndorfer starb 1484 und wurde wie seine Vorgänger in der Gruft der Kirche von Neukirchen beigesetzt.

Unter seinem Nachfolger Hans Schauchinger erfolgte ab ca. 1490 eine größere Bautätigkeit, die bis i. d. M. d. 16. Jh. dauerte. Der frühgot. Kastenbau wurde renoviert, wie kleine spätgot. Fensterchen an der langgestreckten SO-Front zeigen. Die lange Bauzeit (ca. 60 - 70 Jahre) brachte schließlich die Erweiterung des Baues zu einem Vierkanter mit Innenhof durch 2-gesch. Anbauten. Vor allem ein großzügigeres Stiegenhaus war nötig geworden (im N an den Kastenbau gestellt). Die Keller erhielten durch einen im Hof an den Kastenbau angelehnten turmartigen 1-achs. Bau einen gesonderten Zugang. Die S-Ecke des Kastenbaues wurde mit einem 2-gesch. Erker geschmückt, der im obersten Geschoß des Hauptbaues ansetzt und mit seinem kleinen 2. Geschoß über die Traufenkante reicht, bekrönt von einem kleinen geschweiften Zeltdach. So wurde die urspr. Wehranlage zu einem reinen Renss.-Wohnschloß mit einigen spätgot. Baudetails umgestaltet.

Im 17. Jh. wurde der Wirtschaftshof neben dem Schloß erweitert und ein neues Hoftor in einfachen aber qualitätsvollen frühbar. Formen errichtet. Der Altbau erhielt eine dezente Fassadierung durch horizontale und vertikale Bänderung und imitierter Ortseinfassung (ähnlich Leiben). Die Keller im ehem. Kastenbau bekamen mächtige Ziegeltonnen mit langen Stichkappen.

Die letzten Umbauten erfolgten im 19. Jh. Der kleine Quertrakt parallel dem ehem. Kastenbau wurde niedergerissen (Brand), so daß eine hufeisenförmige Anlage entstand.

Bei der nötigen Renovierung erlebte das Schloß seine 3. got. Bauphase, die Neogotik. An den Hof- und Außenseiten wurden 3-teil. neogot. Spitzbogenfenster eingesetzt, ebenso erhielten einige Wirtschaftsbauten neogot. Fenster und Köpfe aus Terrakotta, die heute leider stark beschädigt sind. Auch die Innenräume wurden z. T. historistisch adaptiert, wie noch einige gotisierende Türstöcke zeigen.

Heute zeigt sich leider das baulich hübsche Schlößchen in einem etwas verwahrlosten Zustand. Dazu trägt bei, daß das von den Österreichischen Bundesforsten verwaltete Gebäude von mehreren Parteien bewohnt und eventuell verkauft wird.

(Plesser, Pöggstall 142; Reill 146 ff; ÖKT IV 14; TopNÖ II 76; Weigl I 67 A 210; Bi II 13; Eppel, Wv 169; Kreutzbruck; GB XI 503; XII 593).

ARTSTETTEN (Markt/Melk)

Schloß und Markt liegen 3 km n. von Klein-Pöchlarn in imposanter Höhenlage auf der ersten Hochlandstufe über dem Donautal.

Das heutige Schloß war urspr. der Stammsitz der Herren v. Artstetten, die 1259 mit *Wolfgang v. Owatsteten* erstmals urkl. genannt werden (MB 29/2, 134). Dieses ldf. Ministerialengeschlecht besaß die Herrschaft bis 1329 und verkaufte diese an die Herren v. Streitwiesen. Diesen folgten 1407 die Murstetter, vor 1435 die Hager, die bis 1453 hier nachweisbar sind. 1560 die Grundreching und 1691 die Braun v. Rotenhaus, um nur einige der zahlreichen Besitzer in der Zeit von 1453 bis 1823 zu nennen. In diesem Jahre erwarb K. Franz I. den ganzen Besitz, der seit damals dem kaisl. Hause verblieb. 1915 geht das Eigentumsrecht auf Dr. Max Hohenberg über. 1941 wird der Besitz eingezogen und gehört dem Deutschen Reich (Reichsfinanzverwaltung). 1949 zurückgestellt an Dr. Max Hohenberg; 1962 Franz Hohenberg.

Der 3-gesch., im N 4-gesch. Schloßbau über rechteck. Grundriß mit zwiebelbekrönten 4-gesch. bzw. 5-gesch. Rundtürmen an den Ecken stammt größtenteils von den Umbauten der ma. Burg aus 1560 - 92 und 1691 - 98. Die sparsame Fassadengliederung beschränkt sich auf umlaufende Geschoßbänderungen, von der die im O angebaute Schloßkirche ausgenommen ist. 1912 wurden die 1869 aufgesetzten Kegeldächer der Rundtürme mit Schieferdeckung durch kupferne Zwiebelhelme ersetzt, die Mitte der S-Front des Schlosses nehmen eine 2-gesch. Altane mit je 3 Arkaden, die N-Front einen etwas tiefer liegenden 3flügeligen Zubau mit 2 Rundtürmen (Der Anbau wurde 1913/14 fertiggestellt).

Der 1259 genannte Sitz ist im s. Teil des Schlosses noch vorhanden und war vermutlich ein 2-gesch. (im N 3-gesch.) Kastenbau im Seitenverhältnis 1:2 aus d. 1. H. d. 13. Jh. und stand von der 1343 genannten Kirche (die Pfarre war Vikariat von Weiten) isoliert.

Auffallend sind Übereinstimmungen in mehreren Details mit Burg-Kirchenanlagen a. d. 11. Jh., vor allem aus dem Raume s. von Wien (Gumpoldskirchen, Guntramsdorf, Gaaden, u. a.), deren Kirchen das gleiche Patrozinium Hl.Jakob d. Ae.- wie die Schloßkirche von Artstetten besitzen. Die Nennungen Artstettens allein - 1259 Burg, 1407 Dorf, 1691 Markt - geben keinen Aufschluß über das Alter der Haufendorfsiedlung. Die verschiedenen Namensbelege (1259 *„Owatsteten"*, 1310 *„Awatsteten"*, 1330 *„Aufsteten"*) gestatten die Rückfindung auf die genetivische Form eines slaw. Personennamens (novac= Neusaß, Besitzer eines Neulandes). In Hinblick auf das alte Kirchenpatrozinium müßte überprüft werden, ob Siedlung und Burg (in diesem Falle eine Burg-Kirchenanlage) zeitmäßig nicht zu spät datiert sind. Die Kirche selbst besitzt in ihrem Langhaus noch einen zumindest got. Kern a. d. 14. Jh., wurde aber 1691-98 und im 18. Jh. gänzlich umgestaltet.

1560 -92 erfolgte durch Matthias Grundreching der Umbau der ma. Burg zum Wohnschloß in Renss.-Formen. Im wesentlichen handelte es sich dabei um den heutigen S- und O-Trakt sowie um die beiden 4-gesch. Rundtürme (Rondelle) der S-Front. Der niedrigere ma. Kernbau wurde miteinbezogen und auf gleiche Dachhöhe gebracht.

ARTSTETTEN

Unter Maximilian Braun v. Rotenhaus wurde 1691-98 der hakenförmige Schloßbau zum Vierkanter ergänzt (Errichtung der 4-gesch. N- u. W-Trakte u. der 5-gesch. N-Türme), das Schloß bekam die heutige Fassadierung, die Kirche wurde vergrößert. Im 18. Jh. erhielt die Kirche ihr heutiges Aussehen und wurde mit dem Schloß verbunden. Durch die großen Brände i. 18. Jh. (1706, 1730, 1791) und die Verwüstungen in den Franzosenkriegen 1805 und 1809 waren laufend Restaurierungsarbeiten am Schloß und besonders an der Kirche nötig. 1869 wurde die Kirche durch Ehzg. Karl Ludwig, nach 1910 durch Ehzg. Franz Ferdinand v. Österreich-Este renoviert (historistische Detailformen). Die Kirche bekam musealen Charakter und wurde zum Aufbewahrungsort von Kunstgegenständen aus verschiedenen Ländern und Gebieten. 1909 wurde unter der Schloßkirche die große Familiengruft der Hohenberg errichtet, ein Viersäulenraum mit weiten Kreuzgratgewölben auf mächtigen gedrungenen Säulen.

(Plesser, Pöggstall 143 ff; TopNÖ II 83; ÖKT IV 15; GB III 537; IX 68; XI 141; XII 27; HiSt I 202; Eppel, Wachau 67; Dehio 21; Bi I 23; Weigl I 71 A 226; Eppel, Wv 83; Vi IV 186/6; Büttner, Donau 88)

EBERSDORF-LEHEN (mit LEHEN) (Lehen-Ebersdorf/Melk)
EBERSDORF:
Auf einem schmalen Felsrücken zwischen Erlangbach und Donau, 2 km w. von Weitenegg befinden sich die *Reste von 3 Burganlagen* zu Ebersdorf.
Das um 1123 urkl. genannte predium (= Gut) bei Ebersdorf „*in subordio, id est in pede montis*" (=„unter dem Burgstall, das ist am Fuße des Berges") lag im Bereich des Bf. Heinrich von Freising (Busley 6). Er schenkte es damals seinem Domkapitel und fügte um 1130 noch ein predium *in* Ebersdorf hinzu (FRA XXXI 93, 96). Dieses Gut hatte er von den Edlen Gottschalk und Wichard (Vorfahren der Herren v. Clamm) vermutlich zu diesem Zwecke kurz vorher gekauft. Bischof Heinrich von Freising entstammte dem Geschlechte der Herren v. Peilstein, die vor allem s. der Donau reich begütert waren und Hoheitsrechte ausübten. Der Besitz Bf. Heinrichs v. Freising in Ebersdorf war nicht gering, nannte er sich doch noch auf seinem Grabstein Herr v. Ebersdorf. Das Urfahr zwischen Ebersdorf und Weitenegg war noch im 14. Jh. Lehen von Freising. Unter anderem bezog es von dem ehem. Burgstall *(„area castri")* auch Burgrechtszins. 1170 bis 1193 nannte sich ein ritterliches Geschlecht nach diesem Orte.

Die Vermessungen des Burgbereiches von Ebersdorf brachten folgende Ergebnisse: In Ebersdorf bestanden 3 *voneinander verschiedene Burganlagen,* deren älteste zumindest i. d. 10. Jh. zurückreicht und Arealform besaß.

Die 2. Anlage datiert i. d. E. d. 11. Jh., wurde i. 4. V. d. 12. Jh. erweitert und war um 1310 bereits öde *(„area castri").*

Die 3. Burg entstand ab 1471, urspr. als *Tabor* und wurde 1481 zur Festung ausgebaut, wobei Teile der beiden älteren Anlagen Verwendung fanden. Sind von den beiden jüngeren Burganlagen noch Mauerreste vorhanden, so kann die älteste nur mehr in der Geländeformation erkannt werden.

Inmitten des *ältesten Burgareals* steht heute der 1792 errichtete Pfarrhof mit einem glockenförmig geschweiftem Walmdach in Holzschindeldeckung, 1963 renoviert. Das Hauptwerk der Burg liegt auf einem schmalen Felsrücken w. der Kirche und ist heute durch die verschiedenen Einbauten und Geländetrassierungen bereits z. T. zerstört. Es besitzt ovalen Grundriß mit den Hauptachsen von 32 x 20 m, die Längsachse verläuft von W nach O. Die ehem. Böschungskante ist im W zur Hälfte, im S zur Gänze erhalten. Im O (Richtung Kirche) bestand früher ein 6 m breiter Halsgraben, der nun aufgeschüttet ist, der Form und Richtung nach an einer Einbuchtung des Plateaus im S noch zu erkennen ist und früher das Hauptwerk in NS-Richtung vom heutigen, etwas erhöht liegenden Kirchenareal abtrennte. Im N ist die natürliche Böschungskante durch den Bau der Garage, die Erweiterung des 14 x 9.81 m großen Pfarrhofes durch einen Saalbau (mit 4.85 x 13.25 m die gleichen Abmessungen wie die Garage - beides gleich alte Neubauten a. d. 20. Jh.) sowie durch die Trassierung des Weges zum Garten auf einer kleinen, tiefer liegenden Terrasse w. des Pfarrhofes zerstört.

Der Wohnbau dieser Anlage dürfte kaum ein Steinbau gewesen sein. Man kann eher einen Holzbau innerhalb eines Beringes aus Wall und Palisaden annehmen. Der Platz, in dessen Mitte heute die Kirche steht, hatte für den Sitz die Funktion eines Wirtschaftshofes. Seine ehem. ovale Grundrißform mit den Hauptachsen von ca. 46 x 34 m ist nicht mehr rein erhalten. Eine Kirche innerhalb der Umwallung ist für diese Zeit nicht anzunehmen. Gegen N und O war der ca. 1.5 m erhöht liegende Wirtschaftsbereich durch einen ziemlich seichten, ca. 20 m breiten Graben von der anschließenden Hochfläche getrennt. Der Grundriß der Burganlage zeigt eine hochma. Arealform, bezogen auf einen kleineren Sitz mit wirtschaftl. Funktionen. Obwohl die Anlage sehr alt ist - sie reicht zumindest i. d. 10. Jh., eher i. d. 9. Jh. zurück - kann nun endgültig gesagt werden, daß die Anlage von Ebersdorf nicht mit der in der Zollordnung von Raffelstetten genannten *„Eparespurch"* identisch ist. Die älteste Burg von Ebersdorf hatte nur die Qualität eines befestigten Hofareals verbunden mit einem Sitz, wobei die wirtschaftl. Funktion der Anlage die größte war. Der Sitz dürfte nur ein befestigtes Verwaltungsgebäude in direkter Abhängigkeit zu einem größeren Burgmittelpunkt (Melk) gewesen sein.

Bei der Übernahme des befestigten Wirtschaftshofes durch die Peilsteiner gegen E. d. 11. Jh. wurde die Anlage von Ebersdorf baulich erweitert und zu einem Sitz größerer Qualität ausgebaut. Als *2. Burganlage* in Ebersdorf entstand der direkte Vorgängerbau zu Weitenegg, mußte aber bald die Rechte an die etwas später errichtete Burg Weitenegg abtreten. Da die Planung einer größeren Burg-Kirchenanlage in Ebersdorf nicht zur Gänze durchgeführt werden konnte, der Bau dem Plan nach nicht vollendet worden ist, kann gesagt werden, daß mit der Errichtung von Weitenegg noch vor Vollendung der Burganlage von Ebersdorf begonnen wurde. Die Burg-Kirchenanlage in Ebersdorf kam unfertig um 1170 an das Geschlecht der Ebersdorfer, die den Burgbau nach geändertem Plan weiterführten, aber ihn ebenfalls nicht abschlossen.

Die *Burg-Kirchenanlage* sollte sich hauptsächlich auf das Areal des ehem. Wirtschaftshofes beschränken. Von dieser Anlage wurde wahrscheinlich nur das Feste Haus an der NO-Ecke des Wirtschaftsareals vollendet. Hier finden sich in der Außenmauer der Kir-

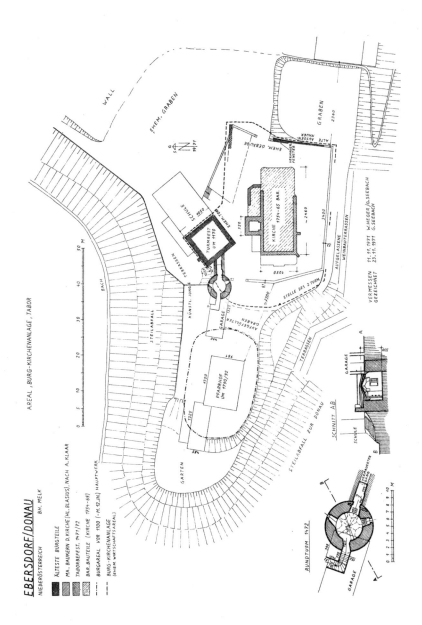

chenumfriedung noch alte Bruchsteinmauerreste. Die NO-Ecke des ehem. Gebäudes ragt mit mächtiger Eckverzahnung um 90 cm aus der Kirchenumfriedung hervor. Ein weiterer Teil der Außenmauer des Festen Hauses steckt in der ö. Kirchenumfriedung. Hier ist auch noch ein späteres, heute vermauertes Fenster zu sehen, was bisher den einzigen Beweis (neben der Eckverzahnung) für ein hier vorhandenes Gebäude gibt. Das im Grundriß verzogene rechteck. Gebäude war an den inneren Grabenrand gestellt und ragt mit der NO-Ecke etwas in den Graben des ehem. Wirtschaftsareals. Es läßt heute Ausmaße von 18 x 10 m erkennen, die tatsächlichen Abmessungen betrugen aber ca. 22 x 11 m, was baulich den Burgtypen der Zeit vom 3. D. d. 11. Jh. bis zum E. d. 1. V. d. 12. Jh. entspricht, einem Bautypus (Festes Haus, Seitenverhältnis 1:2, mit Bering), den man bei den Burgen der Peilsteiner zur gleichen Zeit wie bei der Schallaburg und Albrechtsberg/Pielach wiederfindet. Da das Feste Haus hier an der Angriffsseite ganz an den Grabenrand gestellt wurde, blieb eine ziemliche große Fläche als Hof übrig. Mit dem lagemäßig bedingten Tor im Norden, dem Halsgraben und dem alten Hauptwerk der ältesten Anlage im Westen, dem Steilabfall im S und dem Festen Haus im O blieb kein Platz für die dem Burgtypus entsprechende Burgkapelle im Bering. Daß sich eine solche im Festen Haus befand, widerspricht dem Typus. Man kann nur eine geplante Burgkirche innerhalb des großen freien Hofareals annehmen, die mit ihrem O-Abschluß ziemlich knapp an das Feste Haus kommen mußte. Diese Kirche war wohl geplant, wurde aber nicht ausgeführt. Nach tw. Fertigstellung des Beringes und des Festen Hauses (im W wurde der Bering nicht fertig), stellte man den Burgbau ein. Erst ca. 200 Jahre später wurde der Kirchenbau durchgeführt, allerdings gegenüber der urspr. geplanten Stelle nach O verschoben, da zur Zeit des Kirchenbaues das Feste Haus bereits öde war. Das Langhaus der Kirche ist von der Konzeption her älter als der Bau selbst (vgl. St.Oswald mit den gleichen Abmessungen). Vielleicht griff man auf Teile des alten Kirchenplanes zurück und führte ihn aus. Daß der Kirchenbau trotz älterer Typenzugehörigkeit keine Burgkirche sein kann, zeigt schon das Vorhandensein von N- und S-Portal wie die Stellung zum Bergfried, der erst ab 1170 errichtet wurde. Die Kirche wurde also nachträglich in eine bereits aufgelassene Burganlage eingestellt, obwohl beim Burgbau eine geplant war. Der Bau muß aber 1471 bereits gestanden sein, da bei der Errichtung des Tabors zu Ebersdorf das Kirchengebäude berücksichtigt wurde.

Als die Ebersdorfer (Lehensritter) um 1170 die Burg übernahmen, begannen sie die Anlage nach geändertem Plan weiter auszubauen. Aber auch diese Bauperiode brachte nicht die Vollendung der Burg. Als wichtigster, urspr. nicht geplanter Bauteil entstand ein Bergfried mit 10.50 x 10.50 m Seitenlänge in der Zeit zwischen 1170 und 1193, dessen Bau nicht die volle Höhe erreichte und dessen Rest im heutigen Schulgebäude steckt (Länge der Schmalseite 10.50 m). Neben dem Turm befand sich das Burgtor. Nicht fertig wurde der Bering im W und S.

Diese Erweiterung erfolgte nach dem damals gängigen Burgentypus - Beringtyp mit Bergfried und Palas - und hatte große Ähnlichkeit mit Bauten zur gleichen Zeit auf Weitenegg (2. Bergfried), was auf gleiches Baualter dieser Teile und auf ein Abhängigkeitsverhältnis von Ebersdorf zur Weitenegg schließen läßt. Der unfertige Turm wurde später als turmförmiges Gebäude in die spätgot. Taborbefestigung miteinbezogen. 1310 wird die Burg öde genannt. In diese Zeit fällt die Errichtung der Kirche.

1471 errichtete der Söldnerführer Zdenko v. Sternberg in Ebersdorf einen Tabor. 1472 erfolgte der Ausbau zur Festung, 1481 die letzte Bauphase durch Siegmund Pruschink, der von K. Friedrich III. den Befehl erhielt, die Befestigung zu einem Schloß auszubauen (Donausperre). 1493 war die Befestigung noch aufrecht und mit Waffen gut versorgt. Aus dieser Bauperiode sind noch die meisten Mauerteile vorhanden. Das Hauptgebäude des *„Schlosses"* bildete der Bergfriedrest, der gegen NO erweitert wurde. Die alten Befestigungen der ehem. Burg wurden wieder instand gesetzt und dem alten weiten Halsgraben ein zweiter (mit Wall) vorgelagert. Von den beiden Rundtürmen, die zum Tabor gehörten, ist der donauseitige völlig verschwunden, der zweite ist heute in der Garage des Pfarrhofes verbaut. Über einen Stiegenabgang im N der Garage gelangt man in das Innere des Turmes, von dem außen nur ein kleiner Teil der Bekleidungsmauer zu sehen ist. Der heutige Zugang wurde erst in jüngerer Zeit ausgebrochen. Ursprünglich war.der Turm durch einen noch erhaltenen, nun abgemauerten Gang in der Mauerstärke der Verbindungsmauer zum Bergfriedrest erreichbar. Der Turm, mit 1.60 m starkem spätgot. Bruchsteinmauerwerk, Innendurchmesser 3.95 m, war ehem. zumindest 3-gesch. und besitzt im untersten Geschoß ein schönes sternförmiges Ziegelgewölbe mit eckigen Stichkappen aus der Zeit um 1600, was auf einen langen Bestand des *„Schlosses"* schließen läßt. Zwei konische Schießscharten für Hakenbüchsen flankieren genau den Bergfriedrest und die Kirche. Der Tabor war urspr. nur im Bereich des alten Hauptwerkes geplant, umfaßte beim weiteren Ausbau aber das ganze zur Verfügung stehende Areal. Der w. Teil der Kirchenumfriedung ist neu, da eine Scharte durch die Mauer genau abgedeckt gewesen wäre. Zwischen beiden Rundtürmen bestand daher vermutlich keine Mauer. Die Terrassen n. des Rundturmes und der Schule sind neu. Hier war früher nur der natürliche Abfall zum Erlangbach. Sein Ansatz ist noch beim Stiegenaufgang neben der Schule zu erkennen. Mit Aufgabe der Befestigung wurden die Gräben z. T. aufgefüllt, der donauseitige Rundturm angetragen (Anlage von Weinterrassen) und in das alte Hauptwerk der Pfarrhof neu eingestellt.

Da die Rekonstruktion der einzelnen Burganlagen nur auf eine Vermessung der sichtbaren Bauteile beruht, wäre es interessant, durch Grabungen die Anlagen genau zu erfassen. Bei Grabungen 1958 wurden Ofenkacheln a. d. 15. Jh. gefunden (heute im Museum von Melk).

Ein *zweiter Gutshof* lag in Ebersdorf an der Donau im Bereich der Häuser 1 - 3, der genaue Bestand konnte nicht mehr ermittelt werden.

LEHEN:

Auf einer kleinen Anhöhe über dem linken Ufer des Erlangbaches liegt das Haus Lehen 1, der *ehem. Amtshof.*

Der 2-gesch., unterkellerte Altbau, Seitenverhältnis 1:2 mit einem neuen Walmdach wird von Wirtschaftsgebäuden zu einem Vierkanter ergänzt. Reste einer Befestigung sind nicht vorhanden. Eine ehem. Befestigung ist aber schon von der erhöhten Lage des Hofes her anzunehmen. Sein heutiges Aussehen zeigt einen größeren Bauernhof, in dessen Außenmauern aber noch die ma. Bauteile des Amtshofes enthalten sind.

(Weigl II 102 E 21; Reil 165; Plesser, Pöggstall 159; Seebach; Eppel, Wachau 77; Franz. Fass. OM 773; Klaar/BDA)

ECKHARDSTEIN(SASSENSCHLÖSSEL)(Heiligenblut-Raxendorf-Neudorf/Melk)

Die Ruine liegt auf einem steil nach allen Seiten abfallenden Bergkegel zwischen der Ortschaft Neudorf und den beiden Einzelhöfen Sassing. Sie ist am besten von Neudorf aus zu erreichen, wo am s. Ortsende ein Feldweg über einen breiten Sattel in s. Richtung zum bewaldeten Bergkegel führt. Der *„Burgstall"* (noch heutiger Riedname) trägt die Parz.Nr. 350 des Grundbuches Neudorf.

Reinpert v. Hohenstein schenkte um 1182 dem Stift Göttweig zwei *„Mansen"* (= Bauernhöfe) zu *Ekkehardestein* (FRA II 69, 525). Konrad Eisenbeutel verkaufte 1314 mit dem Burgstall zu Eckhardstein auch Gülten zu Sassing. Um 1380 gehörte der Burgstall E. und ein Hof zu Sassing als ldfl. Lehen zur Hft. Ober-Ranna.

Der Kern der Anlage, eine abgeänderte Form des Festen Hauses mit Bering liegt auf dem Gipfel des Bergkegels, im W durch eine senkrecht abfallende Felswand vollkommen sturmfrei, an den übrigen Seiten durch steile Abhänge und eine Außenmauer geschützt. Die sich in NS-Richtung erstreckende Anlage hatte an den Schmalseiten in der Zwingermauer je ein Tor, wovon das n. das wichtigste war. Hier schützte ca. 20 m vor der Hauptburg eine Wall-Grabenanlage, die den Sattel vom Burgberg abtrennt, die n. Schmalseite, der Hauptburg. Der Graben ist noch ca. 3 m breit und tief. Das Grabenaushubmaterial wurde hangseitig angeworfen, wodurch der Wall, ohnehin schon auf ansteigendem Gelände, eine zusätzliche Erhöhung bekam. Am w. Wallende schloß die Zwingermauer zur NW-Ecke der Hauptburg an, nur mehr in spärlichen Resten erhalten. Am ö. Wallende ist der Ansatz der Zwingermauer nicht mehr sichtbar. Die Mauer führte, im Abstand von 15 m ö. an der Hauptburg vorbeigehend, in weitem Bogen zur Felswand im Südwesten. Im S, neben dem ehem. Tor für den Weg von Sassing herauf, eine größere ebene Hoffläche. Die 1 m starke Mauer ist streckenweise gut erhalten und auf einen, 1 m nach außen vorspringenden Sockel gestellt (Böschungsmauer).

Die Hauptburg, mit Außenmaßen von 13.60 x 26.90 m (Seitenverhältnis 1:2), zeigt eine abgewandelte Form des Festen Hauses mit Bering a. d. 1. H. d. 12. Jh., wobei die n. Front an der Angriffsseite turmartig ausgebildet war. Das Tor der Hauptburg, eine 2 m breite Öffnung an der O-Seite, ist über einen schmalen steilen Weg zu erreichen. Sind die Räume der s. Hälfte der Hauptburg fast nicht mehr erhalten und stark verwachsen, so stehen vom n. Teil mit dem Turmeinbau noch 2 Geschosse. Die Mauerstärken der Außenmauer betragen im W 1.40 (Felswand), im N 2.30 (1.80), im O 2.10 (wegen des ca. 20 m entfernten Gegenhanges), im S nicht mehr feststellbar. In der NO-Ecke stand der Wohnturm, noch 2-gesch. erhalten. Seine Mauerstärken betragen im 1. Geschoß: Norden 2.30, Osten 2.10, Süden 1.90, Westen 1.30 m. Im 2. Geschoß nimmt die Mauerstärke wegen der Deckenauflager im N um 50, im S um 70 cm ab. Die Raummaße im 1. Geschoß sind 4.60 x 4.60 m, im 2. Geschoß 4.60 x 5.80 m. Beide Turmgeschosse weisen keinerlei Maueröffnungen auf. Zwischen Turm und w. Hauptmauer war der Raum überbaut. Raummaße im 1. Geschoß 6.10 x 4.20 m. im 2. Geschoß 6.40 x 4.20 m. Diese Räume (oberhalb noch ein 3. Geschoß) und die des Turmes waren anfangs die einzigen bewohnbaren Räume der Burg.

Die Außenmauer der Hauptburg war, nach den erhaltenen 2-gesch. Resten zu schließen mindestens 3-gesch., während der Turm 4-5-gesch. war. Die Innenmauern zeigen verschiedenartiges Bruchsteinmauerwerk und Baufugen, wobei Turm und w. Nebenräume das gleiche Mauerwerk wie die Außenmauern besitzen. Es liegen hier im wesentlichen 2 Bauperioden vor, eine 3. beschränkte sich nur auf einige unbedeutende Zwischenmauern. Der ersten Bauperiode gehören die (wahrscheinlich) 3-gesch. Außenmauern und die n. Einbauten mit dem höheren Turm an. Daß die Anlage größer konzipiert war, zeigt die Verwandtschaft mit den Festen Häuser. Sicher war urspr. an eine Überdachung des gesamten Komplexes als 3-gesch. Kastenbau gedacht. Eine Planänderung, vielleicht nach Aufgabe des Vorhabens der Errichtung eines Sitzes größerer Qualität, beschränkte zunächst die Überdachung auf den n. Teil der Anlage. Gleichzeitige Bauteile befanden sich vielleicht in der SW-Ecke (kleinerer Turm?), wo sich im Gelände ein quadr. Raum abzeichnet. Der übrige Raum innerhalb der hohen Außenmauern war vorerst freie Hoffläche. Das Mauerwerk der ersten Bauteile ist äußerst bemerkenswert. Die starken Füllmauern haben eine Bekleidung mit langen, grob zugerichteten, plattig aussehenden Quadern, die z. T. 1 m lang sind. Die Mauerfüllung besteht aus Bruchsteinen verschiedener Größe mit reichlichem Mörtelzusatz. Von diesen Mauern unterscheiden sich die späteren Zwischenmauern (nicht besonders sorgfältig errichtete Bruchsteinmauern), die, zwischen 1.20 und 1.30 m stark, noch i. 12. Jh. den Hof unterteilten. Das Außentor erhielt innen einen schmalen überwölbten Gang mit einem 2. Tor angebaut, die Hoffläche wurde vollkommen erbaut und überdacht.

Die Burg entstand i. d. 1. H. d. 12. Jh. und hatte vorwiegend Wehrbedeutung, wie schon das Fehlen von Wirtschaftsbauten und großer Wohnräume zeigt. Die urspr. zugehörige Siedlung lag am Sattel n. der Burg und ist vollständig abgekommen (Nachfolger Neu-

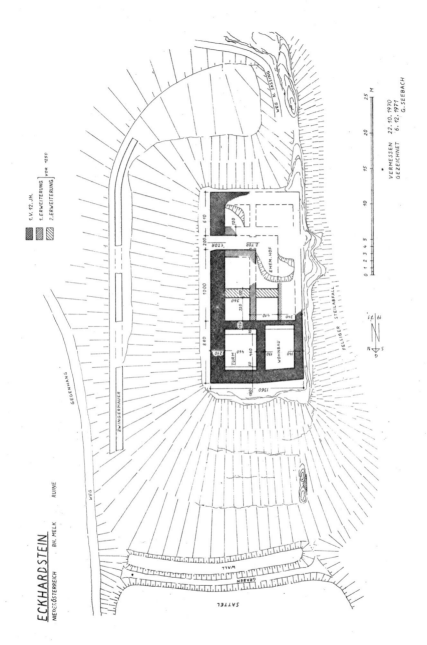

dorf!). Die Burg wurde vermutlich von einer größeren Herrschaft errichtet, die die Pflege einem niederen Lehensritter überließ (Wehrfunktion). Die Anlage hat jedoch schon früh ihre Funktion - Überwachung des Steinbachtales und der Straße auf die n. Hochfläche verloren. Die Errichtung über eine frühgeschichtliche Befestigung ist auf Grund der „*Burgstall*" Nennung nicht auszuschließen (Wall-Graben-Anlage beim Sattel).

(NotBl 1857, 223; BlLk 1883, 377; GB IX 229, XII 622; Plesser, Pöggstall 283; Weigl II 108 E 46; Hutter F, Der Burgstall zu Sassing-Echartstayn - und Feistritz, wo der Turm liegt, in: UH 1961, 69; Seebach).

E D E L S R E I T H (HERTENSSREIT, HASLESREUT) (Münichreith am Ostrong-Edelsreith/Persenbeug/Melk)

Der *ehem. Edelsitz*, Edelsreith 8, liegt an der Hauptstraße im Ort.

Dieser Ort wird ziemlich spät, 1444 mit *Hertenßreit* erstmalig urkl. genannt (TopNÖ VIII 37), als Reinprecht v. Ebersdorf zwei Teile Zehente zur Frühmeßstiftung in Marbach schenkt. Der ehem. Edelsitz gehörte 1675 zur Herrschaft Persenbeug.

Der Wohnbau a. d. 1. V. d. 15. Jh. ist ein 1-gesch., fast quadr. Bruchsteinbau mit Krüppelwalmdach mit 3:4 (straßenseitig) Achsen und 2 Giebelfenstern. Die Raumeinteilung zeigt bereits die späte unterteilte Form. Gegen S die ehem. Richterstube mit 3 (Hausbreite) zu je 2 Achsen. Erst in jüngerer Zeit wurde das 4-teil. Ziegelgewölbe mit Mittelpfeiler durch eine Flachdecke ersetzt. Hinter der Stube die Diele-Küche-Einheit mit dem Haupteingang im Westen. Die Diele ist noch tonnengewölbt, das Ziegelgewölbe stammt a. d. 17. Jh. Die ehem. Schwarze Küche war früher offen zur Stube, der Kamin steht in der jetzigen Zwischenmauer von Küche und Stube. Die Zwischenmauer von Küche und Diele läuft gegen N weiter und unterteilt hier noch 2 kleine Räume. An diesen Wohnbau grenzt im Mauerverband der 80 cm starken Bruchsteinmauer im N ein kleiner Speicherbau mit einem kleinen Lichtschlitz an jeder Seite. Gegen Westen, flankiert von langgestreckten neueren Scheunen, liegt der Wirtschaftshof der ehem. Meierei.

Die Anlage war unbefestigt, qualitätsmäßig ein kleiner Edelsitz mit Meierhof und beinhaltete später die *Herrschaftskanzlei für Münichreith und Laimbach*.

(Plesser, Pöggstall 161; Weigl II, 111 E 58; TopNÖ VIII 37; GB XIII 624)

E R L A N G S H O F (Lehen-Losau/Melk)

An der Straße von Losau nach Unterbierbaum liegt gleich nach Ortsende von Losau an der linken Straßenseite das Schlößchen mit seinem Wirtschaftshof.

Der Passauer Bischof hatte 1430 seine Zehente zu *Erlach* dem Otto v. Maissau verliehen (BlLkde 1881, 66). Hier bestand ein Edelhof, der aber im 15. Jh. verödete und 1475 durch den Landesfürst an Kaspar Tanpek auf Windhag/OÖ. mit seinen Gründen verliehen wurde. Der Hof wurde wieder aufgebaut, war aber noch im 17. Jh. nach Windhag mit 8 fl dienstbar, untertänig und robotpflichtig. Georg Schütter zu Klingenberg auf Windhag verkaufte diesen Edelhof 1625 an die Herrschaft Leiben, die in der Folge Adelige und Bürgerliche mit diesem Hof belehnte. Johann Pämer, hftl. Pfleger in Pöchlarn ließ die Kapelle erbauen und mit Altar, Bildern und Geräten ausstatten. 1773 wurde der Hof mit der Herrschaft Leiben auch verwaltungsmäßig vereinigt.

Straßenseitig der 2-gesch. Wohnbau (hofseitig 3-gesch.) mit einem 1-achs. 2-gesch. Vorbau auf Arkaden mit Stichbögen, der den Chor der ehem. Kapelle im 2. Geschoß enthält. Der 1430 öde genannte Hof stammt wahrscheinlich a. d. 2. H. d. 14. Jh. und wurde im Laufe der Zeit mehrfach umgebaut. Vom Altbau sind die Außenmauern erhalten, ein rechteck. Bau mit 5:4 Achsen und 4 starken Strebepfeilern an der W-Seite, die auf einen ehem. vorhandenen Graben im W und N (Hanglage) und eine ehem. Befestigung hinweisen. Die Hanglage bewirkt, daß der Bau straßenseitig nur 2, hofseitig aber 3 Geschosse besitzt. In der SW-Ecke dürfte ein 4-gesch. Turm eingebaut gewesen sein, der

ERLANG(S)HOF

heute außen nur mehr am Abstand der Fensterachsen zu erkennen ist. Der Bau ist von S (Hof) durch eine schmale rechteck. Tür aus zugänglich. Ein nach W versetztes Stiegenhaus führt in die oberen Geschosse. Hier zeigen sich deutlich die Umbauten d. 17. Jh. Waren die Umbauten 1475 und 1571 im wesentlichen nur auf den Wiederaufbau des zerstörten Hofes und auf kleinere Umbauten beschränkt, so hat die Bautätigkeit des späten 17. Jh. ab 1691 besonders die beiden oberen Geschosse vollkommen verändert. Im 2. und 3. Geschoß wird die Dreiteilung des Barocks sehr deutlich sichtbar. Ein schmaler Gang (im 3. Geschoß mit der 1692 installierten Kapelle, die 1693 die Meßlizenz erhielt) in der Mittelachse teilte zu beiden Seiten große Räume mit Tramdecken ab. Der Chor der heute profanierten Kapelle kam in einem 2-gesch. Vorbau zu liegen, einem Raum mit leichtem Deckenstuck. Der mit einem neuen Walmdach bedeckte Bau erhielt eine sparsame Fassadierung, die sich auf den Dachsims, den Vorbau, eine Geschoßbänderung und auf eine imitierte Eckquaderung beschränkte.

Der bis vor kurzem sich im Besitz der Österreichischen Bundesforste befindliche Hof war ab 1928 Kinderheim. Im schmalen langgestreckten, relativ jungen Wirtschaftstrakt, der rechtwinkelig zum Wohnbau nach S läuft, wird seit 1969 eine Pension eingebaut und der Hauptbau restauriert.

(Plesser, Pöggstall, 167; GB III 554; IX 624; BILK 1900, 473; ÖKT IV 64; Weigl, II 153 e 277 (s: Nr. L 90); Kreutzbruck)

FAHRENBERG (VORNBERG) (Neukirchen am Ostrong-Mürfelndorf/Melk)

Vom n. Ortsende von Wachtberg führt entlang der Lichtleitung ein verwachsener Güterweg in nö. Richtung auf den 676 m hohen Fahrenberg. Unterhalb des Gipfels liegt die *Ruine des ehem. Sitzes.*

Am 13. Juni 1419 belehnte Heinrich v. Zelking den Stefan Pernecker Richter zu Pölla, als Lehensträger der Johanna v. Streitwiesen mit dem Hofe am *Vornberg* (NÖLA Urk. 2040). Albrecht v. Potendorf verlieh 1427 den Hof als Ritterlehen dem Georg Kelberharter. Der Hof war noch 1636 zum Kälberhof dienstbar, und wurde damals mit dem Gute Weißenberg vereinigt.

Der 1956 aufgegebene Hof ist bereits gänzlich verfallen und verwachsen. Das Bruchsteinmauerwerk der Hofruine weist i. d. 2. H. d. 14. Jh. und ist nicht besonders sorgfältig ausgeführt. Der Hofgrundriß läßt einen Dreiseithof erkennen, im W der 2-gesch., unterkellerte Wohnbau (gedrungene Hoftype mit späterer Erweiterung), im N und O Wirtschaftstrakte. Im S schloß eine Mauer den 4-eck. verzogenen Hof ab. Vor der Hofmauer ein kleiner Dreiecksplatz, in den der Güterweg mündet. Am besten ist der tonnengewölbte Keller erhalten.

Ob Fahrenberg befestigt war, ist nicht mehr feststellbar. Die Aussicht gegen N (Pöggstall) ist wie vom benachbarten Wachtberg ausgezeichnet, jedoch war die wirtschaftl. Funktion des Hofes bedeutender als eine eventuell wehrhafte.

(GB IX, 50; Plesser, Pöggstall 158; Weigl II 172 f 10 (s. Nr. M 315)

FRITZELSDORF (Artstetten-Pöbring-Fritzelsdorf/Melk)

An der Ortsstraße liegt Haus Nr. 25, in dessen Bereich sich die *spärlichen Reste des ehem. Sitzes befinden.*

Der Ort wird erstmals 1268 mit einem *Heinrich de Vricestorff* genannt (Plesser, Pöggstall 171), der eine Urkunde bezeugt. Das ritterliche Geschlecht der Fritzelsdorfer, ursprünglich Lehenslaute der Herren v. Streitwiesen, kann bis 1483 urkl. nachgewiesen werden. Dieses Geschlecht erwarb bedeutenden Besitz im Lande; so war es 1290-1413 in Langenlois begütert, ebenso 1357-1419 in Schwallenbach. Diese Familie spielte in den Kriegsereignissen und im öffentlichen Leben eine gewisse Rolle. Als Burggrafen zu Krems und Dürnstein waren sie für die Verteidigung dieser wichtigen Donaufesten verantwortlich. Sigismund Fritzelsdorfer zu Fritzelsdorf war Hofmarschall des Kg. Ladislaus Posthumus und wurde 1457 auf Lebenszeit zum Pfleger von Laa a. d. Th. bestellt. Kaiser Friedrich III. befahl 1491 dem Kaspar v. Rogendorf, den *„Sitz"* Fritzelsdorf dem Christoph Flachsberger abzutreten. 1537 belehnte der Landesfürst den Wilhelm v. Roggendorf mit der Feste, die nun bei Pöggstall verblieb und dem Verfalle überlassen wurde. Die Landstände zogen 1726 von der Hft. Pöggstall dieses Amt wegen Steuerrückstände ein und verkauften es 1730 um 12.000 fl. an die Hft. Artstetten, mit der es nun vereinigt blieb.

Der heutige Wohnbau, ein 1-gesch. langgestrecktes Bauernhaus aus 70 cm starken Bruchsteinmauern liegt im n. Teil der ehem. Anlage. Seine Raumeinteilung zeigt eine gut erhaltene Küche-Diele-Einheit, davor eine Kammer, an deren Stelle früher vermutlich ein Turm stand. Das Mauerwerk datiert jedoch nur zum geringen Teil i. d. 13. Jh. und läßt auf eine späte Errichtung des Wohnbaues schließen. Früher befand sich hier der zum Sitz gehörige Meierhof mit Gesindehaus (heutiger Wohnbau), der in die Befestigung des Sitzes miteinbezogen war.

Der eigentliche Sitz stand an der Stelle des s. Wirtschaftsgebäudes und ist völlig abgekommen. Außerhalb des heutigen Vierkanters fand man im Garten s. des Hofes bei Drainagearbeiten Fundamente einer von O nach W laufenden Bruchsteinmauer, die die s. Begrenzung des Sitzes bildete. Die ausgegrabene Mauer stammte von der ältesten Anlage und wurde wieder zugeschüttet. Gegen S schützte ein breiter Wassergraben den wehrhaften Sitz. Er ist auf eine Länge von ca. 30 m noch gut erkennbar und endet im SO in einer Schleusenanlage, die durch einen Wall geschützt war.

Grabungen im Bereich des Hofes könnten über die Grundrißform des ehem. Sitzes Aufschluß geben. Der Qualität nach war Fritzelsdorf befestigter Sitz mit wirtschaftl. Funktionen (Meierhof) eines Lehensritters, zugleich Verwaltungsmittelpunkt einer kleinräumigen Herrschaft. Die Errichtung erfolgte wahrscheinlich i. d. 1. H. d. 12. Jh.

(Plesser, Pöggstall, 171; TopNÖ III, 223; Reil, 190; GB IX 210; XI, 633; XII 30, 503; XIII, 484; Weigl, II 173 F 193;)

G O T T S B E R G (GOTZB(P)ERG) (Neukirchen am Ostrong-Gottsberg/Melk)
Der ehem. Lehensritterhof, Gottsberg 2 liegt s. der Ortsstraße am ö. Ortsende. 1237 wird ein *„Heimricus de Gozzinsperg"* erstmals urkl. als Zeuge genannt (Busley 109). 1307 verkauft Konrad der Mollenberger einen Hof zu Gosberg dem Konrad v. Streitwiesen. Der Hof war an Lehensritter vergeben, von denen 1300 Rudolf v. *Gesperg* als Zeuge genannt wird. Dieses Geschlecht finden wir bis 1445 urkl. bezeugt. Die Rogendorf auf Mollenburg verliehen 1534 den Zehent auf dem Hofe zu *Gotzperg* dem Georg Kornfail zu Arndorf. Mit dieser Herrschaft gelangte Gotzberg an die Hft. Artstetten.

Der Hof liegt etwas unterhalb der Straße auf einer kleinen Terrasse, deren Böschung nach 3 Seiten sanft abfällt. Der Bauernhof ist ein Vierzeithof, bestehend aus 3 Wirtschaftstrakten und einem Wohnbau um einen rechteck. Hof. Der langgestreckte 1-gesch. Wohnbau mit dem Seitenverhältnis 1:2 weist mit der n. Schmalseite zur Straße und besitzt noch in etwas veränderter Form die alte Raumeinteilung mit Küche-Diele-Einheit. Im N die Kammer, die nur 2 Fenster straßenseitig besitzt und über der sich früher vermutlich ein Turm erhob. Im rechten Winkel zur Schmalseite das rundbogige Einfahrtstor; dahinter macht der Weg zum Hof eine Drehung um die Kammer. Bemerkenswert sind die geschlossenen Mauerflächen des Wohnbaues, die nur im N (Schmalseite) durch 2, im O durch 3 Fenster und im W durch die Eingangstür und kleine Guckfenster durchbrochen werden. Das ehem. Gewölbe der Diele ist heute durch eine Flachdecke ersetzt, während die ehem. Rauchküche (früher halb so groß wie die heutige Küche) noch ihr Tonnengewölbe besitzt.

Die Errichtung des ehem. Lehensrittersitzes mit wirtschaftl. Funktion ist i. d. 1. H. d. 13. Jh. anzunehmen. Ähnlichkeiten mit Bautypus bestehen vor allem mit Kienhof, Rappoltenreith und dem gleichzeitigen Arndorf.
(Plesser, Pöggstall, 177; TopNÖ VI 811; GB VIII, 165; IX, 78, 501, 210; XIII, 600; Weigl II 333 G 215)

G O T T S D O R F (Persenbeug-Gottsdorf/Persenbeug/Melk)
Im s. Drittel des Zeilendorfes liegt die Pfarrkirche mit dem Hofareal und dem *Platz des ehem. Tabors,* am O-Rand der flachen und auf 3 Seiten von der Donau umflossenen *„Gottsdorfer Scheibe".*

Gottsdorf war seit dem 9. Jh. der kirchliche Mittelpunkt der Hft. Persenbeug. Da bereits 863 das bayr. Kloster Nieder-Altaich in dieser Gegend begütert war, kann man den Bestand einer Kirche für diese Zeit schon annehmen. Erst 1143, als das Kloster Walderbach hier festen Fuß gefaßt hatte, wird der Ort erstmals urkl. Gotsdorff genannt (Mayer, Rgbg, 67). 1268 verkauft das Kloster Walderbach ihre Besitzungen zu Gottsdorf dem Kloster Aldersbach. Um 1334 kamen Ort und Pfarre G. an Eberhard v. Wallsee, der sie dem neugestifteten Kloster Säusenstein zuwendete, wo das Gut bis 1789, dem Jahr der Aufhebung des Klosters, verblieb. Die Untertanen kamen aus Persenbeug.

Die Siedlungs- wie die Kirchengründung (Patrozinium Peter und Paul) reichen vor d. 1. H. d. 12. Jh. zurück. Ein Vorgängerbau der Kirche ist anzunehmen, ist aber baulich nicht nachweisbar. Über den vermuteten karoling. Gutshof siehe Einleitung. Deutlich heben sich Altsiedlung und Hofareal im Katasterplan von den Siedlungserweiterungen ab. Es zeigt sich, daß Kirchen- und Hofareal zuerst angelegt wurden, dann erst in Weiterführung der äußeren Grabenlinie des Hofareals im W die Siedlung, die sich an einer Zeile entlang der Donau in s. Richtung erstreckt. Kirchen- und Hofareal bildeten den n. Abschluß der Siedlung, eine Spätform der wehrhaften Kirchensiedlung, wo die Kirche, leicht erhöht liegend, das Wehrzentrum des Ortes bildete.

Bemerkenswert sind die regelmäßigen Grundrißformen des Kirchen- und Hofareals (w. der Kirche), was die Gründung der Areale mit der Siedlung zur genannten Zeit noch erhärtet. Beide Areale sind gleichzeitig entstanden und bildeten einen Wehrverband. Der

1269 genannte Amtssitz, identisch mit dem „*1769*" datierten Pfarrhof (Gottsdorf 1), reicht wie der erste Kirchenbau i. d. 1. H. d. 12. Jh. Die Datierung des Pfarrhofes (über der Eingangstür) gibt nur die Jahreszahl des Umbaues, nicht des Entstehens, da der Altbau mit seinem Bruchsteinmauerwerk noch vorhanden ist. An schadhaften Putzstellen erkennt man deutlich die nachträglich in Ziegel eingesetzten Fenster. Noch heute sind Kirchen- und Hofareal durch eine Mauer voneinander scharf getrennt, obwohl beide Bereiche eine Wehreinheit bildeten.

Das quadr. Kirchenareal ist an 3 Seiten von einer holzschindelgedeckten niedrigen Bruchsteinmauer umfangen, im O durch eine Böschung zur Donauzeile hin begrenzt. In der Mitte des Areals steht die Pfarrkirche, eine 3-schiff. Staffelkirche mit W-Turm und Chorbau. Die einzigen rom. Mauerreste sind in den Pfeilern des Mittelschiffes zu finden - die rom. Langhausmauern wurden spitzbogig zu Arkaden ausgebrochen. Der W-Turm wie der Chorbau mit seinem 5/8 Schluß gehören d. 14. Jh. an. Plesser bezeichnete den W-Turm als wehrhaft (Zufluchtsort), worauf auch einige Details hinweisen. Die untersten 3 Geschosse des Turmes a. d. 14. Jh. aus Bruchsteinmauerwerk mit schön gearbeiteten Ortsteinen sind ähnlich denen von St.Oswald (nach A. Klaar ein Wehrturm), wie auch die Grundrißmaße der Türme (Gottsdorf 6.98 x 6.80 m; St.Oswald 6.82 x 6.84) fast gleich sind. Das kreuzrippengewölbte Erdgeschoß besitzt im N und S spitzbogige Nischen, die sich als vermauerte Spitzbogenportale mit 2.44 m Lichte (siehe schadhafte Putzstellen an den Turmaußenseiten) herausstellen. Das Geschoß war früher also offen nach 2 Seiten. Das 2. und 3. Geschoß besitzen kleine rechteck. Luken mit Abfasungen. Die jüngere Glockenstube in einer 2-gesch. spätgot. Turmerhöhung weist große rundbogige Schallfenster auf, die wie der Zwiebelhelm des Turmes dem Barock angehören. Das vom Dachboden des Langhauses zugängliche Turmobergeschoß war von innen durch einen Balkenriegel sperrbar. Die spitzbogige Pforte besitzt noch heute eine eisenbeschlagene Holztüre. Das sind die einzigen Hinweise auf eine Wehrhaftigkeit des Turmes.

Die Staffelkirche wurde in der Zeit zwischen 1480 und 1520 (Datierung an der W-Empore) unter Miteinbeziehung des alten rom. Langhauses errichtet. Deutlich hebt sich ihr Bruchsteinmauerwerk von dem des Turmes ab. Der Dachboden erhält durch kleine Spitzbogenfenster in den Giebeln eine eigene Belichtung. Die großen Umbauten an der Kirche wurden durch die wiederholten Zerstörungen der Kirche i. 15. Jh. (Neuweihen 1448, 1466, 1474) nötig.

Wie die Abstände von Chor und W-Turm zu den Begrenzungen des Kirchenareals zeigen, war die urspr. rom. Kirche inmitten des Areals wesentlich kleiner. Sie bestand wahrscheinlich aus einem 1-schiff. holzgedeckten Langhaus mit Chor (Chorquadrat oder Apside) und war turmlos. Die Anlage des quadr. Areals, leicht erhöht und ummauert, mit dem Kirchenbau in der Mitte zeigt eine Spätform des reinen Kirchenareals, das - in Hinblick auf die Siedlung und das angrenzende Hofareal - wehrhaft geplant war. Etwas nach S verschoben liegt w. des Kirchen- das ehem. Hofareal des Amtssitzes. Der Sitz selbst ragt in die SW-Ecke des Kirchenareals hinein, während der Einsprung in der NW-Ecke durch die Schule jüngeren Datums ist. Der Pfarrhof, ein hakenförmiger 2-gesch. Bruchsteinbau, Mauerstärken um 1 m, wurde 1769 fassadiert und erhielt ein Walmdach, das den Vorbau im SW mit 3:1 Achsen (Hauptbau mit Seitenverhältnis 1:2; 8:4 bzw. 3 Achsen) miteinbezieht. Das Erdgeschoß wurde gebändert, das Obergeschoß erhielt Faschen und schmiedeeiserne Fensterkörbe. Der Sitz weist z. T. noch die alte Raumeinteilung mit Kammer, Küche-Diele-Einheit und Stube auf und war wehrhaft angelegt. Das Hofareal mit dem Sitz im S ist an allen Seiten mauerumfangen, im S und W ist der Graben um das Areal noch gut erhalten. Wirtschaftsbauten im W (2-gesch. gemauerte Scheune, Holzscheune, beide mit Satteldach) und N (Scheune und Schule) schließen mit dem ehem. Sitz einen Wirtschaftshof ein, der im O gegen das Kirchenareal durch eine niedrige Bruchsteinmauer abgegrenzt wird.

GOTTSDORF

NIEDERÖSTERREICH   BH. MELK   HOFAREAL, TABOR, SIEDLUNG

GRUNDLAGE FRANZ. KATASTER.

■ GEBÄUDE IM AREALBEREICH
▨ TABORERWEITERUNG
▧ SIEDLUNGSKERN
–·–·– BEREICH D. HOFAREALS
1   GRABEN

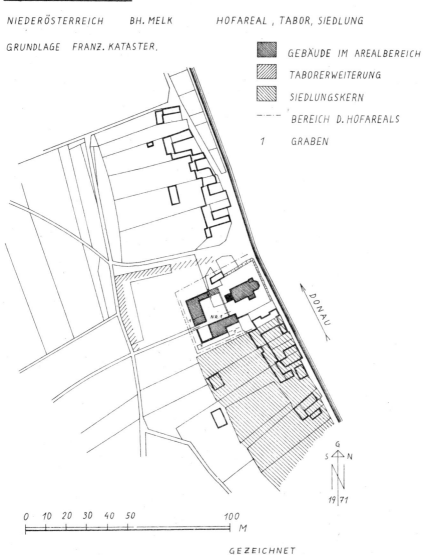

GEZEICHNET
4.12.1971   G. SEEBACH

Die beiden Areale in Gottsdorf weisen im Vergleich zu St.Oswald eine wesentlich spätere, regelmäßigere Form auf, obwohl sie alle planmäßig angelegt wurden. Die Altsiedlung war durch Böschung, Mauer und Graben von den Arealen getrennt. Erst der Einbau des Gasthauses in der SO-Ecke hat die Trennung verwischt. Sie ist jedoch im Katasterplan noch gut erkennbar. Das etwas größere Kirchenareal, sowie die Form der Anlage lassen Gottsdorf als Gründung einer bedeutenden Herrschaft erscheinen, wobei die Pfarre durch den Sitz, der auch wirtschaftl. und verwaltungstechnische Funktionen erhielt, geschützt werden sollte. Diese Aufgaben waren von Anfang an einem Kleinadeligen auferlegt, der für seine Bedürfnisse den Wirtschaftshof erhielt.

In d. 2. H. d. 15. Jh. wurden durch Söldnertruppen in Gottsdorf und Säusenstein ein *Tabor* errichtet. Dieser Tabor lag im Bereich der beiden alten Areale und benützte im wesentlichen die vorhandenen Anlagen. Im N und W wurde vermutlich vor das Hofareal eine *Schanze* Richtung Straße angelegt, die heute bereits eingeebnet ist. Die 2. Verteidigungslinie des Tabors bildete die *W-Mauer des Hofareals, in der noch eine Schießscharte für Hakenbüchsen* sichtbar ist. Wie die Reste der beiden Areale zeigen, waren keine besonderen Neubefestigungen notwendig. Wahrscheinlich wurden neben der Errichtung der Schanze nur die alten Verteidigungseinrichtungen ausgebessert und der Kirchturm in die Befestigung miteinbezogen.

(Dehio 83; ÖKT IV 30; TopNÖ III 602; Eppel, Wachau 87; GB IX 123; XI 242; XII 316; Plesser, Pöggstall 178; Reil 204; Weigl II 333 G 217; Wolf, Erl 180; HiSt I 275; Kafka, NÖWk II 133; Seebach; Franz. Fass. OM 200;)

G R A S L H O F (GRESLHOF, GRÄSLHOF) (Hofamt Priel/Persenbeug/Melk)

Der Graslhof, ein Turmhof, ist ein Einzelgehöft auf der „*Eben"* und trägt die Nummer Priel 58. Von der Straße Priel Richtung Altenmarkt/Ysper zweigt ca. 1 km nach Priel rechterhand ein Weg zum Hof hin ab.

Im Persenbeuger Urbar von 1499 (HHStA) wird dieser Turmhof mit Greslhof erstmals urkl. verzeichnet. 1523 wird der Gräslhof als das Haus des Ulrich Gräsl genannt. Der Hof gehörte 1654 zum Gute Rotenhof, war aber nach Persenbeug dienstbar.

Der gotop. doch unscheinbare Bauernhof läßt äußerlich kaum einen *ehem. Turmhof* a. d. E. d. 15. Jh. vermuten. Auf einem leichten Abhang, an 3 Seiten von einem kleinen Bach umflossen liegt um einen 4-eck. verzogenen Hof der Vierseithof, von dem O- und W-Trakt gemauert sind und dem Altbestand angehören. Im N verbindet eine mächtige Holzscheune die beiden Bauten, z. T. in den Mauern eines ehem. n. vorgelagerten Hofes eingebaut, im S ein kleiner Holzschupfen, durch den man auch in den Hof gelangt.

Der Wohnbau (Seitenverhältnis 1:2 - 7.60 x 17.20 m) zeigt die Raumeinteilung der spätgot. Höfe (eine Zwischenmauer teilt die ehem. Stube in 2 Räume), wobei sich über der Kammer im N des NS-gerichteten Hofes ein Turm erhob, der heute abgetragen ist. Nur die wesentlich stärkeren Mauern im Erdgeschoß lassen ihn noch erkennen (90 cm - andere Außenmauern 70 cm). Nach der Kammer die Küche-Diele-Einheit. Der Eingang in die Diele vom Hof aus liegt erhöht und ist über Stufen zu erreichen. In der Diele die Blocktreppe zum Dachboden. Die Kammer mit dem Turm richtete sich genau gegen den Zufahrtsweg, obwohl früher vor dem Turm noch ein Hof lag (heutige Scheune). Der erhöht liegende Dieleneingang mit einem kleinen Guckfenster daneben lassen auf eine ehem., einfache Torbewehrung schließen. Leider war es nicht möglich, den Wohnbau, vor allem den Dachboden (wo noch Mauerreste des ehem. Obergeschosses und die Esse der Rauchküche sichtbar sind) bis in das letzte Detail zu vermessen. So konnte auch nicht festgestellt werden, ob die Öffnung zwischen Küche und Turmkammer älteren Datums ist. Die Fenster des Wohnhauses (s. Giebelfront 3 Fenster, 1 Türe - Giebel mit Holz abgeschalt) sind bis auf 2 der 4 Fenster an der O-Seite und dem Guckfenster neben der Eingangstür neu. Das Mauerwerk des Wohnbaues zeigt nicht besonders sorgfältig ge-

GRASLHOF

NIEDERÖSTERREICH   BH. MELK   PRIEL 58   EHEM. TURMHOF

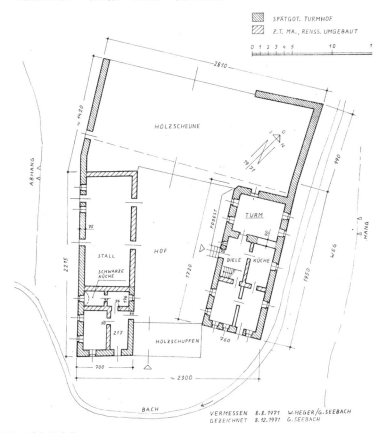

GRASLHOF
arbeitetes Bruchsteinmauerwerk aus verschieden großen Feldsteinen. Nur die Ecken sind etwas besser, eine Eckverzahnung „*andeutend*", gemauert.

Westlich des Wohnbaues liegt parallel der ebenfalls 1-gesch. Wirtschaftsbau aus Bruchsteinmauern, länger als der Wohnbau (7 x 22.15 m) und gegen ihn nach S vorspringend. Das schlechte Bruchsteinmauerwerk (im O 75, im W 66 cm stark) und die verschiedenen Baufugen lassen bei diesem Bau keinen gültigen Schluß über die Bauzeiten zu. Die O- und S-Mauer, sowie ca. 8 m der W-Mauer sind gleichzeitig mit dem Wohnbau entstanden. In den s. Gebäudeteil wurden in der Renss. für das Gesinde 2 längliche Räume und eine Küche-Vorraum-Einheit eingebaut. Die versetzte Raumeinteilung (mit Zwischenmauern 45.5 und 52 cm stark) entspricht jedenfalls nicht der spätgot. Zeit. Vor der tonnengewölbten Schwarzen Küche ein 2 m hoher Vorraum 1.76 x 2.69 m mit einer Tramdecke. An der O-Seite sind außen noch die kleinen spätgot. Rechteckfenster zu sehen, was auf den Bestand eines Gebäudes aus der gleichen Bauzeit des Wohnbaues (kurz vor 1500) schließen läßt, obwohl die Zwischenmauern und die Räume einer späteren Zeit angehören. An die Wohneinheit des Wirtschaftsgebäudes schließt n. ein großer Stallraum an, dessen Außenmauern fast zur Gänze dem Altbestand angehören dürften, wie die Eckverzahnung im NO zeigt.

Dem jetzigen Innenhof war früher im N ein quergestellter Hof vorgelagert, dessen Umfassungsmauern größtenteils noch vorhanden sind. Nur im N fehlen ca. 20 m der Mauer. Über diesen Hof wurde später die Holzscheune gestellt.

Der Graslhof gehört dem gleichen Hoftypus wie Walkersberg an. In ausgeprägter Form sind Wohn- und Wirtschaftsbau getrennt voneinander vorhanden. Der ehem. befestigte Hof dürfte Sitz eines Kleinadeligen gewesen sein, wobei die Befestigung nur zum Schutz des hauptsächlich wirtschaftl. Funktion besitzenden Hofes diente.

(Plesser, Pöggstall 271; Plesser, Persenbeug 49; Weigl I 258 B 517; Seebach)

H A A G   (Neukirchen am Ostrong/Melk)
Circa 1 km sw. von Neukirchen/Ostrong liegt die Häusergruppe Haag, von der Haus 1 *der ehem. Freihof ist.*

1486 gehörten 4 Holden in Haag bei Arndorf zur Hft. Mollenburg (GB XIII 624), ob sich aber darunter auch dieser Hof befand, ist nicht ersichtlich. Ob von diesem Hof das nachmals bedeutende Adelsgeschlecht der *Hager* abstammt, wie Plesser annimmt (Plesser Pöggstall 190), ist fraglich. Der Freihof in Haag war 1652 mit dem Gut Arndorf vereinigt und gelangte mit diesem im 18. Jh. an die Hft. Artstetten.

Um einen rechteck. Innenhof liegen hufeisenförmig im S und W neue Wirtschaftstrakte, im N in OW-Richtung der Wohnbau, während die 4. Seite durch eine Tormauer abgeschlossen wird, an die nach außen ein kleiner 1-gesch. Schupfen mit Satteldach gebaut ist. Der Wohnbau ist ein mächtiger 2-gesch. Bruchsteinbau (Mauerstärke 70 cm) mit einem Satteldach. Die ö. Giebelfront ist 3-achs. und hat 2 Giebelfenster. Der Bau wird durch Geschoßbänder und Ecklisenen weiß auf gelbem Putz leicht fassadiert. Die Innenräume sind in jüngster Zeit gänzlich umgebaut worden, so daß der Altbau nur mehr in seinen Außenmauern existent ist.

Eine Befestigung kann nicht nachgewiesen werden, war aber vermutlich vorhanden, da der Bau mit seiner Schmalseite gegen die beste Angriffsseite gerichtet ist und die Tormauer hier neben dem Einfahrtstor eine Fußgängerpforte besitzt. Wehrpolitisch hatte der Sitz keine Bedeutung, eine eventuelle Befestigung diente nur zum Schutz des Gebäudes selbst. Die Sitzqualität des a. d. 15. Jh. stammenden Gebäudes war etwas größer als die der Höfe um Altenmarkt/Ysper und des Graslhofes. Die wichtigste Funktion des Hofes war auch hier eine wirtschaftliche, aber nicht so überwiegend wie bei den vorgenannten Höfen.

(Reil 150; Plesser, MBLk 1903, 153, Bi II 13; Plesser, Pöggstall 190; Weigl III 9 H 31)

H A S L A U   (ZAGLAU)   (Altenmarkt im Yspertale-Haslau/Persenbeug/Melk)
In Haslau wird die von Priel, Weins nach Altenmarkt/Ysper führende Straße durch 2 Gebäude eingeengt und muß hier eine Doppelkurve machen. Diese Gebäude, Haslau 13, gehören zum ehem. Sitz.

Diese Gegend hieß von 1313 bis 1610 stets Zaglau (=schwanzförmiges, feuchtes Wiesenstück) und hat erst später ihren heutigen Namen angenommen. 1313 erwarb Pfarrer Albrecht von Melk von Heinrich v. Streitwiesen Gülten in der *Zagelaw* (Keiblinger, Melk II/1, 10). Diese ldf. Lehen gingen um 1390 von Peter Fischer auf Hans Fleischhacker v. Ysper über. Später gelangte die Haslau zur Hft. Wimberg.

Westlich der Straße liegt der Wohnbau mit 5:3 Achsen, straßenseitig 1-gesch., im Hof 2-gesch. mit hochgelegenem urspr. Eingang (der straßenseitige ist neu), über eine Treppe zu erreichen. Davor lagert sich ein geräumiger Wirtschaftshof, der von Scheunen und Stallungen umgeben ist. Auffällig ist die Hofeinfahrt von der Straße, ein Rundbogentor in einer Bruchsteinmauer, bestreichbar von der Kammer. Der Wohnbau besitzt, etwas verändert, noch die alte (schon unterteilte) Raumeinteilung mit Küche-Diele-Einheit und ist mit einem Krüppelwalmdach versehen.

Auf der anderen Straßenseite steht ein 2-gesch. Bruchsteinbau d. 19. Jh. mit einem alten Keller. Die Schmalseite zur Straße hin ist durch Eck- und Geschoßbänder leicht fassadiert. Die der Straße abgewandte Schmalseite ist in den Hang gebaut. Das Satteldach ist straßenseitig abgewalmt.

Der Hof, dessen älteste Mauern a. d. 14. Jh. stammen, war früher Sitz eines Kleinadeligen, der die Aufgabe hatte, die Straße zu überwachen. Die Anlage ist eine typische Straßensperre, da der Bereich zwischen den beiden Gebäuden, durch den die Straße führt, eine Art Hof bildet. Zur Bestreitung des Unterhaltes diente der Wirtschaftshof. Von Lage und Funktion her kann eine ehem. Befestigung angenommen werden, obwohl keinerlei Reste davon erhalten sind. Den einzigen baulichen Hinweis gibt der hochgelegene Eingang des Wohngebäudes. Heutiger Hofbesitzer: Ignaz Becksteiner.

(Reil 218; NotBl 1858, 446; Plesser, Pöggstall 192; Weigl III 63 H 169; Franz.Fass. OM 14;)

H A S L I N G (HASLARN) (Artstetten-Pöbring-Hasling/Melk)

Auf einer Anhöhe am Rande des Ortes liegt Hasling 1, der *ehem. befestigte Sitz*. Der kleine Ort wird 1335 erstmals *„Haslarn"* urkl. erwähnt (Kummer, MelkUrb 10) und gehörte zum Melker Stiftsbesitz. Die Landesfürsten verliehen 1380 und 1423 Zehente von einem Hofe dem Herrn v. Fritzelsdorf auf Leiben.

Der Dreiseithof wurde in jüngerer Zeit vollkommen renoviert und zu einem gepflegten Landsitz ausgebaut. Der Wohnbau ist 1-gesch. und mit seiner Schmalseite (3-ach., 2 Giebelfenster) in die Torfront eingestellt. Die Torfront wird von den Giebelseiten zweier 1-gesch. Gebäude gebildet, zwischen die die Tormauer gespannt ist. In der Mitte das Einfahrtstor mit einem Korbbogen, links die rundbogige Fußgängerpforte, flankiert von 2 Ampeln. Die gelb geputzte Fassade ist durch weiße Eck- und Geschoßbänderung angenehm aufgelockert. Der 1-gesch. Wohnbau ist im Inneren erneuert und besitzt an den beiden Längsseiten Vorbauten mit Terrassen, die von der Mansarde aus zugänglich sind.

Die Lage läßt die ehem. Befestigung annehmen. Dem Bautypus entspricht der a. d. 14. Jh. stammende Hof (der genaue Altbestand konnte nicht festgestellt werden) Wegscheid, Graslhof, Fahrenberg und Haag.

(NotBl 1858, 444; GB XI 141, XII 30, XIII 608; Plesser, Pöggstall 193; Weigl III H 175; Franz.Fass. OM 234)

H A U S E G G (HAUSECK, HOCHEGG) (Zelking-Mannersdorf/Melk)

Nordwestlich des Weilers Neusiedl am Feldstein endet das Hochegg (822 m) gegen W in einem schmalen Grat in eine senkrechte Felswand, während der Bergrücken gegen N und S steil abfällt. Am w. Ende liegen auf einem kleinen Plateau die *Reste der Burg*. Besitzer des Grundstückes sind Johann und Marie Pichler, Mannersdorf (Parz. 476).

Über die Burg besitzen wir keine urkl. Nachrichten.

Das ca. 30 m lange Plateau wird gegen den Bergrücken nach O durch einen in N-S-Richtung verlaufenden Halsgraben begrenzt. Hinter dem Graben Mauerreste eines turmartigen Gebäudes von 3 x 3 m Innenlichte bei einer Mauerstärke von 1.50 m. Während auf der Hochfläche des Plateaus keine Gebäude mehr zu erkennen sind (Schutthalde gegen S), findet man einige spärliche Reste auf einer künstlichen Ebene von rund 10 x 20 m im N unmittelbar unter der Hochfläche. Die kleine Anlage dürfte um d. M. d. 12. Jh. als Warte errichtet worden und früh abgekommen sein. Die angebliche Brunnen-

stube der Wasserleitung zur Burg mit einer Innenlichte von 4 x 6 m liegt sw. von Ottenberg ca. 800 m in fast gleicher Höhe von Hausegg entfernt.
Nach W (Zeining) und W ist eine weite Aussicht gegeben. Weiters war Sichtverbindung zu Feistritz (Turmhof) vorhanden.
(Plesser, Pöggstall 117; Bi II 14; ÖKT IV 81; Hutter F, Hauseck nächst Neusiedl am Feldstein, in: UH 1961, 38; Weigl III 70 H 195; KirchTop IV 81)

K Ä L B E R H O F   (Neukirchen am Ostrong-Zöbring-Kälberhof/Melk)

Der von der Straße aus sichtbare Kälberhof, Zöbring 10, liegt 120 m höher als die Bundesstraße (490 m Seehöhe) am n. Abhang des bewaldeten Kienberges. Von der Straße Würnsdorf nach Laimbach zweigt bei der Häusergruppe Staudenhäuser ein Güterweg nach S auf den 732 m hohen Kienberg ab. Der Güterweg mündet in einen Hohlweg, der die Terrasse, auf der der *Turmhof* liegt, grabenartig vom ansteigenden Gelände trennt.

Dieser Turmhof hat seinen Namen vermutlich von einer ritterlichen Familie der *Cholb*, oder *Kölbl*, die hier begütert waren. So hatte Martin der Cholb 1380 Besitz in Hart, 1428 erscheint der edle Thomas Kölbl als Burggraf der Mollenburg (GB IX 195, 192). 1420 verzeichnet das Melker Stiftsurbar den *„Hof in Renolts des Georg Kelberharder"* (StiftsArch. Melk). Dieser Hof kam später zur Hft. Grafenwörth. Um 1584 hatten die Erben des Leonhard Kälberharder zu Grafenwörth am Kälberhof 14 Untertanen. In einem Verzeichnis 1587/93 wird dieser Hof unter den Zufluchtsörtern genannt. Vor 1636 kaufte Melchior v. Lindegg den Hof und vereinigte ihn mit seinem Gut Weißenberg, welches 1818 zur kaisl. Hft. Persenbeug kam.

Der Hof wurde z. T. in den Hang gebaut, z. T. liegt er auf einer 12 m breiten Terrasse. Kernbau des Hofes ist ein rechteck. Wohn- und Wehrturm, der an der w. Schmalseite des sich in OW-Richtung erstreckenden Gebäudes steht. Von der NW-Ecke des Turmes läuft eine Schichtmauer nach W und gibt so vor der W-Seite des Turmes eine künstliche Ebene frei, die sich im W nach dem Ende der Schichtmauer nach N vorschiebt. Sieht man von der Überhöhung im S ab, so wäre hier die geeignetste Angriffsseite gegeben. Durch den Terrassenabfall erscheint der Turm nach N 3-gesch., im S nur 2-gesch., wobei der in den Hang gebaute unterste Raum nur im N Maueröffnungen besitzt. Die Grundrißmaße des Turmes betragen 8.34 m W zu 9.25 m S bei 1 m Mauerstärke. Die beiden oberen Geschosse sind an den 3 Seiten (im O schließt das Wohngebäude an) 2-ach., mit Fensterlichten von 96 cm; im W eine über 3 Stufen erreichbare rechteck. Eingangstür in das mittlere Geschoß, wie die Fenster aus der Neuzeit stammend. Es liegt die Vermutung nahe, daß der Turm gegen den Hang zu überhaupt keine Fenster besaß, wie das auch beim Kienhof und bei Prinzelndorf der Fall ist. Auch die im N liegende urspr. Eingangstür in den spätgot. Wohnbau, also auf der Hangseite, weist darauf hin. Nach Auskunft des Besitzers war der Turm ehem. um 1 Geschoß höher als er heute ist. Dieses Geschoß wurde erst ca. 1940 abgetragen und der Turm mit einem niedrigen Pyramidendach neu eingedeckt.

Einige Anzeichen sprechen dafür, daß das abgetragene Geschoß ein Wehrgeschoß war und auch einen Wehrgang besaß (z. T. erhalten bei Prinzelndorf; abgetragen beim Kienhof; umgebaut bei Krumling). Dicht unter der Dachtraufe sind an den 3 freien Seiten quadr. Balkenlöcher zu sehen, im S gegen den Berg zu sind alle frei, im W 2 und im N 3 (die übrigen sind vermauert). Da die Balkenlöcher alle nur in gleicher Höhe im Fußbodenniveau des abgetragenen Geschosses zu finden sind, kann es sich bei dem geringen Abstand voneinander nicht um Gerüstlöcher handeln. Es ist wahrscheinlicher, daß sie Reste eines auf Balken vorkragenden Wehrganges sind, von dem aus der Turm zu verteidigen war. Da der Turm anfangs allein stand, besaß er Wehr- und Wohnfunktion zugleich. Das Mauerwerk zeigt Bruchsteine verschiedener Größe lagerhaft gemauert. Die Eckverzahnungen sind sorgfältig ausgeführt.

KÄLBERHOF

NIEDERÖSTERREICH   BH. MELK   TURMSITZ

▨ TURMBAU M. 14. JH.
▨ SPÄTGOT. WOHNBAU

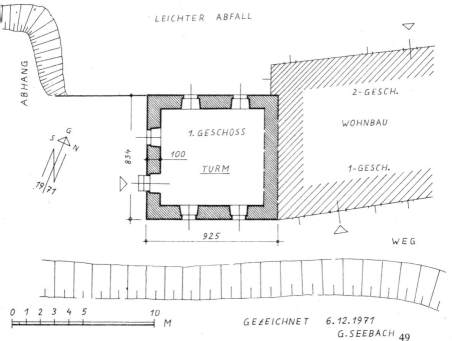

GEZEICHNET 6.12.1971
G. SEEBACH 49

Nennungen und Vergleiche mit Turmhöfen in der Umgebung (Prinzelndorf, Rappoltenreith, Krumling, Kienhof, u. a.) weisen den Turm i. d. M. d. 14. Jh., frühestens wurde er A. d. 2. V. d. 14. Jh. erbaut, was aber weniger wahrscheinlich ist. Er stand anfangs allein und besaß im O einen Hocheinstieg im 3. Geschoß. Gegen N war er durch den Abfall des Kienberges geschützt, im S durch den ca. 3 m breiten Hohlweg, dessen s. Böschung ca. 2.50 m beträgt. Es ist anzunehmen, daß der grabenartige Weg urspr. nicht tiefer war, da alle Höfe in der Umgebung sich genau an die im Burgenregal auferlegten Bau- und Wehrbeschränkungen hielten (ausschlaggebend für das Niveau des Weges war beim Kälberhof die Geschoßzahl gegen die *„Ebene")*. Da im Anfang ohne besondere Erlaubnis nur 3-gesch. Türme gestattet waren, wurde der Turm in den Hang gestellt, so daß er hangseitig wohl 4 Geschosse aufweist, aber bergseitig nur 3 gerechnet werden konnten. Diese Hanglage ist bei den meisten Turmhöfen zu sehen, wurde aber nicht in dieser Art immer ausgenützt.

Der Turm war anfangs wohl nur ein Kleinadelssitz ohne besondere wirtschaftl. Funktion. Erst mit dem Aufstieg des Geschlechtes i. 15. Jh. wurde eine bauliche Erweiterung nötig. Im O baute man einen 5-achs. Wohnbau, bergseitig (im S) 1-gesch., hangseitig 2-gesch., breiter als der Turm, an. Der heutige Eingang liegt im S, der alte Eingang des in typisch spätgot. Bruchsteinmauerwerk errichteten Wohnbaues befindet sich im N, eine schmale Tür mit einem Guckfenster daneben. Die Mauern des Wohnbaues stoßen direkt an die Turmmauern an. Bergseitig ist der got. Kern des mit einem mächtigen Krüppelwalmdach gedeckten Wohnbaues fast völlig zerstört, hangseitig bietet er jedoch zusammen mit dem Turm einen äußerst malerischen Anblick. An seiner NO-Ecke ein kleiner Vorbau, über der NW-Ecke ein giebelartiger Aufbau. Vom Hauptgebäude getrennt liegt im O der Wirtschaftshof mit Scheune und Kuhstallungen.

(Reil 233; GB IX 50, XI 503, XIII 612; Plesser, Pöggstall 200; Weigl I 254 B 507; Seebach)

KAUMBERG - LEHEN (Lehen-Kaumberg/Melk)

An der Ortsstraße fällt durch seine mehrfarbige Bemalung der ehem. *Amtssitz*, Haus 3, sofort auf.

Dieser 1310 mit *„Chaurperg"* urkl. erstmals genannter Ort (FRA II 36, 39) gehörte dem Domkapitel zu Freising. Ob die genannte Hube des hftl. Amtmannes die Vorläuferin des heutigen Hauses Nr. 1. darstellt, kann nicht bewiesen, wohl aber vermutet werden. Später gehörte der Hof zum Stift Melk.

Der heutige Bauernhof besteht aus 2 Gebäuden, zwischen denen ein Hof liegt. Beide Bauten zeigen mit ihrer Schmalseite zur Straße und sind durch eine neue Tormauer miteinander verbunden. Im von der Straße aus gesehen rechten Gebäude, dem Wohnhaus, steckt vollkommen erhalten ein turmartiges Festes Haus a. d. 13. Jh. mit rechteck. Grundriß. Der 2-gesch. Bau mit 3:3 Fensterachsen ragt mit seiner Schmalseite aus der Straßenflucht und ist in der Neuzeit durch einen 2-achs. schmalen Ziegelanbau erweitert worden, der nicht so lang wie der Altbau ist, so daß sich zur Straße hin eine Ecke ergibt, an der die Tormauer ansetzt. Altbau und Erweiterung sind unter einem mächtigen Pyramidendach zusammengefaßt. An die rückwertige Schmalseite des Wohnbaues schließt ein 1-gesch. gemauerter Wirtschaftstrakt mit einem Holzaufbau an.

Zur Straße hin springt in der mittleren Fensterachse des Festen Hauses ein kleiner 2-gesch. Turm mit kleinen rechteck. Spionfensterchen an den Schmalseiten vor. Sein niedriges Satteldach schneidet in das Dach des Festen Hauses. Das Bruchsteinmauerwerk des Altbaues besitzt sorgfältig gearbeitete Eckverzahnungen aus langen plattenförmigen Steinen. Die Fenster wurden z. T. in der Renss. ausgebrochen.

Äußerst reizvoll ist die Fassadierung des ehem. Sitzes: Ein umlaufender profilierter Dachsims, gelbe Geschoßbänderung; die Fenster z. T. neu, z. T. kleine rechteck. Fen-

ster in schwarz-gelb gemalten Umrahmungen; an den Turm- und Hauskanten (eine davon abgeschrägt) schwarz-gelb gemalte Eckquaderung.
(BlLk 1881, 66; GB IX 201, 209, XI 104; TopNÖ VI 795; Plesser, Pöggstall 203; Weigl III 224 K 82)

K I E N H O F (KIENBERG, KIENBAUERHOF, KIENBERGERHOF)
(Wimberg-Pisching/Melk)

Circa 500 m ö. von Pisching gabelt sich bei einem Wegkreuz die Straße, rechts (gegen S) nach Gutenbach, während von der geradeaus nach O führenden Straße linkerhand der erste Feldweg zum in einer Senke liegenden Kienhof, Wimberg 27, abzweigt.

Der heutige Kienhof ist aus dem *Rittersitz Kienberg* hervorgegangen. 1229 wird ein *Ulrich von Chinberch* als Zeuge in einer Urkunde genannt (BlLk 1902, 174). Sighart der Kienberger verkaufte 1310 ein Lehen zu Neusiedl bei Nonnersdorf. 1332 treten *„Ulrich und Wernhard die Chienberger"* (vom Kienhof bei Pisching) als Zeugen auf (GB VIII 97). Vor 1432 gehörte der Kienbergerhof zur Hft. Wimberg und teilte mit dieser die weiteren Schicksale. Mitte d. 15. Jh. wird ein Wolfgang Kymberger als Besitzer von Walpersdorf urkl. angeführt.

Der Wohnbau, im N des großen Wirtschaftshofes gelegen, zeigt sich heute als mächtiger 2-gesch. Kastenbau mit niedrigem Walmdach. Mit seiner N-Seite ist er in den flach ansteigenden Berghang gebaut, im W verbindet eine Tormauer den Wohnbau mit dem Wirtschaftstrakt, im S läuft entlang des Gebäudes ein 1.90 m breites Podest, das von der Fußgängerpforte in der 70 cm starken Tormauer zur Treppe der Eingangstür in der s. Gebäudemitte leitet. Die O-Seite besitzt nur 3 Maueröffnungen, davon eine Tür in das w. Gelände hinaus (Obstgarten mit Apfelbäumen). Der Bau bietet von außen ein kompaktes Aussehen, das durch den profilierten umlaufenden Dachsims unter der wenig vorspringenden Dachtraufe noch verstärkt wird. Der Sims stammt wie die meisten Fensterrahmungen aus der Renss. (16. Jh.), die Fensterstöcke selbst wurden alle im 20. Jh. neu eingesetzt. Neu ausgebrochen wurden die Fenster im Körnerkasten (SO-Ecke, 2. Geschoß), urspr. hatten sie das gleiche Aussehen wie die kleinen Kellerfenster im 1. Geschoß im SO. Auch das große Küchenfenster im N gehört dem 20. Jh. an. Nur das kleine Guckfenster im 2. Geschoß neben der Eingangstür des Körnerkastens und das kleine Fensterchen der ehem. Schwarzen Küche (im jetzigen Brotofenraum) sind ma. erhalten. Während das Fußbodenniveau der Stube gegen das des Hofes um 2 m differiert, liegt der Kellerraum im S nur um 50 cm über dem Hofniveau, das sich gegen S senkt.

Raumeinteilung 1. Geschoß: Durch eine z. T. vermauerte Renss.-Tür mit Stichbogen

KIENHOF

an der S-Seite des Wohnbaues gelangt man in die Diele. Der 3.29 m hohe Raum besitzt eine dunkel gebeizte Tramdecke (6 Träm) und bildet eine Art Wegkreuzung. Links führt eine Tür (wie die meisten Tür- und Fensternischen mit Stichbogen) mit 3 Stufen in der Mauerstärke in die Stube. Der große Raum (5.83 x 5.90) besitzt eine alte Tramdecke, die durch einen auf Mauerkonsolen aufliegenden, mit Brandmalereien und Kerbschnitten verzierten Rüstbaum in der Mitte unterstützt wird. Der 2.72 m hohe Raum war früher mit der im N liegenden Küche durch eine 2.50 m breite Maueröffnung mit gedrücktem Korbbogen verbunden, die in der Neuzeit abgemauert wurde. Die langgestreckte Küche ist von der Diele aus zu erreichen und war eine gewölbte Schwarze Küche aus der Renaissance, heute durch den Raum mit dem Brotofen abgeteilt und flachgedeckt. Von der Küche gelangt man in einen im N in den Hang gebauten Keller a. d. 20. Jh., gegen O schließt den Raum mit dem Brotofen ab, urspr. eine Einheit mit der Küche, erst i. 20. Jh. durch eine 15 cm starke Mauer separiert. An die Küche grenzt im W ein kleiner Wohnraum von 3.70 x 2.73 m. Die O-Wand der Diele, eine von N nach S laufende durchgehende 55 cm starke Mauer aus der Renss. teilt den Wohn- vom Wirtschaftsteil ab. Sie weist 2 Türen auf, zwischen die vor einigen Jahren ein WC gestellt wurde. Die s. Tür (gegen den Hof zu), eine 2.41 m lange Tonne (darüber führt die Stiege ins Obergeschoß) mit 140:172 cm führt in den Apfelkeller, einem 2.49 m hohen Lagerraum mit einfacher geweißelter Tramdecke (9 Träm) und 2 kleinen Belichtungsfenstern aus der Renaissance, ein Raum, der durch Unterteilung eines größeren Wirtschaftsraumes entstanden ist. Die 2. Tür der Diele führt in einen 4.25 m hohen, 1.29 m breiten Gang, der im S in das Stiegenhaus zum Obergeschoß übergeht, im N an die Außenmauer des Gebäudes stößt und nach O in den 45 cm höherliegenden Preßraum leitet. Schräg gegenüber des Einganges von der Diele her öffnet sich in einer ma. Zwischenmauer eine in der Renss. ausgebrochene Tür in den tonnengewölbten mittleren Keller (zwischen Apfelkeller und Preßraum), der ebenfalls zu Lagerzwecken dient. Die Tonne aus Bruchsteinen über Schalung gemauert setzt an 1.18 m über dem Fußboden und hat eine Stichhöhe von 2.05 m. Im O ein kleines Lichtfenster. Im Preßraum steht eine alte Mostpresse mit einem gewaltigen Preßbaum um 1870.

2. Geschoß: Vom Gang führen 9 Stufen 20:30 cm zu einem kleinen Podest, von dem linkerhand eine Türe in den Körnerkasten führt. Dann dreht sich die Stiege um 90° (6 Stufen) zur Diele des Obergeschosses, die genau über der unteren liegt. Die beiden Stiegenhauswände (55 cm stark) stammen im 2. Geschoß beide aus der Renss., im 1. Geschoß nur die Dielenwand (55 cm stark), während die ö. Wand (70 cm stark) ma. ist. Der Körnerkasten, ein 2.01 m hoher Raum mit einer Schwartlingdecke, Raummaße 7.50 (7.35) x 6.74 m, liegt genau über den beiden unteren Kellern, die n. Trennmauer zum Preßhaus besitzt also in der ganzen Höhe keine Maueröffnung (die Decke des Preßraumes liegt sogar höher als die des Körnerkastens). Die 3 Fenster des Körnerkastens wurden erst im 20. Jh. ausgebrochen. Von der Diele führt wieder eine Tür in den Raum über der Stube, der (2.17 m hoch) eine leichte Stuckdecke a. d. 1. V. d. 17. Jh. besitzt. Auffällig seine starken Außenmauern, die mit 82 und 85 cm die stärksten Mauern des 2. Geschosses sind (S- und W-Mauer). Die beiden kleinen Räume n. der Diele sind nun neu adaptiert und haben Außenmauern von 61 und 66 cm Stärke. Von der Diele gelangt man in das Stiegenhaus über den unteren, das zum Dachboden führt.

Dachboden: Der Dachboden gibt wesentliche Anhaltspunkte für die Baualtersbestimmung des ehem. Turmhofes. Die 55 cm starken Stiegenhausmauern aus Ziegeln bilden auch hier eine Art Stiegenhaus aus. Gegen N führen 4 Stufen zu einer Tür, durch die man in den Dachboden über dem Wirtschaftsteil (oberhalb des Preßraumes und des Körnerkastens) gelangt. Die Mauerbank liegt erst 1.30 m über dem Boden. Das Niveau über dem Wohnteil liegt um 2.12 m höher und ist über 11 Stufen zu erreichen. Hier fallen die Reste einer abgetragenen Bruchsteinmauer auf, die auf der O-Mauer der Stube stand.

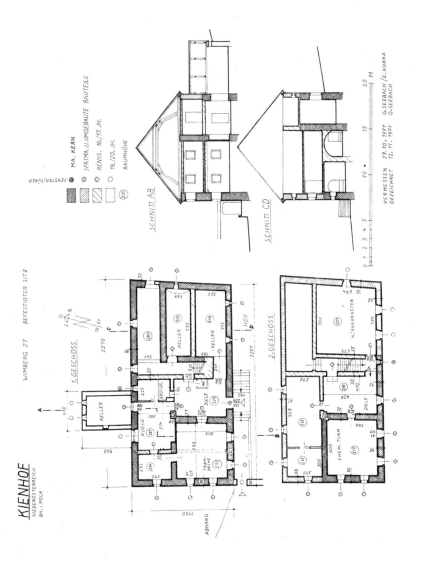

Sie stieß an den Kamin, der im Erdgeschoß anfängt und gibt den Beweis, da sie rechtwinkelig beim Kamin nach W abbog (hier steht eine Selchkammer aus jüngerer Zeit), daß hier der Bau zumindest 3-gesch. war. Im Plan ist zu erkennen, daß es sich um einen Turm handelte, dessen beide unteren Geschosse noch erhalten sind. Der Dachstuhl stammt a. d. 20. Jh. und besitzt 3 Gesperre in gleichmäßigen Abständen. Zu den beiden äußeren laufen die Walmungen des Daches.

Die Baubeschreibung erfolgte deshalb etwas ausführlicher, weil der ma. Kernbau des Turmhofes zum Großteil noch erhalten ist und der Renaissanceumbau nur ergänzend wirkte (mit Ausnahme der Turmerniedrigung). Die Erbauung des Kienhofes erfolgte unter genauer Einhaltung der Bestimmungen des Burgenregales. Die Außenmaße des Hofes zeigen ziemlich exakt ein Seitenverhältnis von 1:2 (11.50 x 22.70 bzw. 22.01 m) von W- zu N- (bzw. S-) Seite. Das nun als geschlossener Kastenbau erscheinende Gebäude bestand im Ma. aus 2 Bauteilen, die innerhalb einer gemeinsamen Ummauerung lagen. In der SW-Ecke stand ein vermutlich nur 3-gesch. Turm, von dem die beiden unteren Geschosse und spärliche Reste eines 3. Geschosses (am Dachboden) erhalten sind. Seine Abmessungen in den einzelnen Geschossen. 1. Geschoß: Innenraum 5.90 x 5.63 m; Raumhöhe 2.72 m; Mauerstärken: S 85, W 86, N 75 und O 77 cm. 2. Geschoß: Innenraum 6.00 x 5.66 m; Raumhöhe 2.17 m; Mauerstärken: S 85, W 82 und O 72 cm. Die Außenmaße betragen: 7.63 x 7;23 m; erhaltene Turmhöhe zum Fußbodenniveau der Stube 5.70 m, zum Hofniveau 7.70 m. Die Außenmauern sind im W und S am stärksten, im N und O am schwächsten, da der Turmbau hier von einem ummauerten Hof (Zwingerform) umgeben war. Das 2. Turmgeschoß besaß vermutlich an Stelle der heutigen Türe einen hochgelegenen Einstieg, mit einer Treppe an der s. Ummauerung (hier ist die Mauer des 2. Geschosses über dem Gebäudeeingang 72 cm stark, während sie im Bereich des Körnerkastens in der SO-Ecke nur eine Stärke von 62 cm aufweist).

Das zweite Gebäude war ein Wirtschaftsbau in der SO-Ecke, der nur 1-gesch. gemauert war. Er umfaßte die beiden Keller (urspr. Eingang war der des s. Kellers) unter dem Körnerkasten und hatte früher einen Innenraum von 5.50 x 7.13 (7.30) m (die Zwischenmauer der beiden Keller stammt aus der Renss.). Die heutige N-Mauer ist höher als die S-Mauer erhalten, was zwei Möglichkeiten für den Aufbau offen läßt: Entweder lag über dem gemauerten Teil ein hölzerner Gaden oder der Bau besaß ein Pultdach nach S abfallend. Für den hölzernen Aufbau sprechen der im S an den Turm anstoßende Mauerteil und die NO-Ecke des Baues. Die Längsmauern des Preßraumes (eine Mauer gehört dem ma. Wirtschaftsbau an) sind höher als die Außenmauer an der NW-Ecke ma. erhalten. Der Bau war vermutlich über die ganze N-S-Erstreckung überdacht, wobei nicht ausgeschlossen ist, daß das ehem. Tor früher in den heutigen Preßraum führte, dieser also Zwingerfunktion besaß. Dagegen spricht aber, daß sich das Tor meist beim Turm befand, wie ja auch der Turm hier das Hoftor verteidigen konnte. Obwohl die NO-Ecke nicht zur Gänze aufgeschlüsselt werden kann, kann man sagen, daß der Raum zwischen den beiden Bauten ein Hofraum war, der sich hakenförmig auch n. des Turmes zwingerartig fortsetzte. Die Ummauerung war im Anfang niedriger als sie jetzt ist, mit Ausnahme im Nordosten.

Noch im Spätma. erfolgte ein Umbau mit einer Erhöhung der Umfassungsmauer (ma. Mauer im 1. Geschoß 80 cm stark, Erhöhung durch eine im N 61, W 66, O 72 und im S 62 cm starken Mauer). Eventuell wurde das hölzerne Obergeschoß des Wirtschaftsteiles durch ein gemauertes ersetzt und dabei gleich die Umfassungsmauern erhöht.

Aber erst das 16. u. 17. Jh. brachten einen großzügigen Umbau des alten Turmhofes. Dabei wurde der Turm erniedrigt und die Anlage ging sämtliche Wehreinrichtungen verloren. Der Innenhof wurde vollkommen verbaut und eine versetzte Diele-Küche-Einheit eingestellt. Die Renaissancemauern zeigen alle eine Stärke zwischen 50 und 55 cm, nur im Obergeschoß weist eine Mauer 42 cm Stärke auf. Daß beim Umbau ein Hof verbaut worden ist, kann aus der höhenmäßigen Deckung der Mauerzüge, der Treppenanlage außerhalb der ma. Gebäudemauern und dem Einbau eines Kamins an der NO-Ecke des ehem. Turmes ersehen werden. Die n. Turmwand wurde in einem großen Korbbogen ausgebrochen (jetzt wieder vermauert) und so die (Schwarze) Küche mit der Stube verbunden. Die einzelnen Gebäudeteile faßte man unter einem Dach zusammen.

Der Kienhof stellte einen wehrhaften Sitz mit wirtschaft. Funktion größerer Qualität dar, wie (gegenüber Rappoltenreith) das Vorhandensein von funktionell streng getrennten Bauteilen (Turm mit Wohn- und Wehrfunktion; Wirtschaftsbau) zeigt. Der ma. Kernbau wird nicht lange vor seiner Nennung errichtet worden sein. Er stammt höchstwahrscheinlich a. d. 1. V. d. 13. Jh., die größte Umbautätigkeit, bei Vernachlässigung der spätma. Umbauten gegen E. d. 15. Jh., herrschte hauptsächlich ab d. M. d. 16. Jh. bis i. d. 1. V. d. 17. Jh. (Stuckdecke im 2. Turmgeschoß). Das 19..u. 20. Jh. beschränkten sich auf kleine Umbauten (Zwischenmauern) und Veränderungen von Detailformen wie Fenster udgl. Die jetzige Besitzerin des Kienhofes ist Frau Hedwig Grüner, die Tochter des vormaligen Besitzers, Herrn Wolf.

(Reil 193; NotBl 1859; 188; MBlLk 1903, 174; GB III 232; VIII 98; Bi II 8; Plesser, Pöggstall 203; Seebach)

K L E E H O F (Hofamt Priel-Kleehof/Persenbeug/Melk)

Der am n. Abhang des Gr. Hammet (536 m Seehöhe) gelegene Kleehof ist am besten von der Straße Weins über Rottenberg nach Altenmarkt/Ysper aus zu erreichen. Ab der Kreuzung mit der Straße von Priel der Hof fährt man 1800 m nach N, wo in einer Rechtskurve der Weg zum Hof nach links abzweigt (nicht gekennzeichnet!). Nach 1 km Fahrt genau nach W gelangt man zu dem auf einer größeren Waldlichtung liegenden Hof.

Ein rechteck. Hof wird von 3 unscheinbaren, nicht zum Vierkanter geschlossenen Gebäuden umgeben. Das 1-gesch. Hauptgebäude mit Schindelwalmdach war früher *Jagdhof* des Gutes Persenbeug. 1746 errichtete Philipp Joseph Gf. v. Hoyos eine freistehende Hauskapelle zu Ehren des Hl. Hubert, die bis 1816 bestand. Von der Kapelle sind heute nur mehr spärliche Reste vorhanden.

(Plesser, Pöggstall 205; ÖKT IV 192; Weigl I 259 B 517)

K L E I N - P Ö C H L A R N (BÖSEN-BECHLARN, ALTEN PECHLARN) (Markt/Melk)

Im ältesten Ortsteil unterhalb der Kirche liegt ca. 50 m von der Bundesstraße entfernt ein Gebäudekomplex von 3 Bauten, von denen Haus 12 mit den beiden anderen durch 2 Bögen verbunden ist und ein befestigter Sitz gewesen sein dürfte.

Der Markt Klein-Pöchlarn (gegenüber der Stadt Pöchlarn), hieß 1284 *Bösen-Bechlarn* (GB IX 555), 1329 *Alten Pechlarn*. Das Gebiet um Pöchlarn gehörte seit 832 dem Bistum Regensburg, der Bezirk n. der Donau zum Landgericht Pöggstall. Urkundliche Hinweise auf einen ritterlichen Sitz fehlen bisher.

Die von der Bundesstraße am ö. Ortsende abzweigende Ortsstraße führt in den ehem. Hof des Sitzes. Der Hof ist ein schmales, langgestrecktes Straßenstück, das im S von Haus 12, im W und O von je einer Durchfahrt begrenzt wird. Im N fängt auf der Höhe von Haus 58 eine Stiege an, die steil ansteigend zur erhöht liegenden Kirche (1391 genannt) führt. Links von der Stiege steht ein Altbau, in dessen SO-Ecke ein schräg gestellter, zur Stiege gerichteter Turmbau (noch 2-gesch. erhalten) eingebaut sein dürfte.

der ehem. Wohnbau, Haus 12 (heute ein Gasthaus) ist im allgemeinen ein 2-gesch. Neubau (nach ÖKT 15. Jh.), von dem nur der nördliche, hofseitige Teil noch aus dem Spätma. stammt. Der w. Bogen, der den Hof überspannt, gibt den einzigen Hinweis auf eine ehem. Sitzqualität des Komplexes. An der Außenseite des mit einem Satteldach abgedeckten Überganges ist ein gemaltes Wappen a. d. 15. Jh. mit rotem Querband auf gelbem Grund zu sehen. Die ö. Durchfahrt zeigt ebenfalls einen gedeckten Übergang über einem weiten Bogen, nur ist der Gang beiderseits mit einem Steinschnittfries a. d. Zeit um 1600 dekoriert. Das durch den Bogen mit Haus 12 verbundene 2-gesch. Gebäude mit Krüppelwalmdach und Mansarde, Haus 58, besitzt im Erdgeschoß eine alte Schmiede mit weitgespanntem Bruchsteingewölbe und erhaltener Esse mit Ziegelplatzl a. d. A. d. 17. Jh., 2 gut erhaltener Räume, deren urspr. Einrichtungen aber nicht mehr vorhanden sind.

Für den Beweis der Sitzqualität fehlen bisher (mit Ausnahme des Wappens) entscheidende Hinweise. Nur eine genaue Baualtersanalyse des gesamten Hofkomplexes könnte einen (befestigten) Turmhof nachweisen.

(Plesser,Pöggstall 261; GB IX 545; ÖKT IV 155; Weigl I 199 B 325; Eppel,Wachau 103)

K R U M L I N G (Pöggstall-Krumling/Melk)

Über dem rechten Ufer des Krumlinger Baches liegt auf einer schmalen Hangterrasse des 784 m hohen Hinterberges in 520 m Höhe die Ortschaft Krumling, deren erstes Haus (Nr. 1) der *ehem. befestigte Turmhof* ist. Am besten zu erreichen von der Straßenkreuzung bei Straßburg/Pömmerstall.

Um 1380 wird im Lehenbuch Hzg. Albrecht III. (NÖLA) der Ort *Chrumich* erstmals genannt. 1395 verkauft Konrad der Puschunger v. Zaissing einen Hof zu Chrumikch und 4 Hofstätten ldf. Lehen, seinem Onkel Konrad Hochstetter zu Seiterndorf (GB IX 284). 1423 übernahm diesen Hof Hans Raid.

Etwas isoliert vom Ort liegt dicht neben der Straße der *Turmhof*. Straßenseitig erstreckt sich ein langgezogenes Wirtschaftsgebäude des Hofes, die Zufahrt erfolgt im spitzen Winkel von der Ortsstraße zum tiefergelegenen Hoftor. Das Hauptgebäude des ehem. Vogthofes ist ein 2-gesch. unterkellerter Bruchsteinbau mit einem 1-gesch. Anbau im Westen, von rechteck. Grundriß mit dem Seitenverhältnis 1:2 (2:4 Achsen) in W-O-Richtung, das mit seiner ö. Schmalseite zur Straße zeigt. Hier stand früher ein 3-gesch. Turmbau, der das w. anschließende Gebäude der Länge nach gegen die Überhöhung im O (Berghang und höhergelegene Straße) schützte und das im rechten Winkel an der SO-Ecke ansetzende Hoftor (heute ein Stichbogentor in einer starken Tormauer) verteidigen konnte.

Der Eingang des Gebäudes ist hochgelegen und über eine Treppe im Hof zu erreichen. Der Bau zeigt eine ma. Raumeinteilung mit einer Küche-Diele-Einheit, wobei die Stube im untersten Geschoß des Turmes liegt. Der Kamin steht in der Zwischenmauer von Küche und Stube, die früher durch eine Bogenöffnung miteinander verbunden waren. Der Turmbau mit 2:2 Achsen verlor erst beim Umbau 1970/71 seine letzten Wehreinrichtungen. Im oberen Geschoß befand sich ein dichter Kranz von Schlüsselscharten, die heute alle vermauert sind. Auch die urspr. Fensterrahmungen wurden durch Vergrößerung der Öffnungen zerstört.

Der Wohnbau besitzt eine Höhenstaffelung, wobei früher der Turmbau noch um ein Geschoß die übrigen Bauteile überragte. Der ö. Teil mit 2:3 Achsen, 2-gesch. und unterkellert, beinhaltet den alten Wohnbau und besitzt ein Krüppelwalmdach mit durch Holz abgeschalten Giebeln; die Stube (ehem. Turmteil) nimmt 2:2 Achsen ein, die Küche-Diele-Einheit mit Zwischenmauer 2:1 (bzw. je 1:1) Achsen. Abgesetzt von diesem Bauteil der 1-gesch. Anbau (ehem. Wirtschaftsbau?), gleichfalls ma. (siehe Mauerverband), mit einem Satteldach gedeckt, 2:1 Achsen und bereits am Anhang zum Krumlinger Bach liegend.

Auffällig und für die Altersbestimmung des Hofes mitbestimmend ist das Mauerwerk des Turmhofes. Sehr sorgfältig ausgeführtes Bruchsteinmauerwerk von großer Stärke mit exakten Eckverzahnungen aus großen, plattigen Bruchsteinen.

Der ldfl. Hof war urspr. Zehenthof und hatte die Abgaben der Holden zu sammeln und zu speichern (Verwaltungsfunktion). Gleichzeitig besaß der Turmhof die Aufgabe, die wichtige Straße von Pöggstall nach Prinzelndorf, Pöbring (alte Glashüttenstraße) zu bewachen (Wehrfunktion). Als Sitz eines Lehensritters entstand er vor d. M. d.

14. Jh. und hatte von Anfang an einen kleinen Wirtschaftshof angeschlossen. (GB IX 49, 284; XII 475; XIII 628; TopNÖ VI 910; Plesser, Pöggstall 210; Weigl III 323 K 368)

LAIMBACH AM OSTRONG (mit THAIA, OSTRONGHOF)
(Laimbach am Ostrong/Melk/Melk)

LAIMBACH: Um 1144 wird ein Ober- und Unterlaimbach genannt (Plesser). Die beiden Siedlungskerne der Ortschaft liegen dicht beieinander und waren bald zu einer Ortschaft zusammengewachsen. Die größere Bedeutung hatte der obere Ort, ein Straßenort mit einem kleinen, heute verbauten Platz, während der untere nicht über einen Weiler hinauswuchs. Aus dem Marktsiegel von 1379 (GB XIII 449) geht hervor, daß der Ort selbst mit Graben und Schanzen befestigt war, doch konnte die Ortsbefestigung bisher nicht eindeutig nachgewiesen werden. Im 17. Jh. hatte die Hft. Weißenberg im Ort einen Meierhof und ein eigenes Amt. Dieser Hof dürfte mit dem Haus unterhalb des ehem. Platzes an der Straße nach Münichreith zu identifizieren sein.

THAIA: Während der Ortsteil urkl. bereits um 1120 nachzuweisen ist (Plesser, Pöggstall 299), erscheint der ehem. *Freihof* Thaia erst 1398, als sich Arnold der Fritzelsdorfer von Teicha nennt (Reil 194). Der große Bauernhof Laimbach 34, in einer Biegung des Laimbaches gelegen, geht aus diesem Edelsitz hervor. Außen läßt der mächtige 2-gesch. Wohnbau die ehem. Sitzfunktion noch erahnen, während die Innenräume bis auf die Stube, die eine Holzbalkendecke mit einer Datierung um 1600 trägt, im Laufe der Zeit umgestaltet worden sind.

OSTRONGHOF: Am n. Abhang des Peilsteines liegt auf einem flach zu Laimbach abfallenden Hang der Ostronghof, Laimbach 23. Auf dem Scheidanger 3 km nw. von Münichreith soll der Sage nach eine Burg gestanden haben (Plesser 1901, 391). Diese Burg könnte mit der am Ostrong vermuteten Warte des Otto der Schmidtbeck v. Peilstein um 1330 identisch sein, allerdings ist der Peilstein 4,5 km von Münichreith entfernt. Auffallend ist die Lage des Hofes *„Ostrong"* in der Flur *„Burgrecht"* am n. Abhang des Peilsteins. Der Wohnbau des Vierseithofes ist ein 2-gesch. Baukörper in Hanglage, wobei der Bau im N 2-gesch., im S nur 1-gesch. erscheint. Im Hof der Abgang zu einem Kellergeschoß, dessen Lichtschlitze an der n. Schmalseite sichtbar sind. Der wuchtige Bau mit einem mächtigen Krüppelwalmdach (im Giebelfeld 2 Fenster) und dem Seitenverhältnis 1:2 besitzt 3:6 Achsen. Der Haupteingang in der ö. Frontmitte führt in eine Diele, die den Bau in 2 Teile trennt, die früher voneinander isoliert standen. Der hangseitige Bauteil mit 70-80 cm starken Bruchsteinmauern war früher turmartig erhöht. Die Fenster im unteren Geschoß wurden erst nachträglich ausgebrochen.

Der Bau besaß nach der Franziszeischen Fassion i. 19. Jh. eine ganz andere Grundrißform. Wohn- und Turmbau waren voneinander getrennt stehende Bauten. Der Wohnteil im N des Hofes stand baulich in Verbindung mit dem hakenförmig angebauten Wirtschaftsgebäude. Dieser hakenförmige Komplex schloß einen ummauerten Hof ein, in dessen Mitte das rechteck. turmartige Gebäude stand und den Wohnbau gegen den Hang zu deckte.

Da eine Baualtersanalyse des Hofes bisher nicht möglich war, ist die Entstehungszeit des *Turmhofes* ungewiß. Der Turmbau kann aber zumindest i. d. 14. Jh. gesetzt werden. Für die Sitzqualität des Hofes spricht außerdem die Lage in der Flur *„Burgrecht"*. Von allen Häusern Laimbachs besitzt der Ostronghof die größte Grundparzelle, die i. 19. Jh. noch bis zur Kirche reichte. Nach dem Kataster war die Sitzqualität des Hofes jedenfalls eine größere als die von Thaia.

(Reil 194; Plesser, Pöggstall 299; Plesser 1901, 391; 1904, 26; Bi II 8, 14; GB XIII 448, 449, 435; ÖKT IV 138; FranzFass OM 333; Seebach)

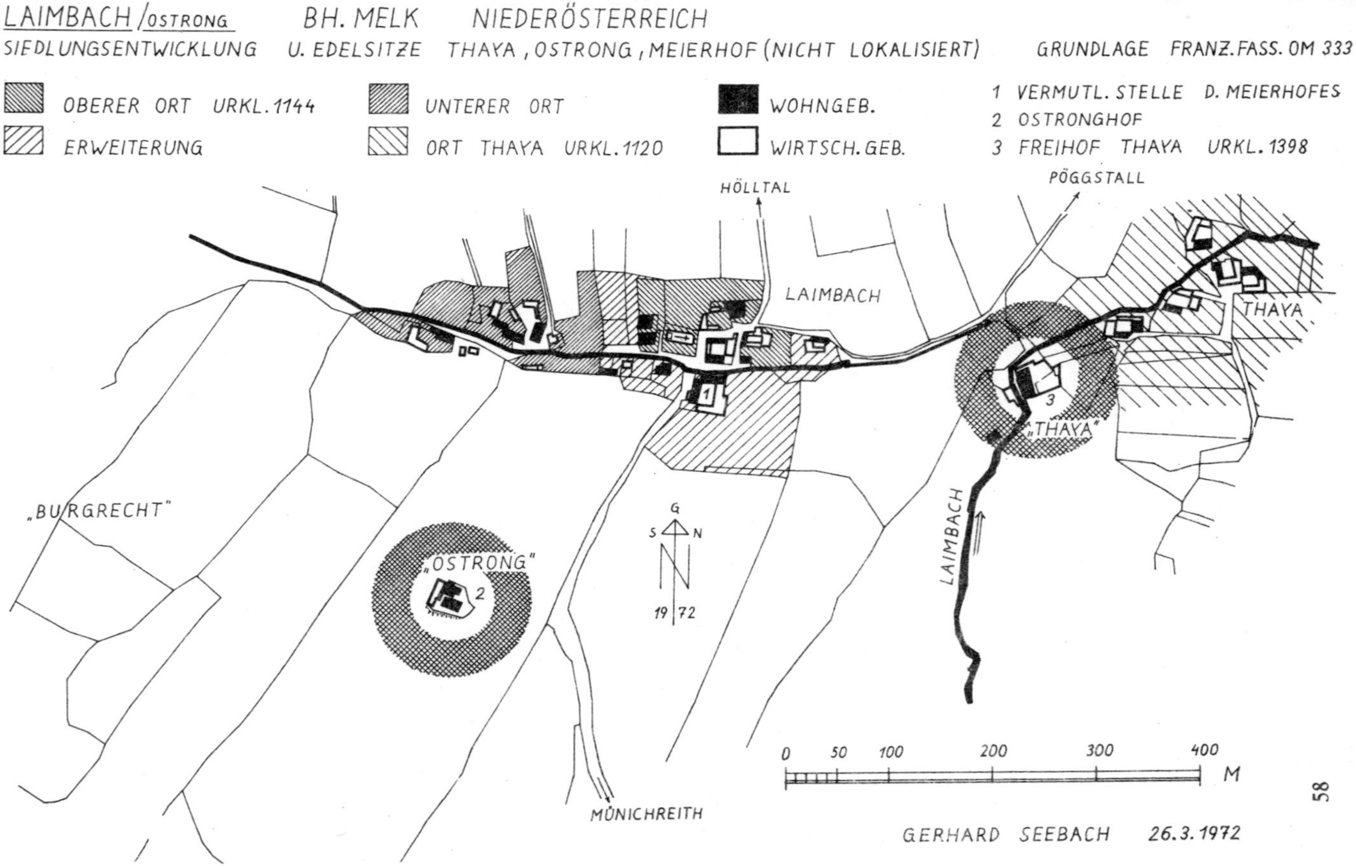

LAIMBACH / OSTRONG — BH. MELK — NIEDERÖSTERREICH

SIEDLUNGSENTWICKLUNG U. EDELSITZE THAYA, OSTRONG, MEIERHOF (NICHT LOKALISIERT)

GRUNDLAGE FRANZ. FASS. OM 333

- OBERER ORT URKL. 1144
- UNTERER ORT
- ERWEITERUNG
- ORT THAYA URKL. 1120
- WOHNGEB.
- WIRTSCH. GEB.

1 VERMUTL. STELLE D. MEIERHOFES
2 OSTRONGHOF
3 FREIHOF THAYA URKL. 1398

"BURGRECHT"

"OSTRONG"

MÜNICHREITH

HÖLLTAL

LAIMBACH

LAIMBACH

"THAYA"

PÖGGSTALL

THAYA

19/72

0 50 100 200 300 400 M

GERHARD SEEBACH 26.3.1972

L E H E N H O F (St.Oswald-Loseneggeramt/Persenbeug/Melk)

Linkerhand der Straße von Ysper nach St.Oswald liegt unterhalb der Straße der Lehenhof, Loseneggeramt 1. Die Zufahrt ist nicht ratsam, da der Fahrweg sehr steil von der Bundesstraße im spitzen Winkel hinabführt und derzeit z. T. verwachsen ist.

Dieser kleine ritterliche Sitz war i. 14. Jh. ldf. Lehen und gehörte damals der Fam. Snaynzer v. Ysper aus der im 14. u. 15. Jh. zwei Äbte des Stiftes Melk hervorgingen. (Plesser, Pöggstall 215). Nach 1395 verlieh Hzg. Albrecht IV. den Lehenhof mit Gülten dem Stephan Lehenhofer (HHStA, Kod. Blau 20, 125). Konrad Lehenhofer erhielt 1423 ziemlich ausgedehnte Besitzungen, von denen er aber einen Teil Hzg. Albrecht V. verkaufte. 1523 gehörte der Lehenhof zur Hft. Yspertal.

Das im 14. Jh. genannte Gut ist völlig in einem bar. Neubau aufgegangen. Der heutige Wohnbau ist ein 2-gesch. blockartiger Bau mit 5:3 Achsen und einem mächtigen Walmdach, in das im N das Satteldach des angrenzenden Wirtschaftsbaues hineinschleift. Der Zufahrtsweg von der Bundesstraße führt zum in der Frontmitte liegenden Tor, teilt sich dann in 2 Wege, die um den ganzen Hofkomplex herumführen. Straßenseitig (n. Schmalseite) ist der Wohnbau nur 1-gesch., da er hier z. T. in die Böschung gebaut ist. Nur ein schmaler Weg trennt ihn von der Böschung. Im S ist im rechten Winkel zur s. Schmalseite eine Tormauer angebaut, deren große Toröffnung in den rechteck. Wirtschaftshof führt. Die O-Seite des Wohnbaues ist durch den angrenzenden Wirtschaftsbau derartig verbaut, daß hier nur 2 Fensterachsen frei sind. Die Wirtschaftsgebäude sind 2-gesch. und stammen wie der Neubau des Wohngebäudes aus dem Barock. 1971 wurde der Wohnbau geschmackvoll renoviert.

(NotBl 1859, 36, 37; GB IV 311, 339; VIII 109; Plesser, Pöggstall 214)

L E I B E N (LEIDEN) (Markt/Melk)

Auf einer steil zum Weitenbach abfallenden Felskuppe liegt außerhalb des Ortes das *Schloß* (Leiben 1).

1113 schenkt Mgf. Leopold III. dem Stift Klosterneuburg Güter in *Lupan* (Meiller, BR 13). Ob damals schon ein ritterlicher Sitz dort bestand, ist wahrscheinlich, doch nicht bewiesen. In der Zeit von 1196 bis 1332 sind hier die Herren v. Leiben oder Leiden urkl. nachzuweisen, von denen 1196 *Ortolf v. Liuben* erstmals genannt wird (Wißgrill 451). Ruger v. Liben starb um 1281 und wird im Nekrolog von Melk erwähnt. Um 1338 hatten die Landesfürsten zumindest eine Hälfte der Burg in ihren Besitz gebracht. 1360 verschreibt Konrad v. Maissau sein *„rechtes Eigen"*, das halbe *„haws dacz Leidem"* seiner Frau Elsbeth v. Wallsee. 1379 wird Heinrich v. Haßlau von Hzg. Albrecht III. mit

LEYBEN

der halben Feste zu Leiben belehnt, die er zuvor als sein Eigen dem Herzog übergeben hat. 1391 nennt sich Ulrich v. Dachsberg zu Leybem. 1402 wird die Burg als Raubnest des Hans v. Fritzelsdorf (der schon 1379 wegen der Feste mit dem Haßlauer prozessierte) vom *„Geräunmeister"* Ulrich v. Dachsberg belagert, eingenommen und zerstört. Als Besitznachfolger scheint Johann v. Gilleis auf, der die Herrschaft 1451 den Herren v. Ebersdorf verkauft. Nach den Herren v. Stockhorn und v. Neudegg kauft Andreas Krabat v. Lappitz, Hauptmann in Sarmingstein, die Hft. Leiben, zu der er noch 1499 einige Güter erwarb. Unter seiner Leitung wurde das Gut zu einer echten Herrschaft ausgebaut, zu der auch das Landgericht gehörte. Kaiser Maximilian I. erhob 1513 das Dorf Leiben auf Bitten des Gutsherrn zu einem Markte und verlieh ihm ein Wappen. Auf die Krabat folgten 1542 die Volkra und vor 1567 die Herren v. Trauttmansdorff. Um 1584 umfaßte die Hft. Leiben, die 1531 mit der Hft. Weitenegg vereinigt wurde, 316 untertänige Häuser. 1617 folgten die Geyer v. Osterburg, unter welchen das Schloß Leiben die heutige Gestalt erhielt. Im Rittersaal ist noch das Allianz-Wappen des Hans Christoph Geyer (1617-1659) zu sehen. Ihnen folgten 1661 die Sinzendorf, 1738 die Fürnberg und seit 1796 K. Franz I., dessen Nachkommen Schloß und Gut bis 1918 besaßen. In diesem Jahre wurde es dem Kriegsgeschädigtenfond einverleibt, heute gehört es den Österreichischen Bundesforsten.

Die Hochburg ist ein 4-gesch. unregelmäßiger Baukomplex mit Rundtürmen, der sich im wesentlichen um 2 Höfe gruppiert. Im W ist gegen den Halsgraben zu ein kleiner Vorhof vorgelagert. Auf der gegenüberliegenden Seite des Halsgrabens im W steht ein freistehender Rechteckturm mit vorgestellter Abrundung.

Der Zugang erfolgt durch einen Torbogen mit kräftiger Putzquaderung um 1615. Die Außenmauer zeigt wie die Fronten der den Hof umgebenden Bauten Schlüssel- und Senkscharten mit Kreuzschlitzen, für Hakenbüchsen bestimmt. Der 4-gesch. Schüttkasten im N des Schlosses, mit den anderen Bauteilen in einem Verband, weist mit seiner schmalen NW-Seite, die durch eine große Zahl von Scharten wehrhaft gemacht wurde, zum Vorhof und beherrschte, schräg zur inneren Tormauer gestellt, den kleinen Hof zur Gänze. Die stattliche Einfahrt mit steingerahmten, rustizierten Torbogen mit ornamentalen Motiven, ehem. schwarz-rot bemalt, leitet in den großen 5-eck. unregelmäßigen Innenhof, der an allen Seiten (mit Ausnahme der Torseite) von 4-gesch., wenig gegliederten

LEIBEN

Fassaden (Geschoßbänderungen, einfache Putzrahmungen der Fenster) eingeschlossen wird. Die O-Seite ist durch plumpe, einfache Arkaden in den unteren Geschossen aufgelöst, in ihrer Mitte steht ein schlanker, hoher Uhrturm. Das Stiegenhaus in der NO-Ecke führt zu den ehem. Repräsentationsräumen im N, in den Palas. Die Räume des 2. Geschosses sind z. T. gewölbt, z. T. mit Flachdecken oder Kassettendecken versehen, wie Rittersaal und Kapelle. Der Rittersaal aus der Zeit um 1600 ist ein langgestreckter Saal mit glatt verputzten Wänden, hohen Fenstern in tiefen Nischen (der Raum des n. Rundturmes ist in den Saal miteinbezogen), reich geschnitzten Türstöcken aus der Spätrenss., die ähnlich denen von Greillenstein sind und mit mächtigen Supraporten hoch über den Türsturz reichen; die bemalte Holzdecke, durch profilierte Stege in Kassetten unterteilt, zeigt mythologische und biblische Darstellungen (in einigen Feldern Puttigruppen, Akanthusspiralen mit Früchten, Landschaften udgl.) und stammt a. d. M. d. 17. Jh. wie die ähnlich gestaltete Decke der anschließenden Kapelle (bis auf die bemalte Decke heute ein kahler Raum). Die 1615 erwähnte Kapelle ist nicht die urspr. der Burg. Ihre Lage kann nur durch eine Baualtersanalyse der Burg bestimmt werden.

Rechts vom Uhrturm führt über Stufen ein kleiner Durchgang in einen zweiten, kleineren Hof. Die Mauerstärken des hier angrenzenden O-Traktes sind mit bis zu 2.30 m wesentlich größer als die des späteren Palas (1.50 m). Im NO liegt angrenzend der sog. *„Hungerturm"*. In den oberen Geschossen mit Gewölben a. d. 17. Jh. besitzt er im Untergeschoß ein in den Felsen gehauenes Burgverließ, einen sehr tiefen Kellerraum, in den man durch das Angstloch gelangen kann. Die Rolle *„zum Hinunterlassen der Gefangenen"* ist noch vorhanden. Die Baudetails in diesem Burgteil zeigen z. T. hochgot. Türstöcke mit Vorhangbögen, wie überhaupt hier die ältesten Burgteile zu suchen sein dürften.

Gegen S und den Felsabfall zu sind noch einige kleine Zwingeranlagen und Türme, z. T. a. d. Spätgot. wie der s. des Halsgrabens stehende große Batterieturm, fälschlicherweise auch *„Schnabelturm"* genannt. Die Zwingeranlagen, verstärkt durch Rundtürme der Hauptburg, wurden A. d. 17. Jh. erweitert und umgebaut, wie die gleichartigen Fassadierungen von Hauptburg und Zwingermauern und die rundbogige Pforte des Zwingers, straßenseitig mit derber Putzgliederung, zeigen.

Der freistehende Batterieturm mit rechteck. Grundriß weist mit seiner abgerundeten W-Seite gegen die Angriffsseite, eine erhöht liegende freie Fläche im W. Ein tiefer Graben, der w. des Turmes bereits verschüttet ist, schützte ihn vor direktem Zutritt. Der

4-gesch. Bruchsteinbau hat im 2. Geschoß seinen Zugang und weist im obersten Geschoß (Wehrplatte) einen dichten Kranz von Schießscharten für Hakenbüchsen auf. Die später ausgebrochenen Maueröffnungen (z. T. Kanonenscharten) wurden im 17. Jh. mit Putzrahmungen versehen. Der Turm, mit einem gedrungenen Walmdach gedeckt, wurde i. d. 2. H. d. 15. Jh. errichtet und A. d. 17. Jh. in einigen Details verändert.

Da eine Baualtersanalyse des Schlosses bisher noch nicht durchgeführt worden ist, kann eine Typenbestimmung nur durch die allgemein gültigen Kriterien und den offen sichtbaren Baudetails vorgenommen werden. Die urkl. Nennungen 1196 und 1237 dürften sich mit Sicherheit auf diesen Bau beziehen (kein Vorgängerbau), da Bauteile d. 1. H. d. 14. Jh. (siehe Tür- und Fensterrahmungen) im O-Teil der Anlage sichtbar sind. Die Zerstörungen 1402 und 1473 lassen den Schluß zu, daß in diesem Zeitraum die Anlage z. T. wiederaufgebaut und auch verstärkt worden ist (Batterieturm). Gesicherte Baudaten sind um 1580 (zusammen mit Weitenegg), 1617 durch die Geyer v. Osterburg (die Burg erhielt damals ihr heutiges Aussehen und die Fassadierung) und schließlich um 1650 (Kassettendecken, Innenräume) gegeben. Die baulichen Beziehungen zu Weitenegg, Mollenburg und Pöggstall sollen hier nicht weiter untersucht werden.

Die älteste Anlage bestand wahrscheinlich aus einem Festen Haus mit Bering und Kapelle. Die jetzige (profanierte) Kapelle ist nicht identisch mit der urspr., ihre ehem. Lage ist am O-Abfall zum Weitenbach zu suchen, wie überhaupt die alte Anlage wahrscheinlich den ö. und n. Teil des heutigen Komplexes einnahm. Das Datum 1196 gibt nur Aussage über den Bestand einer Anlage, die Erbauung erfolgte schon i. d. 1. H. d. 12. Jh., vermutlich um 1125/30, da die Anlage bereits von der Siedlung entfernt, aber noch in alten Bauformen (Festes Haus, Fehlen eines Bergfrieds) errichtet worden ist. Ihre urspr. Funktion war eine wegsichernde (Weitental) und eine verwaltungsmäßige als kleinräumiger Verwaltungssitz.

Daß die Gotik bis zum E. d. 15. Jh. laufend Umbauten und Erweiterungen brachte, ist schon an den verschiedenen Detailformen wie Fenster- und Türstöcken zu erkennen. Den Abschluß der spätgot. Bauperiode gegen E. d. 15. Jh. bildete der Batterieturm, der in den Schartenformen auf das Rondell von Pöggstall weist, aber früher entstanden sein dürfte. Insgesamt sind 4 got. Bauperioden (13., 14., 2 mal 15. Jh.) feststellbar.

Der große Umbau vom 3. V. d. 16. Jh. bis zum E. d. 1. V. d. 17. Jh. gab dem Schloß sein heutiges Aussehen. Die ehem. Wirtschaftsbauten im Schloßbereich (Schüttkasten) wurden bau- und fassadenmäßig mit den Wohnbauten zu einer großen Einheit zusammengeschlossen und durch gleichartige Fassadierungen auch optisch vereinigt. Großartig ist dabei die Anlage des 5-eck. Haupthofes, der durch die Arkaden und den Uhrturm gegenüber der Hofeinfahrt seine optische Mittelachse erhielt und eine gewisse Auflockerung erfuhr. Die alten Burgteile im O wurden nur z. T. in die Gesamtlösung miteinbezogen, da sie durch die Gebäude des Haupthofes ohnehin verdeckt waren. Daß das Schloß nicht nur wohnlich ausgebaut wurde zeigen die vielen Schießscharten und die Rundtürme an den Ecken, sowie die starken Zwingeranlagen. Aus der ehem. ma. Burg war ein wehrhaftes Schloß geworden, der ehem. Verwaltungssitz hatte einem repräsentativen Burgschloß Platz gemacht. Heute steht das Schloß unter Verwaltung der Österreichischen Bundesforste und ist in einigermaßen gutem Zustand.

(Köpp II 82; Reil 238; TopNÖ V 726; GB IX 104; 169; XI 415; XII 622; XIII 191; ÖKT IV 64; Bi II 11; Plesser, Pöggstall 215; Dehio 183; Recl 228; Eppel Wv 151; Eppel, Wachau 131)

L I N Z G R U B (LINSGRUB) (Nöchling-Freigericht/Persenbeug/Melk)

Cirka 1 km s. von Mitterndorf liegt am s. Abhang eines Hügels (Burghof) auf einer kleinen Terrasse der Hof Linzgrub, Freigericht 1.

1429 gehörte dieser Hof dem Georg Frey als Lehen der Hft. Mollenburg (SchloßArch. Rosenburg), gelangte aber vor 1592 zum Schloß Rorregg, das Sitz der Herrschaft Yspertal wurde. 1532 wurde Linzgrub als Sitz des Freigerichtes Hirschenau mit 7 Einzelhöfen (siehe Einleitung) genannt.

Der steile Fahrweg führt direkt zur offenen (Hof-) Seite des Dreiseithofes, dessen Wohnbau im N mit der Längsseite in den Hang gebaut ist, so daß der Bau hangseitig nur 1-gesch., hofseitig 2-gesch. erscheint. Der 2-gesch. Bruchsteinbau mit Krüppelwalmdach ist ein Bau a. d. 1. H. d. 15. Jh. (ehem. Datierung am Rüstbaum der Stubendecke „1448") mit dem Seitenverhältnis 1:1.5. Er zeigt eine typische unterteilte und versetzte Raumeinteilung der spätgot. Höfe, ist von O nach W gerichtet und besitzt einen hochgelegenen Eingang, der über eine Steintreppe vom Hof aus zu erreichen ist.

Äußerlich lassen nur einige Bauteile auf eine ehem. Wehrhaftigkeit schließen. Der Bruchsteinbau ohne besondere Eckverzahnung wurde im Laufe der Zeit mehrmals umgebaut, wie verschiedene Baufugen und Verschneidungen zeigen. Rechts neben dem Eingang springt die Mauer, die in verschiedenen Höhen noch die Pfostenlöcher des ehem. Baugerüstes besitzt, um 50 cm vor. Nach der inneren Raumeinteilung liegt im vorspringenden Bauteil die Stube, ein quadr. Raum mit ca. 80 cm Mauerstärke. Das 2. Geschoß des Baues ist nur mehr zur Hälfte aus der Gotik erhalten und wurde in jüngerer Zeit aus Ziegeln erhöht. In Verbindung mit dem vorgeschobenen Bauteil läßt der hochgelegene rundbogige Eingang auf eine ehem. Wehrhaftigkeit schließen, ebenso ein vermauertes Schlitzfenster neben dem Eingang.

Die Diele ist in ihrer Form ziemlich urspr. erhalten. Links der gewölbte Stiegenabgang in den gewölbten Keller, darüber die Blocktreppe in das Obergeschoß. Die linke Seitenmauer der Diele schneidet den ganzen Bau der Breite nach durch und schneidet so den Wirtschaftsteil im W (gegen den Weg zu) - im S ein länglicher Speicherraum mit später ausgebrochenen Fenstern in der Giebelfront, hangseitig im N ein Kellerraum - deutlich vom Wohnteil im O, bestehend im Erdgeschoß aus Diele, Küche, Stube, einer kleinen Kammer in der NO-Ecke und einer kleinen Kammer w. der Küche. Bezeichnend für die späte Erbauung des Hofes ist die durchgehende Längsmauer, die die Räume von W nach O folgendermaßen unterteilt: im S Lagerraum, Diele, Stube; im N Keller, Kammer Küche, Kammer. Rechts von der Diele aus ist die Stube zu erreichen. Sie ist ein quadrat. Raum mit einer Holzdecke, die von einem got. Rüstbaum (Jz. verputzt), der auf Mauerkonsolen aufliegt, unterstützt wird. Die N-Seite war früher offen zur Küche hin in einem weiten Bogen, der Kamin steht an der NW-Ecke und stammt aus jüngerer Zeit. Neben dem nun bis auf eine Tür vermauerten Bogen der Eingang in die kleine Kammer in der NO-Ecke. Die 2.30 m hohe Stube besitzt gegen den Hof im S zu 2, im O eine Fensterachse. Die früher zur Stube offene ehem. Schwarze Küche besitzt 2 neue sog. Stallgewölbe und ist auch von der Diele aus zu erreichen (versetzte Raumeinteilung). Die urspr. Wasserstelle befand sich in der Diele im Nordosten, wo noch heute der erhöhte Platz im Boden aus Steinplatten und eine Nische zu sehen sind.

Der Hof war, als *späterer Hauptsitz des Freigerichtes Hirschenau*, vermutlich leicht befestigt. Über der Stube stand ein kleiner (3-gesch.?) Turmbau, aus der Mauerflucht zur Bedeckung des Tores leicht vorgeschoben. Hangseitig besaß der Bau (wie Kienhof, Prinzelndorf) keinerlei Maueröffnungen. Eine zusätzliche Bedeckung des Hofes von der Überhöhung im N her war wahrscheinlich vom Burghof gegeben, dessen Altbau aber 1971 abgerissen und durch einen Neubau ersetzt worden ist. Die Sitzqualität war eine geringe. Die Befestigung dürfte nur in Hinsicht auf die Bedeutung als *„Haupthof"* des genannten Freigerichtes zurückzuführen sein.

(GB IX 162, 165; Plesser, Pöggstall 218)

MARBACH AN DER DONAU (Markt/Persenbeug/Melk)

Marbach liegt, wie schon der Name des Ortes „*Mar* (= Grenz) - *bach*" bedeutet, an der Grenze zweier alter hochma. Hoheitsgebiete, nämlich der Grafen v. Sempt-Ebersberg und der Grafen v. Peilstein-Tengling. Dementsprechend finden wir hier schon früh Wehrhöfe, Feste Häuser, und einen Wirtschaftshof des Stiftes Melk. Die Herren v. Streitwiesen zogen den kleinen, aber bedeutenden Markt zu ihrer Hft. Weißenberg, die längere Zeit mit der Hft. Mollenburg vereinigt war. Kaiser Rudolf II. bewilligte 1578 ein Marktwappen, welches einen runden Turm über Vormauer und Quelle und zwischen zwei Sternen zeigt. Das Wappen weist auf den wehrhaften Charakter des Marktes hin, dem Samson Prätzl, der auch das neue Herrenhaus erbaute, einen Turm als Rathaus gab.

Die *Altsiedlung mit dem Burgstall Friesenegg (Steinbach)* lag auf einer Anhöhe n. von Marbach. Siehe Steinbach.

Der 1269 genannte *Melker Wirtschaftshof* konnte wie der Richtersitz bisher noch nicht genau lokalisiert werden.

Herrenhaus (Marbach 13): Direkt an der Donaulände liegt das 1575 erbaute Schlößchen, daß unter Samson Prätzl (Hochhaus der Mollenburg) durch Umbau aus einem Bürgerhaus hervorgegangen ist. Der 2-gesch. gedrungene Bau mit 3 Fensterachsen ist mit einem mächtigen Walmdach, holzschindelgedeckt mit bar. Gauben. An den donauseitigen Ecken stehen 3-gesch. vorspringende Rundtürme, deren 3. Geschosse vor der in jüngster Zeit erfolgten Renovierung auf den unteren, im Grundriß runden Geschossen oktogonal aufgesetzt waren. Der Dachsims des Schloßgebäudes zog sich als äußere sichtbare Geschoßtrennung zwischen runden und oktogonalen Turmteilen um die Türme herum. Heute präsentieren sich die Türme als 3-gesch. Rundtürme, die mit Kegeldächern gedeckt sind. Den einzigen Fassadendekor des geschmackvoll restaurierten Schlosses bilden große gemalte Wappen und Bänder und eine von fliegenden Putti getragene Inschrift. Ebenerdig spätbar. schmiedeeiserne Fensterkörbe mit Maschengitter. Im Inneren tonnen- und kreuzgratgewölbte Räume aus Spätrenss. und Barock.

Rathaus (Marbach 28): Ob das Rathaus vor 1575 ein befestigter Sitz war, konnte bisher noch nicht ermittelt werden. Samson Prätzl gab den Bürgern einen Turm als Rathaus. Die älteste bisher festgestellte Bausubstanz stammt a. d. 2. H. d. 16. Jh., die Fassade wurde i. 19. und 20. Jh. stark verändert. Das Stiegenhaus besitzt ein breites Tonnengewölbe, leicht stuckiert a. d. A. d. 17. Jh.

Ehem. Mühle (Marbach 47): An der Mühle jenseits des Steinbaches fallen 2 Erker auf, von denen einer übereckgestellt ist. Das 3. Geschoß des Gebäudes ist neu aufgestockt, der Flacherker ist aus jüngerer Zeit. Im Inneren des völlig glatt verputzten Hauses 2 gewölbte Räume a. d. 2. H. d. 16. Jh. Der schräge Eckerker besitzt an den Konsolen 2 Wappenschilde „1565" mit Steinmetzzeichen und einer Figur.

(Reil 257; Keiblinger, Melk I 313, Nachtr. 5; TopNÖ VI 93; GB IX 178; ÖKT IV 82; Plesser, Pöggstall 223; Eppel, Wachau 134; Merian 30; Vi IV 218/69; Büttner, Donau 87; HiSt 402)

MOLLENBURG (Weiten-Mollenburg/Melk)

Die *Ruine* liegt auf einem 40 m hohen Bergrücken, der nach 3 Seiten - im N zum Weitenbach, im S zum Mollendorferbach und im O zum Jägerbach - steil abfällt. Cirka

MOLLENBURG

800 m vom Ortsende von Weiten zweigt von der nach Pöggstall führenden Bundesstraße eine schmale asphaltierte Straße nach Mollendorf ab. Vor dem 1.Tor der Ruine, Mollendorf 1, macht die Straße eine Kehre um 180° und führt weiter nach Mollendorf. Die Anfänge der Mollenburg im Hochma. sind bescheiden zu nennen, war sie doch urspr. nur Sitz eines der zahlreichen Lehensritter der *„Grafschaft"* Weitenegg, eines alten Hoheitsbereiches der Grafen v. Peilstein-Tengling, die vor allem s. der Donau über ausgedehnten, reichsunmittelbaren Besitz verfügten. Mitte d. 13. Jh. sind im Gebiet von Weiten die mächtigen Herren v. Werd-Capellen begütert, die sich A. d. 14. Jh. ausdrücklich v. Mollenburg nennen. 1303 wird die Burg erstmals urkl. genannt, als *Konrad der Werder v. Malemberch* eine Urk. siegelt (FRA II 6, 284). Vier Jahre später - 1307 - verkauft er seinen ganzen Besitz den mit ihm verschwägerten Herren *v. Streitwiesen,* (stammesverwandt mit den Herren v. Stiefern-Arnstein!) die ihre Stammburg 1 km n. v. Mollenburg, zum Mittelpunkt einer großen Herrschaft ausbauten, die sie bis 1373 besaßen. Ihnen gehörte überdies Altenmarkt, Pöbring, Artstetten, Teile von Leiben, Mollenburg, Weißenberg, Marbach an der Donau und Weiten. Ende d. 13. Jh. soll die Mollenburg, anläßlich des Adelsaufstandes gegen den Landesfürsten, zerstört worden sein, was sich auch durch die großartige Bautätigkeit unter den Streitwiesern i. 1. Dr. d. 14. Jh. indirekt beweisen läßt (Johanna v. Streitwiesen, die zuerst mit einem Pottendorfer, dann mit einem Ebersdorfer verheiratet war, dem sie 1440 die Hft. Mollenburg überbrachte). Reinprecht v. Ebersdorf erlangte 1449 von der Hft. Pöggstall die Erweiterung des Landgerichtsbezirkes auf sein ganzes untertäniges Gebiet mit Einschluß des Ostrong und des Marktes Marbach. Da er das Schloß nicht selbst bewohnte, übertrug er dem Richter und Rate zu Weiten die Aufsicht über das Schloß und die St.Veitskapelle. Der Pfarrer v. Weiten mußte überdies im Schlosse Mollenburg alle Samstage eine hl. Messe lesen. Die Ebersdorfer verkauften 1486 ihre Hft. Mollenburg an Kaspar v. Rogendorf (+1506), der 1478 Schloß und Hft. Pöggstall gekauft hatte. Kaiser Karl V. erhob 1521 die vereinigten Herrschaften Pöggstall und Mollenburg zur Reichsfreiherrschaft, befreite sie von der Lehenschaft, verlieh ihr dann Landgericht und das Recht auf Schätze und Bergwerke. 1546 wurde die Hft. Mollenburg den Rogendorfern durch den Kaiser strafweise entzogen (=von Pöggstall getrennt) und an die Geyer v. Osterburg verkauft. Vor 1558 folgte ihnen Samson Prätzl, der das öde Hochhaus außer dem Schlosse ankaufte und das Herrenhaus im Marbach a. d. D. erbauen ließ. Mit Kaspar v. Lindegg kam 1577 eine adelige Familie in den Besitz von Schloß und Hft. Mollenburg, die diesen Besitz erst 1839 an K. Ferdinand I. verkaufte. Die Hft. Mollenburg, die 1580 über 314 Untertanen gebot, war allerdings schon 1599 durch die Abtrennung der kleinen Hft. Weißenberg mit Marbach und Laimbach bedeutend verringert worden.

Das Schloß, das noch 1844 mit einem neuen Dach versehen worden war, wurde um 1860 durch den Verwalter Johann Niedermayer gewaltsam zur Ruine gemacht. Die Ruine gelangte 1920 aus kaisl. in staatlichen Besitz (Kriegsgeschädigtenfond), wurde 1945 als *„Deutsches Eigentum"* beschlagnahmt und kam 1956 in die Verwaltung der Österreichischen Bundesforste.

Die von N durch den Torturm an der Straße zugängliche Ruine erstreckt sich über 3 Höfe, von denen der letzte der Hauptburg angehört, die von der Vorburg durch einen 13 m breiten und 7 m tiefen, aus den Fels gehauenen Halsgraben getrennt wird.

HAUPTBURG: Die Außenmauern der Hauptburg bilden, abgesehen vom Zwinger, ungefähr ein Quadrat mit 31 m Seitenlänge, innerhalb dem sich die erste Burganlage erstreckte. Die vielfachen Umbauten, vor allem d. 16. u. 17. Jh. haben den ältesten Baukern z. T. bereits zerstört, so daß die Form und die Bauteile der Altburg nur durch eine eingehende Baualtersanalyse ermittelt werden können. Nach den Untersuchungen der einzelnen Bauteile soll eine Zusammenstellung das Wachstum der Anlage zeigen.

Der größte Bauteil der Burg ist der *Palas,* ein mit Keller 4-gesch. Bau, der sich an

der nö. Ringmauer von SO nach NW erstreckt. Im Kupferstich von Vischer, 1672, ist er als vorderstes Gebäude, über die ganze Länge der Hauptburg durchgehend, mit einem mächtigen Mansarddach und kleinen Pfefferbüchsen, die an der Traufenkante ansetzen, eingezeichnet. Der alte Baukörper ist jedoch der Länge nach nur mehr zu 2/3 erhalten, der sö. Teil ist durch mehrere Umbauten vollkommen verändert worden. An der O-Ecke findet sich außen eine durchgehende vertikale Baufuge zur sö. Ringmauer, die hier im Untergeschoß auf einem 3.30 m breiten Sockel steht, auf dem sich die 2.50 m starke Ringmauer aufbaut. Der Sockel war z. T. als Verkleidung der hier sichtbaren Felskuppe nötig, um für die Ringmauer eine Art Fundament bilden zu können. Durch die großen Mauerdurchbrüche der Renss. in diesem Mauerzug wurde die Mauer derartig ausgehöhlt, daß sie über dem Sockel i. d. 2. H. d. 19. Jh. einstürzte. Das Entfernen der Dächer 1860 hat noch sein übriges· dazu beigetragen. Solche Fundamentierungsschwierigkeiten und auch Zerstörungen (Da i. d. 1. H. d. 14. Jh. große Bautätigkeit herrschte, dürfte die 1296 vermutete Zerstörung der Burg in der Kuenringerfehde tatsächlich stattgefunden haben. Vor allem der Palas im SO - hier ist auch das einzige Fenster a. d. 14. Jh. erhalten - und die Bauteile an der Angriffsseite im N wurden stark verändert) bedingten die Bautätigkeit i. 14. Jh. Auffallend ist an der O-Ecke ein turmförmiger Einbau, der sich durch vertikale Baufugen scharf von den spätrom. Mauern des Palas abhebt und sich durch horizontale Balkenkonstruktionen in seiner Mauerstärke eine zusätzliche „*Festigung*" schuf. Sein urspr. Niveau ist nicht mehr eruierbar, da hier die Außenmauer gegen SO vollkommen eingestürzt ist und den Raum z. T. aufgefüllt hat. Das jetzige Niveau liegt ungefähr auf der Höhe des 2. Palasgeschosses. Ein Untergeschoß kann mit Sicherheit angenommen werden. Eine Mauer d. 14. Jh. scheidet hier den alten Palasteil von den Umbauten d. 14. Jh. Daß hier ein direkter Zugang zum Altteil war, ist nicht wahrscheinlich, da gleich außerhalb im Zuge der Hofmauer des SO-Traktes der höhengleiche Zugang zum 2. Palasgeschoß erhalten ist. Nach NO besaß der got. Einbau 1, nach SO 2 Fensterachsen.

Im NW ist der rom. Palas noch ziemlich urspr. erhalten. Das unterste (Keller-) Geschoß liegt tiefer als der Innenhof und hat, durch eine geschwungene Zwischenmauer mit einem kleinen Fensterchen getrennt, 2 Räume, die vom Hof aus über Stufen durch 2 getrennte Türen, davon eine mit Kleeblattbogen, zu erreichen sind. Der Palas ist ein Bau mit dem Seitenverhältnis 1:2.5 (11.25 x 28.30 m, davon 20.60 m urspr. erhalten) mit 3 urspr. Geschossen (mit Keller). Der Altbau ist vom Keller aus 12 m hoch, die gesamte Außenhöhe vom Zwinger aus beträgt 17 m. Die Außenmauer ist im untersten Geschoß im NO 2.30 m stark und springt über dem 3. Geschoß stark zurück. Hier wurde um 1500 der Palas um 1 Wehrgeschoß erhöht. Die zahlreichen Scharten für Hakenbüchsen sind noch erhalten. Die Fensterrahmungen sind gegen NO alle spätgot. erhalten, Rechteckfenster mit spätgot. Steinkreuzen und Sitzbänken in den Nischen. Das einzige Fenster a. d. 14. Jh. liegt neben dem Abtritt in der Mauerstärke in der NO-Mauer im 2. Geschoß. In der NW-Mauer führt vom 2. Geschoß aus eine Stiege in der Mauerstärke in das 3. Palasgeschoß und in den ehem. Erkerraum über der Toreinfahrt. Ein konisches Lichtfenster ist in diesem Mauerzug die einzige Öffnung. Das Hauptgeschoß des Palas war das 2. Geschoß mit dem ehem. Rittersaal, das höher als der Innenhof liegt. Deshalb war hofseitig eine Galerie auf Konsolen und Pfeilern vorgebaut, auf die man über eine Stiege entlang des SO-Traktes gelangte und die den Zutritt zu den i. 17. Jh. stuckierten Räumen des 2. Palasgeschosses vermittelte. Die Galerie setzte sich über die Hofeinfahrt fort zum Söller, der auf 2 wuchtigen Pfeilern mit schön gearbeiteten Konsolsteinen am Bergfried entlang zum Treppenturm führte. Der Palas besaß durchwegs Düppelbaumdecken und war innen wie außen prachtvoll ausgestaltet. Außen wird unter der obersten Putzschichte eine Steinquaderung sichtbar (ähnlich Neulengbach, Niederleis), die sich über den ganzen Bau zog. Die Fensterrahmungen und die Putzrahmen der Schießscharten des 4. Geschosses erhielten eine dunkelblaue Scheingraffitierung, die Gebäudekanten hatten rot-schwarz gemalte Eckquaderungen. Hofseitig lief in der Deckenhöhe des 2. Geschosses ein dunkelblauer Stuckfries, der nur mehr spärlich erhalten ist. Die Hofeinfahrt war sö. des NW-Traktes über der Torhalle gleich hoch wie der Palas bar. eingewölbt, die Kämpferansätze aus Ziegeln sind noch sichtbar.

Der *Bergfried* wird von außen durch die Schildmauer fast zur Gänze verdeckt, nur hofseitig ist er als nun gleich hoher Gebäudeteil wie der NW-Trakt erkennbar. Er ist im Grundriß 5-eck. mit quadr. Innenräumen und richtet seine Schneide gegen den 2. Hof der Vorburg. Seine jetzige Höhe beträgt zum Hofniveau 14 m. Nach Kreutzbruck betrug die Mauerhöhe urpsr. 18 m, d. h. auf dem jetzigen erhaltenen obersten Geschoß befand sich eine Wehrplatte mit Zinnenkranz, auf dem ein (nach Vischer) äußerst steiles Walmdach saß. Der Zugang in sein unterstes Geschoß neben der Toreinfahrt ist heute vermauert, die unteren beiden Geschosse verschüttet. Nur das oberste Geschoß ist noch zugänglich (Nach dem Wehrgang hinter der Schildmauer muß man im W an den Mauerresten neben dem Bergfried hinaufklettern) - ein quadr. Raum, der urspr. vom Treppenturm im Hof durch eine rechteck. Pforte erreichbar war und nur 2 kleine konische Lichtschlitze besaß. Die Außenmaße ohne Schneide betragen 7.90 x 8.30 m. Er stand urspr. mit der Schneide frei, nur im NO war die Tormauer angebaut. Der untere Wehrgang ist heute nicht mehr zugänglich. Die um den Bergfried führende Schildmauer ist die Verlängerung des NW-Traktes (Tortrakt) und geht nur im unteren Teil i. d. 14. Jh. zurück. Die oberen Geschosse mit den engen Wehrgängen stammen a. d. E. d. 15. u. A. d. 16. Jh. Dicht unter dem Zinnenkranz der Schildmauer sind noch die Pfostenlöcher des zum Bergfried hin abfallenden Pultdaches zu sehen. Die Mauer ist im allgemeinen schlecht fundamentiert und mußte im Laufe der Zeit (Flickstellen aus Ziegeln und Bruchsteinmauerwerk) mehrmals ausgebessert werden.

Nicht zur Gänze aufschlüsselbar ist der *NW-Trakt mit der Toreinfahrt.* Das rundbogige *Einfahrtstor* steht an Stelle des rom. Tores. In der *Torhalle* sind die einzelnen Baufugen deutlich sichtbar. Die *äußere Tormauer* hat eine Stärke von 2.85 m, in der die 2.11 m tiefe Tornische liegt. Das Tor selbst weist heute keinerlei Verteidigungseinrichtungen auf. Die Torhalle besitzt ein hohes flaches Gußgewölbe aus der Got. und wird hofseitig von einer 1.60 m starken Bruchsteinmauer, die zwischen Palas (setzt an dessen W-Ecke an) und Bergfried eingespannt ist, abgeschlossen. Im 2. Geschoß ist diese Mauer 1.45 m stark, während die äußere Tormauer im 2. Geschoß nur mehr eine Stärke von 1 m aufweist. Aus der Torhalle führt nach NO ein Stiegenabgang in den Zwinger. Der Wächterraum in diesem Eck ist heute vermauert und könnte wichtige Hinweise auf den ehem. Torbau geben. Die äußere Tormauer gehört im Erdgeschoß der Rom. an, im Obergeschoß der Spätgotik, während die innere Tormauer zur Gänze aus dem 14. Jh. stammt. Der nö. Abschluß sowie der Verlauf zum Bergfried hin ist bei der äußeren Tormauer nicht bestimmbar. Fest steht, daß das Tor dem Palas vorgelagert war und erst i. 14. Jh. eine innere Tormauer hinzukam. Das Obergeschoß über der Torhalle ist z. T. zerstört. An der N-Ecke setzte im 2. Geschoß ein rechteck. hoher Erker an, der auf mächtigen Konsolen vorkragte und nun zur Hälfte abgerutscht ist. Er war gleich hoch wie der Palas und durch gemalte Eckquaderung und Fensterrahmungen reizvoll dekoriert.

Von der *St. Veit-Kapelle* (nach Halmer St.Georgs-Patrozinium), die i. 15. Jh. genannt wird, ist nicht mehr viel erhalten. Die Reste liegen an der S-Ecke der Hauptburg hinter dem got. Rauchküchenbau. Bemerkenswert ist, daß die Kapelle nicht geostet war, ihr Chorabschluß lag im SO! Im Sockel der SO-Ringmauer ist eine vermauerte Tür zu sehen, die früher vielleicht in ein Untergeschoß der Kapelle führte (Doppelkapelle ?). Die rechteck. Bauform ohne Apsis datiert die Kapelle jedenfalls i. d. 2. H. d. 13. Jh., die (siehe Sockelbreite des Kapellenfundamentes und vertikale Baufuge zur Ringmauer) etwas später als die anderen Bauteile der rom. Hauptburg errichtet worden sein dürfte. In der Kapelle mußte der Pfarrer von Weiten alle Samstag eine Messe lesen und am Georgs- und Veitstag Prozessionen abhalten. Die Einrichtungsgegenstände der Kapelle wurden i. d. 2. H. d. 19. Jh. in das Museum der Stadt Krems und in verschiedene Kirchen des Waldviertels übertragen (z. B. die Orgel in die Kapelle am Bärnkopf). 1840 werden die bemalten Glasfenster der Kapelle verkauft.

Der am besten erhaltene Bauteil der Hauptburg ist die *spätgot. Rauchküche,* die urspr. frei an der sö. Ringmauer stand und vor dem Eingang einen Vorraum hatte. Auf einem niedrigen quadr. Unterbau sitzt ein gewaltiger 8 m hoher pyramidenförmiger Rauchfang, der oben in ein Achteck übergeht. Hinter der Küche hochgezogen die Ringmauer mit einem Wehrgang. Die an die Rauchküche anschließenden kleinen Räume des SO-Traktes sind fast gänzlich zerstört und überwuchert.

Der *SW-Trakt* ist bis auf die Außenmauer, die im obersten Geschoß 2 spätrom. Fensterchen aufweist, nur mehr als höhergelegene Terrasse im Hof zu erkennen. Der spätgot., an den Bergfried angebaute *Treppenturm* schnitt z. T. in die Hofmauer des Traktes. Der Turm war früher außen mit einer Scheinquaderung verziert. Sein Eingang ist ein reich

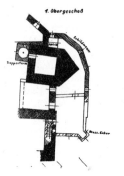

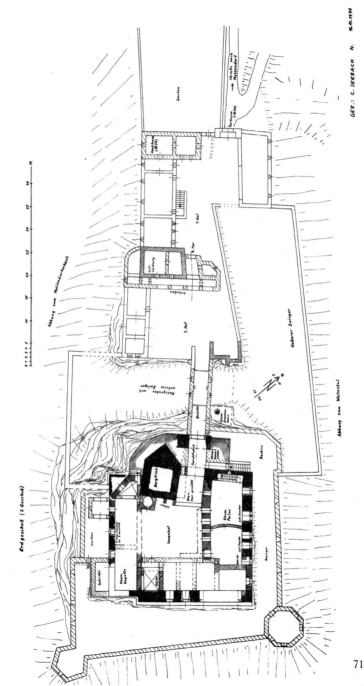

verstäbtes sptgot. Portal mit Vorhangbogen. Im SW ist der Ringmauer ein kleiner Garten und ein rechteck. Turm, niedriger als die Ringmauer vorgelagert. Der Turm bildete im Untergeschoß eine frühe Form der Sala terrena, einen zum Garten offenen, gewölbten Raum, der mit rot-gelben Fresken ausgestattet war. Nördlich des Turmes liegt eine kleine Terrasse, die früher in den Bering miteinbezogen war und nach dem Wiederaufbau der Ringmauer (Zerstörung oder Abrutschen) außerhalb der Anlage blieb.

Die Renss. brachte durch das verstärkte Auftreten von schweren Feuerwaffen eine Vergrößerung und Verstärkung der Anlage mit sich. Um die 3 von der Vorburg abgewandten Seiten der Hauptburg wurde eine *Zwingeranlage* mit 2 Türmen gelegt, der Halsgraben zur Vorburg hin durch einen unteren Zwinger und eine Brückenbefestigung gesichert. Die Brücke überspannt in einem weiten Bogen den 13 m breiten Halsgraben und besitzt an beiden Grabenrändern eine vorgeschobene Rampe, in der Mitte eine 8 m lange Öffnung, die in Friedenszeiten durch Bohlen abgedeckt war (Auflage an 2 Mauerabsätzen) und bei Gefahr abgedeckt wurde, so daß der Zutritt zur Hauptburg nicht möglich war. Die Brückeneinfassung besteht beiderseits aus 4.50 m hohen Zinnenmauern, die durch Schießscharten ein Flankieren der Schildmauer und das Bestreichen des Halsgrabens (unterer Zwinger) ermöglichten. Links neben dem Haupttor ist in der Brückenmauer eine vermauerte Tür sichtbar, durch die man früher in die *Brunnenstube* gelangte, einem an die Brücke und die n. Bastion angebauten turmartigen Gebäude, das im Halsgraben auf einem 1 m hohen gemauerten Sockel stand. Der tiefe, aus Bruchsteinen gemauerte Brunnen ist heute trocken, die Brunnenstube ist bis auf wenige Reste verschwunden. Ihr Ansatz ist an der Außenseite der Brückenmauer zu sehen. Der Zugang zum *Zwinger der Hauptburg* erfolgte von der Torhalle aus. Über eine steile Steintreppe gelangt man auf eine *Bastion,* die die N-Ecke und den n. Bereich des Halsgrabens verteidigen konnte. Das Niveau des Zwingers ist durch Kulturschutt bereits stark erhöht, wie die konischen Schießscharten der Zwingermauer zeigen. In der O-Ecke des *Zwingers steht ein mächtiger oktogonaler Turm,* der mit seinen Futtermauern weit den Hang hinabreicht. Er ist 3-gesch. und wurde i. 17. Jh. wohnlich ausgebaut, wie ein außen angemauerten Kamin zeigt. Seinen oberen Abschluß bildet ein Spitzbogenfries über dem Gesimse aus Ziegeln. Bei Vischer besitzt der Turm ein steiles Kegeldach, wie auch der Turm als Rundturm gezeichnet wird. An der S-Ecke steht, nur 1-gesch. erhalten, ein 6-eck. innen offener *Schalenturm,* der eine Scharte besitzt. Nach Vischer war dieser Turm wesentlich höher und eingedeckt, was aber wenig wahrscheinlich erscheint.

VORBURG: Die ältesten Teile der Vorburg stammen a. d. E. d. 15. Jh. Neben der Brücke im O stehen die Reste eines kleinen turmartigen spätgot. Gebäudes, gegen den Halsgraben zu durch einen mittleren Strebepfeiler abgestützt. Die Grabenfront bewegt sich in 2 Ebenen. Beide Frontteile sind über Rundbögen aufgebaut, die auf dem Felsen aufsitzen. Der ö. Teil besitzt die Form eines Flacherkers mit einem spätgot. Rechteckfenster in der Mitte. Dieser Bauteil scheint bei Vischer als 3-gesch. Turm mit Flacherker gegen den Halsgraben auf, gedeckt mit einem Krüppelwalmdach. An Stelle der unteren Zwingermauer zeigt Vischer einen Palisadenzaun, obwohl die Mauer a. d. Zeit um 1800 stammt. Der zweite got. Teil der Vorburg besitzt rechteck. Grundriß und steckt im sw. Teil des Quertraktes mit dem 2. Tor, ist 2-gesch. erhalten und äußerlich nur vom 1. Hof aus an der Mauerstaffelung neben der Durchfahrt zu erkennen. Die Verbindungsmauern zwischen den beiden got. Bauteilen sind nicht mehr genau eruierbar. In ihr lag das urspr. 1. Tor der got. Burganlage, wahrscheinlich an Stelle des heutigen 2. Tores.

Der erste Renss.-Bau der Vorburg ist das sog. *„Hochhaus",* erbaut 1558 von Samson Prätzl, ein 2-gesch. Gebäude neben dem Torturm, das i. 17. Jh. (zur Zeit der Erbauung des Torturmes) fassadiert wurde. Die nö. Schmalseite erhielt einen breiten Volutengiebel, die Fassaden Geschoß- und Eckbänderungen. Dem rechteck. got. Bau im SW wurde Richtung Hauptburg ein zierlicher 5-bogiger Arkadengang vorgelegt und gleichzeitig die

Durchfahrt des 2. Tores erbaut. Die laufenden Erweiterungen i. d. 2. H. d. 16. Jh. bis i. d. 17. Jh. brachten den 2-gesch. *Verbindungstrakt* zwischen Hochhaus und got. Vorburg, die *äußeren Zwingeranlagen* und den *Torturm* mit dem jetzigen 1. Tor. Der 2-gesch. Turm mit einem Walmdach aus Holzschindeln zeigt traditionsgebundene Merkmale eines wehrhaften Torbaues mit Kettenrollen einer *Zugbrückenanlage* (die nie existiert hat) und einen *Gußerker über dem Tor,* auf Holzbalken vorkragend. Über dem Erker ein hölzerner Aufbau für eine Uhr mit gemaltem Zifferblatt. An der Innenseite des Turmes eine steile Holztreppe ins Obergeschoß. Der Vorburg im NW vorgelagert ist ein langer, *ummauerter Garten,* dessen Außenmauer noch Nischen für Plastiken und Vasen zeigt.

Die Erbauung der Mollenburg hängt mit der rom. Erweiterung von Streitwiesen und der Bautätigkeit auf Weitenegg i. d. 1. H. d. 13. Jh. auf das Engste zusammen. Auffällig ist der Vergleich mit Streitwiesen, wo eine Turmburg a. d. 1. H. d. 12. Jh. in der genannten Zeit durch einen quadr. Bering und einen Palasbau erweitert wurde. Der Bering hatte ein Ausmaß von ca. 24 x 24 m (Mollenburg 31 x 31 m), wobei er so angelegt wurde, daß der Wohnturm als Bergfried neben der Toranlage fungierte und eine Ecke als Schneide gegen die Angriffsseite richtete. Die Mollenburg wurde nach den gleichen Anforderungen neu gebaut: Später hochgelegener Beringtyp mit Bergfried, Palas und Kapelle; Bergfried 5-eck. neben dem Tor mit Schneide gegen die Angriffsseite; quadr. Bering, Palas mit Seitenverhältnis 1: 2.5. Da um 1220/25 auf Weitenegg und Streitwiesen mächtige Geschlechter saßen, dürfte in diese Zeit auch die Errichtung der Mollenburg als direkter Nachfolgebau zur Burg-Kirchenanlage in Weiten erfolgt sein. Die Nennung eines Amthofes in Weiten wird auf den alten Burgbau neben der Kirche (heutiger Pfarrhof) zu beziehen sein, der i. 15. Jh. erweitert wurde. Die Abhängigkeit von Streitwiesen weist auf eine Vasallenburg, die als Wehr- und Verwaltungsbau nach den neuesten Erkenntnissen der Waffentechnik (als Folge der Kreuzzüge) errichtet worden ist. Die St.Veit-Kapelle wurde erst (nach der Grundrißform zu schließen) um d. M. bis i. d. 2. H. d. 13. Jh. erbaut.

Zerstörungen und schlechte Fundamentierungen machten i. 14. Jh. eine gründliche Renovierung der Burg nötig. Der Palas wurde z. T. neu aufgebaut, die Ringmauer im W in ihrem Verlauf geändert. Zusätzliche Neubauten von Gebäuden fanden nicht statt, was die genannten Ursachen der Bautätigkeit beweist,

Erst die Spätgot. brachte ab 1486 durch die Übernahme der Burg durch die Roggendorfer bedeutende Umgestaltungen und Erweiterungen der Anlage. Nach der Zeitdifferenz zur Bautätigkeit i. 14. Jh. zu schließen, war auch schon eine Überholung der Burg nötig. Die Schildmauer wurde 2-gesch. um den Bergfried herumgeführt in Anschluß an den Torbau, der Palas wurde, an den spätgot. Fensterformen erkennbar, vollkommen überholt; die Rauchküche entstand als Ganzes neu, die Kapelle wurde vermutlich restauriert, da sie eigens genannt wurde; der Bergfried erhielt den Treppenturm angebaut, von dem ein Söller zur neu geschaffenen Galerie am Palas entlang führte. Die ersten Teile der Vorburg, 2 turmartige, voneinander getrennt stehende Bauten wurden errichtet.

Ab 1540, besonders nach 1546 durch die Geyer v. Osterburg wurde die Burg zu einem wehrhaften Renss.-Schloß umgestaltet. Die Hauptburg erhielt ihren Zwinger und den „*Gartenturm",* mit einer Frühform der Sala terrena. Zur Sicherung des Brunnens entstand die Brunnenstube und eine Bastion, die Brücke wurde in der heutigen Form als Flankierungsanlage für den Halsgraben (unterer Zwinger) errichtet. Die Schildmauer wurde auf ihre jetzige Höhe gebracht, der Palas erhielt sein wehrhaftes oberstes Geschoß, Anfangs isoliert stand das 1558 unter Samson Prätzl erbaute Hochhaus. Die Bautätigkeit dauerte bis i. d. 17. Jh. und brachte dann die Verbindung der einzelnen Bauteile der Vorburg, die Einwölbung der Toreinfahrt der Hauptburg und gab der Burg im allgemeinen das Aussehen, wie es der Stich Vischers, 1672, zeigt (nur die Vorburg und die Ecktürme des Zwingers der Hauptburg sind völlig verzeichnet). Die großartige Außenfassade mit der Scheinquaderung, den großen Fensteröffnungen und ihren Putzrahmungen in Scheinsgraffitierung, vergleichbar mit den spätrenss. und frühbar. Anlagen in anderen Landesteilen, hatte auch äußerlich die ma. Burg fast völlig in ein Schloß verwandelt. 1839 verkauften die Lindegg die Anlage an die kaisl. Familie. 1860 wurden die Dachstühle abgetragen und verkauft. Die steinernen Fensterrahmen wurden herausgerissen, der Treppenturm, SO-Trakt und die Kapelle wurden zerstört und deren Einrichtung verkauft.

(Reil 281; TopNÖ VI 811; GB III 228; IX 283; XIII 599; Winter II 1029; BlLk 1901, 308; Plesser, Kirch 308; ÖKT IV 114; Kreutzbruck; Bi II 11; Halmer NÖ-Auswahl 76; Lechner, Wv 202; Plesser, Pöggstall 233; Dehio 222; Eppel Wv 166; HiSt I 610; Seebach G, Die Mollenburg in plankritischen Betrachtungen, in: Wv 1971, 85 mit Plan; Seebach)

MÜNICHREITH AM OSTRONG (Münichreith am Ostrong/Persenbeug/Melk)

Dieser Ort hieß urspr. nach dem vorbeifließenden Bächlein Schwarza und erhielt erst um 1150 seinen Namen Münichreith (= Mönchsrodung), als die Chorherren von St.Nicola bei Passau hier den Wald rodeten. Erst 1220 spricht eine Urkunde von *„Suarzach que alio nomine Munichriut dicitur"* (MB IV 327). Daß hier schon i. 11. Jh. eine Kirche bestanden habe, wie behauptet wurde, ist unwahrscheinlich.

Vor 1122 gab Gf. Friedrich v. Peilstein seinem Bruder Bf. Heinrich v. Freising, dem Gründer der Kirche von Neukirchen, *„zwei Schwarza"*, worunter man mit ziemlicher Sicherheit das heutige Dorf Schwarza (Ober- und Unterort) bei Pöbring zu verstehen hat. Ob damals auch Güter bei dem heutigen Münichreith an Freising kamen, ist ungewiß, doch bezog noch 1310 das Domkapitel zu Freising Abgaben von Grundholden und Amtleuten von Münichreith (FRA II 36, 41, 42). Anderseits aber war auch Mgf. Leopold III. bei *„Schwarzau"* begütert. Er war es, der 1136 diesen Besitz an das Kloster St.Nicola bei Passau schenkte und persönlich die Grenzen der Schenkung bestimmte. 1144 wird auf dem Gute *„Suarzach"* die dort errichtete Kirche von Bf. Reginbert v. Passau geweiht und als selbständige Pfarre mit einem großen Zehentbezugsgebiet aus der Urpfarre Weiten ausgeschieden und an das Kloster St.Nikola gegeben (OÖUB II, 214). Dieses Kloster hatte mit seinen Zehentholden zu Münichreith in der Folge viel Ärger, da die Hft. Mollenburg die Erbvogtei über die 23 Vogtholden beanspruchte und dem klösterl. Richter 1570 *„Fiedel, Stock und Rechtsbüchel"* abnahm. Schließlich verkaufte St.Nicola seine Holden 1609 an die Hft. Weißenberg mit welcher sie die weiteren Schicksale teilten. Kaiser Franz I. besuchte 1818 als Grundherr diese Gegend und nahm im Forsthaus zu Münichreith das Mittagmahl ein.

Der 1310 vermutlich hier bestehende Amtshof (Freising? St.Nicola?) ist identisch mit dem Pfarrhof, Münichreith 1. Der 2-gesch. mächtige Barockbau fällt durch seine bar. Fassadierung (gebändertes Erdgeschoß, Faschen und schön gearbeitete Fensterkörbe im 2. Geschoß) auf. Der hakenförmige Komplex liegt w. der höhergelegenen Kirche, die ein Bau a. d. 14. Jh. ist und, ähnlich Neukirchen/Ostrong, einen mächtigen W-Turm mit Satteldach besitzt. Um 1700 brannte der Pfarrhof ab, so daß ein Neubau nötig war. Das Obergeschoß wurde zur Gänze neu aufgebaut (die einzige Bruchsteinmauer des Altbaues wurde bei einer Innenrenovierung in jüngster Zeit entfernt), während im Erdgeschoß (ehem. Priesterwohnungen), besonders im O-Trakt Bauteile des ehem. Amtshofes enthalten sind. Straßenseitig fallen beim runden Einfahrtstor in der Frontmitte die starken Untergeschoßmauern auf. Der Hauptbau des Sitzes dürfte jedoch im O-Trakt, gegenüber dem Kirchturm enthalten sein.

Die Ähnlichkeit der Anlage mit Neukirchen/Ostrong - Lage von Sitz zur Kirche; Kirchentyp und fast gleichzeitige Errichtung eines rom. Vorgängerbaues (das auf den Kirchenbau bezogene Datum 1076 dürfte trotz des alten Patroziniums St.Nikolaus

MÜNICHREITH

Hinweis auf eine Gründung der Chorherren von St.Nicola bei Passau - nicht stichhältig sein) gegen E. d. 1. H. d. 12. Jh.; Die Arealform beider Sitze mit zugleich wirtschaftl. Funktion - läßt auf eine gleichrangige Bedeutung beider Sitze um d. M. d. 12. Jh. schließen. Die Nennung 1115 zusammen mit Schwarzau als *„beide Schwarzau"* (nach dem gleichnamigen Bach) weist eher auf 2 verschiedene Besitzungen hin, als auf einen (frühen) Nachfolgerbau von Schwarzau zu einer Burg-Kirchenanlage in Münichreith. Der Ort ist eine wehrhafte Kirchsiedlung mit hochgelegener Kirche a. d. 1. H. d. 12. Jh. und steht in enger Verbindung mit Neukirchen/Ostrong. In beiden Ortschaften waren neben der Kirche kleine Sitze in Arealform (vermutlich von Freisinger Beamten, die Kleinadelige waren), die ihre Nachfolgerbauten in engem Umkreis und in Sichtverbindung zu den Ortschaften hatten. Ist bei Neukirchen/Ostrong Schloß Arndorf der zugehörige Nachfolgerbau a. d. Zeit um 1260, so hatte der Sitz zu Münichreith die hochgelegene Burg Weißenberg, am s. Abhang des gleichnamigen Berges, 1 km s. von Münichreith gelegen, bereits i. 13. Jh. zum Nachfolger.

(Reil 284; Lechner, Wv 73; JbLk 1924, 61; OÖUB II, 214; GB XI 500; XII 661 (hier eine unrichtige Datierung und Lokalisierung!); Plesser, Pöggstall 236; Klaar/BDA)

MÜRFELNDORF (Neukirchen am Ostrong-Mürfelndorf/Melk)

Bei einer scharfen Kurve der Ortsstraße erweitert sich die Straße zu einem kleinen dreiecksförmigen Platz. Hier liegt inmitten des Ortes der ehem. Sitz, heute Mürfelndorf 1.

Seifried v. Miervelndorf, ein Lehensritter der Herren v. Streitwiesen, teilte 1326 gewisse Güter mit seinem Bruder (Plesser, Pöggstall 238). Ulrich v. Arndorf gebrauchtе 1401 und 1419 ein Siegel mit der Unterschrift „*S. (ig.) Ulrich Mierveldorffer*" (StiftsArch. Melk; JbLk 1907, 197). Zum Freigericht Raxendorf gehörten 1523 in Mürfelndorf ein ödes Gut und ein Gütel. Im 16. Jh. teilten sich die Herrschaften Pöggstall und Artstetten die Land- und Dorfobrigkeit.

Der ziemlich unbedeutende Sitz zeigt seine urspr. Größe und die Entwicklung der Ortschaft herum in der Franziszeischen Katastermappe. Um 1820 bestand der Sitz aus einem länglichen Wohngebäude und 2 im Grundriß rechteck. Wirtschaftsbauten, die einen rechteck. schmalen Hof einschlossen. Die zugehörigen Hausparzellen bilden einen Kreis, in dem der Hof dezentral gegen den kleinen Dreiecksplatz des Ortes zu liegt. Die Anlage der Ortschaft erfolgte planmäßig und später als die Erbauung des Sitzes, wie der Gesamtgrundriß zeigt, und bestand um 1820 aus insgesamt 9 Gehöften, deren Parzellen sich zum ehem. Sitz hin orientieren.

Das Hauptgebäude ist ein 2-gesch. Bau mit Krüppelwalmdach, der im vorderen, straßenseitigen Teil den Wohn-, in der rückwärtigen Hälfte, getrennt durch die neue Einfahrt in der Frontmitte, den Wirtschaftsteil enthält (gesamt 2:10 Achsen; Wohnteil 2:5 Achsen mit der Einfahrt). Während die Mauern des Wirtschaftsteiles zur Gänze neu sind, besitzt der Wohnteil im Untergeschoß noch die alten Bruchsteinmauern.

Rechtwinkelig zum Wohnbau steht ein 1-gesch. niedriger Querbau (im Franz. Kataster als Wirtschaftsbau eingetragen), der, etwas vorspringend, straßenseitig noch eine Schwarze Küche mit pyramidenförmiger Esse enthält. Die Außenmauer des Traktes weist an der Schmalseite 2 kleine schartenförmige Lichtschlitze auf. Parallel zum Wohnbau befindet sich an der gegenüberliegenden Hofseite ein neues Wirtschaftsgebäude mit einem zum Hof abfallenden Pultdach und einer alten Außenmauer. Der w. Scheunenbau, der den alten Hof verkürzt, ist neu.

Die einen Kreis beschreibenden Hausparzellen sowie die fast zur Gänze erhaltene alte Außenmauer, die am Wohnbau ansetzend, einen Hof umschreibt, schließen eine ehem. vorhandene Befestigung nicht aus. Die Sitzqualität des Hofes war keine besonders große: (Leicht befestigter?) Sitz eines Kleinadeligen ohne Arealform (vermutliche Erbauung i. d. 1. H. d. 13. Jh.), da noch keine versetzte Raumeinteilung); urspr. kleiner Wirtschaftshof direkt angeschlossen.

(Reil 285; TopNÖ VI 910; GB XI 503; Plesser, Pöggstall 238; FranzFass OM 517)

NEUKIRCHEN AM OSTRONG (Neukirchen am Ostrong/Melk)

Am s. Rand des Ortes liegen Kirche (721 m Seehöhe) und ehem. Sitz (Neukirchen 2 altes Schulhaus) leicht erhöht zu den Häusern des Ortes.

Um 1100 gehörte das Gebiet um Neukirchen am Ostrong zum Hoheitsbereich der Gf. v. Peilstein-Tengling, die auch s. der Donau reichen Besitz hatten. Um 1117/19 fällt ein Tausch zwischen den Bischöfen von Passau und Heinrich v. Freising, wonach, dieser, ein Bruder des Gf. Friedrich v. Peilstein, den ganzen Zehent für die auf seinem Gute *(„predium")* errichtete Kirche *„Niwenchirchen"*, den er eingetauscht hat, dieser kurz zuvor erbauten Kirche schenkt (Bitterauf, Freis.Trad.II Nr. 1509). Der Bereich der damals geplanten Pfarre, die vorerst dem Hochstift Freising, um 1142 aber der neugegründeten Prämonstratenserabtei Neustift bei Freising unterstellt wurde, wurde 1117/19 durch die Flüsse, Kehrbach, Laimbach, Weiten, Schwarzau und den *„Griesteig"* umgrenzt Damals ist auch von den *„beiden Schwarzau" („utrumque Suarzah")* die Rede, worunter man heute Schwarzau und Oberndorf bei Pöbring zu verstehen hat. Zur Entstehung einer eigenen Pfarre kam es in der Folge jedoch nicht, da der österr. Markgraf anscheinend seine Pfarrgründung Münichreith als Pfarre für dieses Gebiet durchsetzen konnte. So blieb Neukirchen (der Beisatz „Neu" bezieht sich wohl auf die Mutterkirche Weiten), obwohl der Gründung nach älter als Münichreith (um 1117 geweiht!), Filialkirche mit eigenem Seelsorgebereich bis 1784, als sie selbständige Pfarre wurde und aus dem Pfarrbereich Münichreith ausschied.

Die 1193 urkl. als Zeugen genannten *Otto* und dessen Sohn *Konrad de Niwenchirchen* (Busley, Trad 21), sind, nach ihrer Stellung in der Zeugenreihe zu schließen, wohl Amtleute des Klosters gewesen. Die Stiftsurbare des 13. u. 14. Jh. verzeichnen in N. keinerlei Besitz mehr, wohl aber das Freisinger Domkapitel um 1310. Um 1584 haben die Herrschaften Leiben und Arndorf hier Untertanen.

Auf der höchsten Stelle des Ortes befindet sich der E. d. 12. Jh. genannte Sitz, heute ein unscheinbares 1-gesch. Gebäude in einem Abstand von 3.40 m zum W-Turm der Kirche. Der ma. Kern ist vollkommen verbaut, da das Gebäude schon früh seine urspr. Funktion verloren hatte, 1709 als Schule genannt wurde (bar. Erweiterung) und i. 19. Jh. durch einen Saalbau um 16.93 m gegen W eine Erweiterung erfuhr. Den Kern bildete ein turmartiger Bau mit 9 m Seitenlänge und durchschnittlicher Mauerstärke von

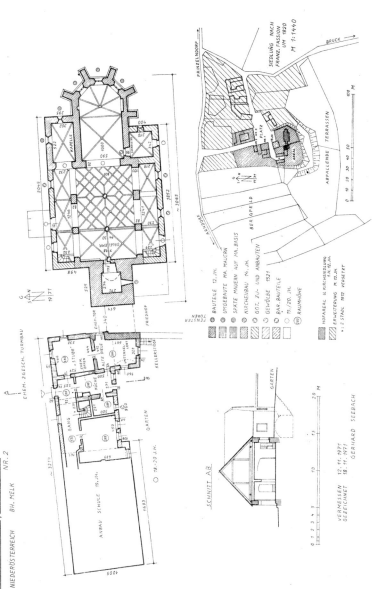

70 cm. Auffällig ist, daß der Turmbau inmitten einer fast kreisförmigen Parzelle steht, die beim Kirchenbau unterteilt worden ist. Die zugehörige urspr. Siedlung umfaßte die Häuser 1 - 4 im N, vermutlich zum Sitz gehörige Holden. Da nach 3 Seiten das Gelände terrassenförmig abfällt, war ein besonderer Schutz nur im N nötig. Hier war eine eventuell vorhandene Befestigung noch nicht feststellbar. Das Gebäude hatte noch im 19. Jh. die Hausnummer 1, heute Nr. 2.

Der stärkste Mauerzug des Sitzes mit 1.11 m ist die O-Mauer, die aus dem Turmbau nach S austritt und in die Friedhofsmauer übergeht. Es ist möglich, daß hier s. des Turmes ein zum Sitz gehöriger Bauteil bestand, was aber nicht nachzuweisen ist. Hier befindet sich auch der einzige Keller mit einem steilen Abgang vom Garten aus, tonnengewölbt auf alten Bruchsteinfundamenten, ehemals größer, in der Neuzeit durch eine Ziegelmauer abgetrennt. In der starken O-Mauer ist als einzige Maueröffnung ein Fenster mit Spalette und schwachem Parapet eingesetzt, was auf ein ehem. Tor schließen läßt. Der urspr. Eingang führte zur Diele, rechts in die 4.44 x 5.32 m große Stube, geradeaus in die ehem. Küche, die mit der Stube durch einen offenen Bogen in Verbindung stand.

Auffällig ist der geringe Abstand zur Kirche. Der um 1117/19 erstmals urkl. genannte Ort war eine kleine Siedlung, die in Zusammenhang mit Münichreith angelegt worden ist. Die Marienkirche wurde vermutlich schon um 1120 geweiht. Über das Baualter der Kirche gibt es aber im allgemeinen 5 verschiedene Versionen:

1) Diss., auszugsweise in der Vorhalle angeschlagen: Erbauung um 1117 (Kern im heutigen Mittelschiff, mit Flachdecke), Bauherr Bf. von Freising Heinrich v. Peilstein. 1262 kam der quadr. W-Turm mit ca. 6.10 m Seitenlänge, mit einem Satteldach gedeckt hinzu; gleichzeitig wurde die Kirche erhöht (zugemauerte Fenster im Kirchdachboden); 1469 wurde die Kirche um die Seitenschiffe und die Gruft der Herren v. Arndorf (1780/90 vermauert; nach der Aufdeckung 1963 mit einer Betondecke verschlossen) baulich erweitert; 1520 erhielt die Kirche ein neues Gewölbe aus gebrannten Lehmziegelrippen (Terrakotta), das heutige Netzrippengewölbe mit 2 8-eck. Mittelpfeilern; 1966 wurde die Kirche renoviert, wobei an verschiedenen Stellen Fresken freigelegt wurden, die die Datierung des Kirchenbaues erleichtern.

Chorjoch, Nordwand: 1.-Anbetung der Hl. Drei Könige. Königszug mit Joseph und Maria (zerstört), über der Gruppe ein Wolkenband mit Stern und Engel. Über dem Königszug Einzelbilder ohne kompositionellen Zusammenhang, doch zusammengehörig: 2.- Kniender Stifter in Ritterkleidung (roter Lentner), dahinter Wappen, möglicherweise der Fritzelsdorfer (rötlicher, einem Dreieck gleichender Fleck, am unteren Rand ein kleiner Ring). 3.- Hl. Katharina mit Rad und einer Schloßherrin von Arndorf (Katharina?). 4. - Christus am Kreuz zwischen Maria und Johannes. Über dem Königszug im Hintergrund Abb. von 3 ma. Königsburgen. *Chorschluß:* Fragment eines Engels. *Chorjoch, Südwand:* Christus und die 12 Apostel. Nach dem Anschlag in der Torhalle gehören die Fresken der Donauschule um 1410/20 an, wahrscheinlicher ist die Datierung von E. Lifsches-Hardt mit einer eindeutigen Festlegung um 1370 (böhm. Einfluß). In den Wölbungszwickeln um den ersten Mittelpfeiler finden sich Fresken a. d. A. d. 16. Jh. Themen: Taufe Christi und Enthauptung Johannes d. T.; ornamentale Fresken an den Arkaden der Orgelempore.

2) Dehio: Chor und äußere Seitenschiffe stammen a. d. 1. H. d. 15. Jh., das Mittelschiff mit Gewölbe a. d. 1. H. d. 16. Jh. Widersprechend dazu ist die weitere Beschreibung: *„Spgot. Tore und Maßwerkfenster, Glasgemälde E. 14. und E. 15. Jh. Sakramentsnische mit bemalter Holztür um 1500".* Eine ungenügende, vage und daher auch falsche Beschreibung.

3) Baualtersplan von A. Klaar, 1963: Er enthält im wesentlichen folgende Aussagen: Die beiden Mittelschiffe, der W-Turm und der 1-joch. Chor mit 5/8-Schluß und Sakristei im N gehören einem Kirchenbau a. d. 14. Jh. an. Die Datierung des W-Turmes wider-

spricht der Nennung 1262, die des Chores deckt sich mit der Datierung der aufgefundenen Fresken. Die beiden Seitenschiffe stellen nach A. Klaar got. Zubauten dar, die einer Zeitperiode angehören, die zwischen dem Kernbau d. 14. Jh. und dem Gewölbebau um 1520/21 liegt. Tatsächlich stammen die Seitenschiffe aus der Zeit vor 1480 (Rittergrabstein), nach 1) um 1469.

4) Eppel, Das Waldviertel: Angebliche Weihe 1117, erstmalige Erwähnung 1357; gekürzter Originaltext: *„Das Langhaus (die ehem. rom. Seitenwände bilden die heutigen Arkaden) ist durch Mittelpfeiler in 2 Schiffe getilte. Zartes ... Kreuzrippengewölbe 1. H. d. 16. Jh. Hinter den derben (im Mauerkern rom.) Arkadenbogen zwei schmale Seitenschiffe um 1428. Zierliches Chörlein d. 1. H. 15. Jh. Darin links eine spätgot. Rechteckige Sakramentsnische."* Eine ungenaue und unrichtige Beschreibung.

5) Historische Stätten: Kirche angeblich 1117 geweiht; das ältere Mittelschiff (?) ist erhalten; Ausbau A. d. 15. Jh.; 2 Glastafeln im Chor stammen a. d. 14. Jh.

Aus den zahlreichen und sehr unterschiedlichen Beschreibungen (!) können bezüglich des vorhandenen Kirchenbaues folgende Schlüsse gezogen werden:

Ein rom. Kirchenbau a. d. 1. H. d. 12. Jh. konnte bisher nicht eindeutig fixiert werden (nach A. Klaar keine Reste vorhanden). Der W-Turm dürfte der älteste erhaltene Bauteil des heutigen Kirchengebäudes sein wie der Chor und gehört mit ihm d. E. d. 1. H. d. 14. Jh. an! Daß Mauern der Mittelschiffe rom. sind, wurde bislang noch nicht eindeutig nachgewiesen. Ihr Bestand ist daher i. d. 14. Jh. zu setzen. Die Seitenschiffe stammen von einer Erweiterung um 1469, die Gewölbe der Mittelschiffe von einem Umbau 1520/21.

Daß der W-Turm nicht urspr. ist, zeigt seine Stellung zum Sitz. Die Anlage der Kirche erfolgte dem Parzellenplan nach erst nach der Errichtung des Sitzes, einem kleinen (vermutlich nur 2-gesch. turmartigen) Gebäude, das zentral in einem abgesteckten Sitzareal stand. Ursprünglich war kein Wirtschaftsareal dabei. Die gleichzeitig mit dem Sitz errichteten Häuser (heute Nr. 1, 3 und 4) waren vermutlich zum Sitz dienstbar. Die Sitzqualität war eine geringe; der Kleinadelige hatte vermutlich nur verwaltungsrechnische Aufgaben zu erfüllen. Aus der Lage am höchsten Punkt, der zentralen Stellung im Areal und der Bauform des Gebäudes kann eine Wehrhaftigkeit angenommen werden. Erst durch eine Unterteilung des Sitzareals kam eine Trennung in Sitz- und Kirchenareal zustande. Diese Teilung erfolgte i. d. 1. H. d. 12. Jh., wonach das vermutete Datum einer Kirchengründung um 1117 erhärtet wird. Von diesem Kirchenbau ist allerdings bisher kein Baurest festgestellt worden. Die Grundstückteilung weist den ehem. Sitz in eine Zeit vor 1117; das Gebäude dürfte um 1100 errichtet worden sein.

Das turmartige Gebäude in kleiner relativer Höhenlage bildete noch lange Zeit mit der Kirche einen Wehrverband, der auch nach der Erweiterung des Ortes um d. M. d. 13. Jh. (Gründung von Arndorf) weiterbestand. Die alte Straße führte auf einer schmalen Hangterrasse s. des Areals und endete bei 2 Scheunenbauten, die erst 1912 abgerissen wurden. Ein got. Bruchsteinmauerzug ist noch in der ö. Friedhofsmauer vorhanden, seine Wehrhaftigkeit war aber noch nicht nachzuweisen. Auf eine Wehreinrichtung der Kirche läßt aber das S-Portal im linken Seitenschiff der Kirche schließen, wo die Tür mittels eines Balkens zu verriegeln ist.

(Reil 286; TopNÖ VII 128, 433; GB IX 191, 386; GB XIII 643; Franz.Fass, OM 5 17; Plesser 1903, 177; Wolf 217; ÖKT IV 21; Plesser, Pöggstall 240; Bi II 13; Lechner, Wv 69, 73; Dehio 226; Eppel, Wv 168; Klaar/BDA; Mittelalterliche Wandmalerei, Funde 1959-69, in: ÖZKD 1969, 3/4, 165; HiSt I 436; Seebach)

N I E D E R N D O R F (Nöchling/Persenbeug/Melk)

Über einen Wehrbau sind keine urkl. Nachrichten vorhanden. Der Landesfürst verlieh 1395 den hiesigen Zehent an Grundherren der Umgebung. 1499 gehörte der Ort zur Hft. Yspertal.

Am n. Ortsende gegen Mitterndorf liegt Haus 2, das nach seiner baulichen Substanz auf einen *ehem. Sitz* schließen läßt. Von Niederndorf ging i. 12. Jh. die Rodung gegen Mitterndorf und Nöchling als oberen Ort aus, was auf einen frühen Ortsbestand zeigt, da um 1160 bereits 2 Ortschaften mit den Namen Nöchling existierten (heutiges Nöchling und St.Oswald).

Der 1-gesch. Wohnbau des Vierseithofes mit 2:8 Achsen liegt mit der Längsseite an der Ortsstraße. Der mit einem Krüppelwalmdach gedeckte Bau besitzt noch die alte, nicht versetzte Raumeinteilung mit Küche-Diele-Einheit. In der Frontmitte ein schönes Barockportal a. d. 1. H. d. 18. Jh. Eine eventuell vorhandene Befestigung war bisher nicht nachweisbar. Auffällig ist der zum Wohnbau quergestellte und zurückgesetzte 2-gesch. Wirtschaftsbau. Sein Untergeschoß wird von einer steingerahmten bar. rundbogigen Einfahrt mit Radabweiser beherrscht, die die ganze Frontbreite einnimmt. Im Obergeschoß 2 Fenster, im Giebelfeld unter dem Krüppelwalmdach 2 Fenster, die von 3 Figurennischen (heute leer) flankiert werden. Die Fassade wird durch sparsame Bänderung leicht gegliedert.

Schanzen: 1645 und 1683 wurden an der Ysper gegen Schweden und Türken Verhagungen und Verschanzungen aus Erde und Holz aufgeführt. Die Schanzwerke sind heute fast gänzlich verschwunden, nur eine Waldstrecke an der Ysper führt heute noch den Namen *„die Schanze".*

(TopNÖ VII 305; Plesser, Pöggstall 242)

N Ö C H L I N G (Markt/Persenbeug/Melk)

Der Name lautet 998 *„Nochilinga"* und weist, sprachlich gesehen, noch in die karolingische Epoche (MG-DD Otto III. Nr. 286). Er bezeichnet urspr. das ganze Gebiet der Hft. Yspertal und auch den Hauptort, das heutige St.Oswald, so daß 1160 zwei Orte den Namen Nöchlingen trugen. Kaiser Ferdinand I. erhob 1842 Nöchling zu einem Markte. Ein adeliger Sitz ist in N. urkl. nicht nachweisbar.

Am s. Ende des Straßendorfes a. d. 1. H. d. 12. Jh. liegt innerhalb eines eigenen Areals (heutiger Friedhof) die Kirche des Hl.Jakob d. Ä., nebenan das langgestreckte 2-gesch. Haus Nöchling 2 mit nochgelegenem Eingang, um 1830 biedermeierlich fassadiert. Nach Plesser besitzt die Kirche in ihrem Turm einen Wehrturm.

Der Ort ist ein planmäßig angelegter Kirchweiler in Form eines Straßendorfes mit kleinem Dreieckplatz und wehrhaftem Kircharetal an der höchsten Stelle im S des Dorfes a. d. 1. H. d. 12. Jh. und ist Endpunkt einer von Niederndorf ausgehenden Rodung. Die Anlage des Ortes erfolgte ähnlich St.Oswald, was auf eine annähernd gleichzeitige Gründung weist. Ein eindeutiger Nachweis bezüglich der Sitzqualität des Hauses 2 und der Wehrhaftigkeit des Kirchturmes konnte jedoch noch nicht erbracht werden.

(TopNÖ VII 310; Plesser, Pöggstall 242; Lechner, Wv 38)

P E R S E N B E U G (Persenbeug/Gottsdorf/Persenbeug/Melk)

Das *Schloß* erhebt sich w. des gleichnamigen Ortes auf einem ca. 26 m hohen Felsen unmittelbar über dem N-Ufer der Donau. Die Straße verläuft an Stelle des inneren Wehrgrabens, der die Anlage einst im N und O schützte.

Das Gebiet um Persenbeug wurde schon früh in die fränkische Reichsverfassung einbezogen. 863 bestätigt Kg. Ludwig der Deutsche dem Stift-Altaich in Bayern den Besitz von fünf Mansen (Königsgütern) zu *„Biugin",* der sicher schon auf eine Schenkung Karls des Großen zurückgeht. (MG. DD. Ludw. Nr. 109). In einer nach der M. d. 11. Jh. geschriebenen Chronik (Chronicon Ebergerbense) ist schon von einer *„comicia"* (Grafschaft) die Rede, deren Hauptort Persenbeug war, nach dem sich bereits um 970 ein *„Otker de Persinpiugin",* Lehensmann der Grafen v. Ebersberg-Sempt, nennt

PERSENBEUG

(Abh. d. Bayr. Akad. d. Wiss., hist. Kl. 14, S. 138). Es ist also durchaus möglich, daß sich schon im 9. Jh. ein befestigter Sitz in P. befand. Die Grafschaft Persenbeug dürfte nach dem Aussterben der Ebersberger an das Reich gefallen sein. Auf die Burg P. aber scheint das Kloster Ebersberg berechtigte Ansprüche erworben zu haben, den im Urbar dieses Klosters aus der Wende d. 13. zum 14. Jh. erscheint die Burg als ein klösterliches Ebersbergisches Lehen der österr. Landesfürsten. 1240 werden hzgl. Burggrafen in P. genannt. Aber schon 1128 hatten die Babenberger Besitzrechte im Gebiet um Persenbeug. Die besonderen Rechte des alten Hoheitsbezirkes, der nachmaligen Herrschaft und des Marktes P. gehen auf die selbe Wurzel zurück wie die der benachbarten Grafschaft Weitenegg, mit der P. später vereinigt wurde. Diese alten Freiheiten wurden noch 1438 durch Albrecht II. bestätigt, wonach auch der Markt die Blutgerichtsbarkeit besaß.

Das heutige *Schloß* hat eine sehr bewegte geschichtliche Vergangenheit und spielte als urspr. Reichslehen eine bedeutende Rolle. 1045, dem Jahre, in welchem die Grafen v. Sempt-Ebersberg ausstarben, besuchte K. Heinrich III. mit zahlreichen Gefolge auf seiner Reise nach Ungarn die Burg. Da brach der Boden des Saales durch und der Kaiser stürzte mit seiner Begleitung in die Badestube durch. Während er selbst nur mit leichten Verletzungen davonkam, erlitten der Bf. Bruno von Würzburg, der Abt von Ebersberg und die Witwe Richlinde Gfn. v. Ebersberg-Sempt tödliche Verletzungen. Burg und Herrschaft P. gehörten E. d. 11. Jh. der Kaiserinwitwe Agnes, die sie ihrem Gemahl Mgf. Leopold III. in die Ehe mitbrachte, nachdem um 1077 auch das Gut Nöchling damit vereinigt worden war. Schloß und Herrschaft blieben nun im Besitze der österr. Landesfürsten und wurden seit d. E. d. 14. Jh. immer wieder an Adelige verpfändet, wie 1450 den Säuseneggern, und 1491 den Prueschenk Gf. v. Hardegg. Kaiser Maximilian I. behielt diese Herrschaft 1495 - 1519 selbst in der Hand und benützte sie zur Ausübung der Jagd. Kaiser Ferdinand I. ließ 1523 die Herrschaft genau beschreiben und verpfändete sie wieder an Adelige (Rogendorf, Tschintl, Prösing). Um 1571 war das Bergschloß zur Notwehr mit Mauern, Türmen und Wehrgängen, mit ziemlichen Geschütz, Munition, Bewachung und Mannschaft wohl versehen. Kaiser Rudolf II. verkaufte 1593 die Herrschaften P., Wimberg, Yspertal, Emmersdorf und Raxendorf um 120.000 fl. als freies Eigentum an Ferdinand Albrecht v. Hoyos, bei dessen, später in den Grafenstand erhobenen Nachkommen, sie bis 1800 verblieben. In diesem Jahre kaufte K. Franz I. Schloß und Herrschaft P., wo er sich im Sommer oft längere Zeit aufhielt. Die Kaiserinwitwe Karolina Augusta, die bis zu ihrem Tode 1873 alljährlich hier weilte, bezeichnete P. als den Lieblingsaufenthalt ihres verstorbenen Gemahls und bestimmte in ihrem Testamente, daß das Bild des Kaisers und andere Prachtgemälde niemals von ihrer Stelle gerückt werden dürfen. Auf die Kaiserin folgte im Besitze Ehzg. Karl Ludwig, der das Gut 1886 seinem Sohne Ehzg. Otto übergab. Im Schlosse P. wurde am 17. August 1887 Ehzg. Karl Franz Josef geboren, der als Karl I., - Kaiser von Österreich und als Karl IV., - König von Ungarn die Doppelmonarchie regierte. Von Ehzg. Otto übernahm es 1896 K. Franz Josef I. und nach seinem Tode 1916 seine Tochter Ehzgn. Maria Valerie, die mit Ehzg. Franz Salvator verehelicht war, nach deren Tod 1924 ihr Gemahl. 1930 Dr. Hubert Habsburg-Lothringen mit Anteilen von Theodor Salvator Habsburg-Lothringen, Hedwig Gfn. zu Stolberg-Stolberg, Gertrude Habsburg-Lothringen (1934 verehel. zu Waldburg-Zeil), Marie Habsburg-Lothringen, Mathilde Habsburg-Lothringen (1947 verehel. Hefel), Clemens Altenburg, sowie die Verlassenschaft nach Elisabeth Waldburg-Zeil. 1955 sind die Eigentumsrechte durch Verschiebungen bei Dr. Hubert Habsburg-Lothringen sowie Anteilen bei Hedwig zu Stolberg-Stolberg, Mathilde zu Hefel, Franz Josef zu Stolberg-Stolberg, Marie Valerie zu Habsburg-Lothringen, Elisabeth Hedwig zu Waldburg-Zeil, Franz Josef zu Waldburg-Zeil, Dr. Joseph Waldburg-Zeil, Franz Salvator Habsburg-Lothringen.

Der alte *Markt* besaß schon frühzeitig große rechtliche Vorrechte, wie die Blutgerichtsbarkeit, die von den Landesfürsten schon im 14. Jh. bestätigt wurden. 1207 bestand hier eine Maut und um 1230 hatte hier der Herzog 34 Häuser und 1 Mühle als Untertanen. Ein Urfahr wird 1395 angeführt. Der Markt büßte 1470 bei einem Brand seine Urkunden ein, weshalb K. Friedrich III. 1487 die alten Rechte nochmals verbriefte und dem Markt einen Jahrmarkt verlieh. 1521 wurde hier und in Ybbs ein Landtag gehalten, bei welchem die Landstände von Oberösterreich und Niederösterreich Ehzg. Ferdinand I. huldigten. Kaiser Maximilian II. bewilligte 1567 ein Marktwappen, das einen Torturm an einem Strome zeigt und auf die Befestigung des Marktes hinweist. Unter den Schiffmeister Matthias Feldmüller auf Haus Nr. 19 (1801-1850), war P. der bedeutendste Schiffsbauort in ganz Niederösterreich. 1523 befanden sich unter den Häusern in P. die adeligen Behausungen des Georg v. Rohrbach, des Irnfried Mang, des Georg Purkhart und Jorg v. Ebersdorf, ferner ein Kasten, das Haus *„beym Vallthör"* und die Talkhmüll. 1534 wird der *„Thurnhof"* im Markt, der nach alten Herkommen steuer- und robotfrei zu halten sei, erwähnt. Im Bauernaufstande 1596/97 spielte Persenbeug eine führende Rolle. Vor dem Markt wurde mit dem kaisl. Kommissar verhandelt, doch wurde das Schloß in der Folge von den aufständischen Bauern besetzt, die es als Stützpunkt für ihre Unternehmungen benützten. Sie übergaben es aber bald einem kaisl. Verwalter mit der Bedingung, daß sie den Hoyos nicht mehr als Herrn bekämen. Nach der Niederwerfung des Aufstandes mußten aber die Untertanen der Herrschaft P. den Hoyos erneut Gehorsam schwören. Im Dreißigjährigen Kriege wurde der Markt 1619 von den

Aufständischen besetzt und das Schloß geplündert. Auch die kaisl. Kriegsvölker benahmen sich nicht anders. Die Schweden konnten Schloß und Markt nicht einnehmen, da hier starke kaisl. Besatzungen lagen. Auch 1683 wurde eine „*Türkenschanze*" bei P. gebaut und starke Militärabteilungen ins Quartier genommen.

SCHLOSS: Der Aufgang zum Schloß erfolgt durch einen 4-eck.Torturm mit tonnengewölbter Durchfahrt und gemauerten Rundzinnen. Dahinter ein langgestreckter Vorhof zum Haupttor. Rechts der 5-gesch. Bergfried, der im Barock zum Treppenturm ausgebaut wurde und einen Zwiebelhelm mit Laterne erhielt. An seiner S-,(Donau-) und N- (Hof-) Seite je eine Turmuhr, an der S-Seite noch eine gemalte Sonnenuhr. Die gratgewölbte Torhalle des 2. Tores, eine weite Tonne mit Stichkappen um 1620 führt durch ein gequadertes Tor in den unregelmäßigen 8-eck. Innenhof. In der Hofmitte eine mächtige Trauerweide und ein spätbar. Brunnenbecken von oktogonalem Grundriß.

In der Mitte des W-Traktes, der vom 5-gesch. 4-eck. NW-Turm, dem Michaelsturm abgeschlossen wird, ist die 2-gesch. Schloßkapelle mit Unterkapelle zum Hl.Kreuz eingebaut. An das leicht rechteck. Langhaus schließt nach W (!) ein kleeblattförmiger Chor an, der aus der äußeren Gebäudefront heraustritt. Die Chorfenster zeigen got. Maßwerkformen, gehören aber dem sog. „*got. Barock*" d. 17. Jh. an. 1609 wurde die Kapelle erbaut, um 1621 erfolgte ihre Weihe. Nach Eppel war dieser Chorschluß ehem. gotisch, von einem got. Chor sind aber keinerlei Reste vorhanden. Daß die Kapelle vor dem allgemeinen Umbau 1617 - 21 neugestaltet wurde, zeigt schon der „*got.*" Chorschluß, da gerade im 1. Jahrzehnt d. 17. Jh. diese Stilrichtung sehr beliebt war (siehe auch Franziskanerkirche in Wien). Der Kapellenraum, ein reizvoller frühbar. Saal mit Gewölben a. d. A. d. 17. Jh., ist durch kannelierte Pilaster gegliedert, an der Decke Gurten, Medaillons und vieleck. Felder. Der Altar ist klassizistisch, um 1820 und stellt eine Kreuzigung mit Engel dar; eine bemerkenswerte holzgeschnitzte Renss.-Kanzel nach 1600, reich ornamental verziert. Die Unterkapelle wurde 1622 eingerichtet, wie der datierte kleine Marmoraltar mit einem Flachrelief (Englischer Gruß) in figuraler Rahmung, mit einer kleinen Pieta bekrönt zeigt. Hofseitig fällt die Kapelle durch ein schönes bar. Schmiedeeisengitter auf.

Die den Hof umschließenden Trakte sind 3-gesch. und haben gerahmte Fenster a. d. 17. Jh. Ihre Mauern stammen nur z. T. vom ma. Bau, vor allem der ö. Teil des Schlosses ist erst i. 17. Jh. neu gestaltet worden. Die Innenräume sind stuckiert und stammen a. d. 17. u. 18. Jh., wie der Speisesaal um 1650, das Billardzimmer und die meisten Räume um 1700.

Oberhalb der Straße, die durch einen der beiden ehem. Wehrgräben läuft, steht der *bar. Schüttkasten*, ein schlanker Giebelbau mit Krüppelwalmdach, ein Bau d. 17. Jh., dessen O-Seite noch fast unverändert erhalten ist: In 4 Geschossen übereinander in der Mittelachse je ein Rundbogentor in flacher Steinrahmung, in jedem Geschoß 2 seitliche Rechteckfenster, gleichfalls in flacher Steinrahmung mit Schmiedeeisengitter.

Da es bisher nicht möglich war, von Persenbeug eine Baualtersanalyse machen zu können, kann man sich nur auf die Pläne der ÖKT IV, diverse Stiche und Ansichten stützen. In d. l. H. d. 11. Jh. muß bereits eine beachtliche Anlage bestanden haben. Aus der Beschreibung des Unglücks 1045 in der Chronik v. Ebersberg ist einiges über die damalige Burg zu erfahren: Es bestand ein zumindest 2-gesch. Bau mit einem Saal im 2. Geschoß und einem Badraum (mit Wasserzuleitung) im Untergeschoß. Der Saal muß eine größere Breite als 7 m gehabt haben, da eine Mittelsäule zur Unterstützung der Holzdecke nötig war. Der Bau besaß keine Gewölbe und war vermutlich nur Wohn- und Repräsentationsbau. Da der Bau eine größere Anzahl Personen aufnehmen konnte, mußte ein Hofbereich mit Stallungen und Wirtschafts- sowie Gesindebauten vorhanden gewesen sein, der eine (wehrhafte) Umgrenzung hatte.

Der vollentwickelte Burgentyp des Festen Hauses mit Bering und eingestellter Kapelle zeigte im allgemeinen das Feste Haus in der Mitte des Beringes, zumindest 3-gesch. (Gars,

Raabs), bei späteren Bauten auch mehrgesch. (Schallaburg, Albrechtsberg/P.). Datieren die beiden erstgenannten Anlagen a. d. 3. D. d. 11. Jh. und finden sich bei den Festen Häusern die Maße von 18.20 x 11.08 m (Gars) und 21 x 12 m (Raabs), so kann man bei den folgenden Bauten bereits ein ziemlich exaktes Seitenverhältnis von 2:1 feststellen, wie bei Albrechtsberg/Pielach und bei Schallaburg (23 x 11.35 m). Die großen Saalbauten, besonders der Zisterzienser i. d. 1. H. d. 12. Jh. zeigen ebenfalls die regelmäßigen Maßverhältnisse, wie bei der Kuenringerburg in Zwettl (32.15 x 10.40 m) und dem Gertrudsspital in Klosterneuburg (34.90 x 10.50 m), 2-gesch. Saalbauten mit Holzdecken, Seitenverhältnis 3:1 und 100:30 (33) Fuß. Auch der Fürstenhof in Klosterneuburg, ein 3-gesch. Bau zeigt mit 25.55 x 12.65 m ein genaues Seitenverhältnis von 2:1. Bei den letztgenannten Bauten liegen die Mauerstärken um 1 m.

Da bei karoling. Anlagen im allgemeinen nur 2-gesch. Saalbauten vorkamen, die frühen Burgen des vorgenannten Typs bereits vollentwickelte 3-gesch. Bauten kannten, darf auch für Persenbeug eher ein 3-gesch. Saalbau angenommen werden. Aus den vorhandenen ungenauen Plänen ist im W-Trakt s. der Kapelle ein 3-gesch. Bau mit stark verzogenem Grundriß und annäherndem Seitenverhältnis von 2:1 ersichtlich. Dieser Bau fällt auch optisch als einer der ältesten Bauteile des Schlosses auf. Vergleicht man ihn mit der alten Burg am Hohen Markt in Krems, der Königsburg um 1000 und späterer Stadtburg des Gozzo, so sind etliche übereinstimmende Merkmale festzustellen. Die Kremser Stadtburg, ein stark verzogenes Rechteck von 22.30 (23.20) x 12.30 (9.35) m und 3-gesch., liegt knapp an der Felskante eines Plateaus, ebenso wie die Burgen von Melk und Schärding (wo spätestens seit d. M. d. 11. Jh. die Burg auf der Felskuppe über der Siedlung stand).

Der s. Eckbau zwischen dem alten 3-gesch. *„Haus"* und dem Bergfried ist aus jüngerer Zeit. Seine Innenmauer, die an den Bergfried anschließt, dürfte dem alten Burgbering angehören. Im O ist der Verlauf des alten Berings ungewiß.

Ungewiß ist auch die Lage der alten Burgkapelle. 1523 wird eine Schloßkapelle zum Hl.Georg genannt. Dieser Bau dürfte identisch sein mit der heutigen Schloßkapelle zum Hl.Kreuz. 1609 wurde nun eine got. Kapelle neu adaptiert. Gegen die Identität mit der ersten Burgkapelle spricht die Lage im W der Burg! Da der Verlauf der alten Ringmauer im O unbestimmt ist, kann aus dem vorhandenen Planmaterial die Lage der ersten Burgkapelle nicht ermittelt werden. Der fast quadr. Raum der jetzigen Kapelle spricht für eine Entstehung i. 13. Jh. (möglicherweise damals ohne Apsis, wofür die Lage im W spricht), der gleichen Zeit wie die Errichtung des Bergfrieds. Älter dürfte der sog. Michaelsturm in der NW-Ecke sein. Im Barock erhielt der heute flachgedeckte Turm einen ähnlichen Zwiebelhelm mit Laterne, wie ihn heute noch der Bergfried besitzt. Der Turm dürfte wie der im O ansetzende 2-gesch. Mauerzug a. d. 12. Jh. stammen.

Angesichts der großen Sitzqualität der Burg ist als älteste Burganlage a. d. 10. Jh., ungefähr zeitgleich mit Krems, folgender Baubestand anzunehmen: Kern der Anlage war ein 3-gesch. Saalbau mit ungefähr 10 - 12 m Breite (siehe Mittelsäule), typengleich dem Burghaus von Krems. Dieser Bau war aus Stein und dürfte im heutigen 3-gesch. Altbau s. der Kapelle enthalten sein. Er besaß im 2.Geschoß einen großen Saal und hatte durchwegs Holzdecken. Der Bau stand an den äußersten Felsrand im W gerückt, im O war auf dem Plateau ein großes Hofareal vorgelagert, in dem vermutlich an den (gemauerten) Bering gelehnt Wirtschafts- und Gesindebauten standen. Ein früher Kapellenbau, der nur im O gestanden sein kann, ist nicht bezeugt. Die heutige Kapelle datiert frühestens a. d. 13. Jh. Die Nennung Persenbeugs 863 ist nicht auf den Burgbau zu beziehen, erst die Nennung um 970 kann mit dieser Burganlage in Zusammenhang gebracht werden. In diese Zeit, zwischen 950 und 970, wird auch die Errichtung der Burg fallen.

Marktbefestigung: Das Marktwappen von 1567 zeigt einen Torturm an einem Strom, was auf eine eventuell vorhanden gewesene Ortsbefestigung weist. Die Nennung 863 als *„villa Biugin"* zeigt, daß die Siedlung bereits i. 9. Jh. Bedeutung hatte, was z. T. auch in der Nachbarschaft zu Ybbs begründet sein dürfte, da der Ort schon i. 11. Jh. Markt in ldfl. Besitz war. Der Kupferstich von Merian, 1649 läßt auch den Schluß auf eine ehem. vorhandene Befestigung zu. Donauseitig erscheinen 2 kleine Türme, einer an ein Haus angebaut (ehem. Turmhof), der andere allein stehend. Zwischen Schloß und Markt sowie am O-Ende des Marktes führt je ein von der Donau bewässerter Graben landeinwärts. Eine Ummauerung ist auf dem Stich nicht zu erkennen, doch zieht sich längs der Donau den ganzen Ort entlang und landeinwärts nach N eine Palisade.

Die 8 adeligen Sitze im Ort konnten nicht eindeutig lokalisiert werden.

(Plesser, Pöggstall 251; TopNÖ VIII 176; ÖKT IV 137; GB XI, 532; XIII 1; Merian; Lechner, Wv; Bi I 19; BlLk 1874, 225, 321; 1877, 191; 1887, 1, 29; MbAV 1916, 46; Plesser, Persenbeug, 1915; Dehio 249; Köpp I 30; Recl I 323; Büttner Rudolf, Die Burg der Herzogin, in: UH, 1965, 125, 129; Weigl I 138, B 159; HiSt 461'; Halmer, NÖ-Auswahl 82; Eppel, Wachau 167; Vi IV 188/9; Büttner, Donau 84)

PISCHINGERHOF (Wimberg mit Pisching/Melk)

Hinter der Kirche von Pisching führt gegen N der kurze Weg zum Gasthof Kreuzer, Wimberg 11, dem ehem. *Pischingerhof.*

Um 1192/94 wird der Lehensritter *„Hainrico de Puschingen"* in einer Schenkungsurkunde des Gf. Eckbert v. Pernegg als Zeuge genannt (Busley, Trad 96). Dieser Hof erscheint als Stammsitz der Ritter v. Puschingen, die bis zur M. d. 15. Jh. auch in anderen Orten der Umgebung als begütert aufscheinen. Nach 1312 wird der *„Puschinger"* in einer Urk. genannt. Der Ort gehörte bereits 1395 zur Herrschaft Wimberg, welche damals von Landesfürsten diesen Hof und noch andere Güter zu Lehen erhielt. Der Hof wird noch 1455 urkl. genannt. Nach lokalen Berichten soll sich im Hof seit dem 12. Jh. immer eine Schenke befunden haben.

Im wesentlichen ist der Altbau a. d. 2. H. d. 12. Jh. noch erhalten. Eine schmale Diele mit anschließender Schwarzer Küche trennt die Gaststube von den Keller- und Wirtschaftsräumen. Sind Stube und Küche erst in jüngster Zeit umgestaltet worden, so haben sich im rückwärtigen Teil des Hauses 3 rom. Weinkeller mit tonnenförmigen über Schalung gemauerten Gewölben erhalten. Auch die Wohnräume stammen in ihren Mauern aus dem Mittelalter.

PISCHINGERHOF

Rechtwinkelig zum Wohngebäude grenzt ein großer Wirtschaftstrakt mit Stallungen und Scheune an. Im Zentrum des ummauerten Hofes wie bei anderen alten Höfen (Walkersberg) der Misthaufen. Ein Teil der Wirtschaftsgebäude wurde erst vor einigen Jahren in starken Bruchsteinmauern neu aufgeführt, da die Verwendung von Ziegeln und Hohlblocksteinen dem Besitzer untersagt war.
(Plesser, Pöggstall 257; NotBl 1854, 309; GB IV 368; VIII 107; XIII 6; ÖKT IV 248; Seebach; Weigl I 184 B 269)

P L E I S S I N G (Artstetten-Pöbring-Pleißing/Melk)
Von der Straße Bruck/Ostrong nach Rappoltenreith zweigt 500 m nach Bruck linkerhand ein Feldweg am Rand des Waldes nach O ab. Nach ca. 1 km erreicht man Pleißing. Eine Weiterfahrt nach Fritzelsdorf ist nicht ratsam, da der Weg äußerst steil und von Steinen übersät ist. Zur im Tal des Schwarzabaches liegenden ma. Reithmühle geht man am besten zu Fuß, doch Vorsicht wegen der scharfen, frei umherlaufenden Hunde.

Der Ort wird 1215 als *„Plusnich"* unter den Besitzungen des Klosters Neustift bei Freising erstmals urkl. genannt (Busley, Trad 185). Damals befanden sich dort zwei Mühlen, die *„dominus Chunradus"* besaß. Erst 1397 tritt *„Friedrich der Plewsinger"* auf Pargartstetten urkl. auf. Vor 1491 gehörte der Hof zu Pleißing mit anderen Höfen zum Gute Ebersdorf des Klosters Neustift. 1692 verkaufte dieses Kloster seine Untertanen zu Pleißing der Hft. Artstetten.

Der *ehem. Sitz* a. d. 13. Jh. besteht heute noch in den Gehöften 1 und 2, die, auf einer Terrasse über dem Schwarzabachtal liegend, mit ihren Schmalseiten zum Weg gerichtet sind. Der Wohnbau des Hauses 2, ein 2-gesch. Bau, Seitenverhältnis 1:2, mit einem Satteldach gedeckt war das ehem. Hauptgebäude des Sitzes und mutet auch heute noch ma. an. Auch die Wirtschaftsgebäude, die parallel zum Wohnbau stehen, stammen mit ihren Bruchsteinmauern z. T. aus dem Ma. Alle Bauten stehen innerhalb des ummauerten Hofes. Eine ehem. Befestigung ist wegen der überhöhenden Lage anzunehmen. Pleißing bietet das Beispiel einer fast rein aus dem Ma. erhaltenen (befestigten) Sitzes mit kleinräumiger wirtschaftl. Funktion, Sitz eines Kleinadeligen, der in näherer Umgebung seine Mühle und die wenigen Häuser seiner Holden hatte. Das Schwarzabachtal bei Pleißing ist landschaftlich eines der schönsten Gebiete des s. Waldviertels und kann als „wild-romantisch" bezeichnet werden.
(Plesser, Pöggstall 258; TopNÖ VIII 36; Winter II 1049, 1052; BlLk 1881, 66; GB XI 201; Weigl I 194 B 299)

P Ö B R I N G (Artstetten-Pöbring/Melk)
Auf einer Terrasse über dem Schwarzabach liegt die Pfarrkirche von Pöbring, Hl. Bartholomäus, eine ehem. *Burgkirche* in 369 m Seehöhe. Südwestlich der Kirche erstreckt sich gegen den Pfarrhof zu das *Areal der ehem. Burg.*

Auf dem ehem. Burghügel befand sich einstmals der Sitz einer ritterlichen Familie, die sich 1165 *„de Bebrarn"* nannte (SUB I 811). 1183 wird ein *„Eberhardus de Biberaren"* als hzgl. Ministeriale in einer Urkunde Hzg. Leopolds V., gleich nach dem Herrn v. Streitwiesen in der Zeugenreihe (Busley, Urk. Nr. 16) genannt.

Die Herren v. Pebring, wie sie sich später nannten, besaßen bedeutende Güter in der Umgebung. Noch 1316 wird Otto v. Pybrarn als Besitzer des Stammschlosses genannt und führt in seinem Siegel einen Biber. Zehn Jahre später gehörte die Burg bereits den Herren v. Schmidtbeck, die sie den Herren v. Streitwiesen verkauften. Bis 1442 werden noch wiederholt Schloßpfleger genannt, doch nicht die Besitzer. Um 1487 war das freieigene Schloß Pebrarn bereits öde und ging damals von den Brüdern Grabner, die es seit 1477 besaßen, an Kaspar v. Rogendorf auf Pöggstall über, der Pöbring mit dieser Herrschaft vereinigte.

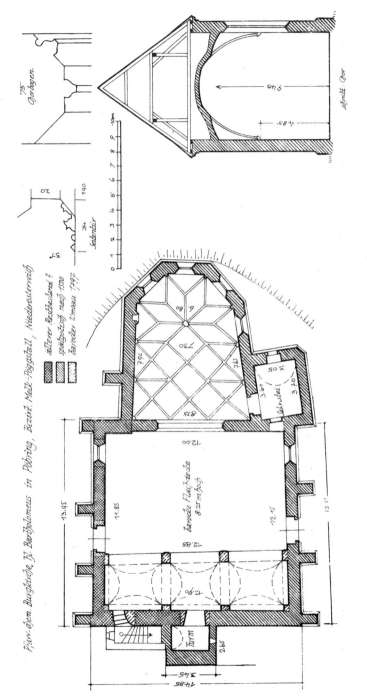

Die ehem. *Burg-Kirchenanlage* umfaßte 3 Areale, die z. T. im Gelände noch gut zu erkennen sind. Die Anlage nimmt einen Felssporn ein, der an 3 Seiten durch Steilabfälle geschützt ist. Im SW trennt ein breiter, z. T. aus dem Fels gehauener Halsgraben den Burgbezirk vom überhöhenden Gelände. Daran schließt das erste Areal, ein Plateau von ca. 20 x 40 m, auf dem heute der Pfarrhof steht. Das Areal besitzt einen Unterbau in Form eines Pyramidenstumpfes, die relative Höhe im SW gegen die Sohle des Halsgrabens beträgt ca. 2 m. Dieses Areal hatte wirtschaftl. Funktion und ist dem Sitzareal vorgelagert, das, durch einen 8 m breiten Halsgraben getrennt, einen quadr. Grundriß mit ca. 20 x 20 m auf einem Pyramidenstumpf zeigt. Hier wurde 1859 eine Schule gebaut (heute aufgelassen), wobei die letzten Reste eines Turmbaues Verwendung gefunden haben sollen. Parzellenmäßig war das Wirtschafts- vom Sitzareal i. 19. Jh. getrennt (siehe Franziszeische Fassion), das mit dem Kirchenareal eine Parzelle bildete. Es ist fraglich, ob beim Schulbau nicht Teile des Turmes direkt verbaut wurden, da nach der Fassion das am Sitzareal stehende Gebäude fast quadr. Grundriß zeigt. An der O-Ecke des ehem. Sitzareals finden sich Bruchsteinmauerreste als Böschungsverkleidung, die von der ehem. Burg stammen können. Sie laufen auf die Mitte der W-Front der Kirche zu. Gleichartiges Mauerwerk ist auch in spärlichen Resten n. der Kirche zu finden. Diese Mauerreste dürften eine Art Zwinger (Straßensperre) zwischen Burg und Kirche gebildet haben.

Die Kirche liegt auf einer gegen das Burgareal um ca. 4 m tieferen Terrasse. Nach A. Klaar ist es möglich, daß der n. Teil des Langhauses der ehem. Burgkirche angehört. Die Länge des alten Kirchenschiffes ist mit 13.95 m gänzlich erhalten, die Breite ist ungewiß, sie dürfte aber nicht mehr als ca. 9 m betragen haben (Vergleichsdaten: Kasten/Böheimkirchen: 13.90 x 9.20 m; Eitenthal: 13.25 x 8.26 m; Els: 14.10 x 8.70 m). Die Kirche ist mit dem Chor an den steilen Abfall zum Schwarzabach gerückt und steht hier auf einem gemauerten Unterbau. Bald nach 1500 wurde die erstmals 1343 genannte Kirche erweitert: Das Langhaus wurde auf 14.85 m verbreitert, nach O ein neuer 7.30 m hoher Chorbau angefügt, der nur wenig niedriger als die bar. Flachdecke des Langhauses von 1797 mit 8.25 m ist. Die beiden schön verstäbten Portale im N und S sowie der 4-eck., oben 8-eck. Turm an der w. Giebelseite stammen ebenfalls vom spätgot. Umbau nach 1500. Gegen die ehem. Burg ist die Kirche s. verschoben.

Die Burg-Kirchenanlage umfaßte also 3 Areale, die, voneinander durch je einen Graben getrennt, auf einem künstlich abgeflachten Felssporn hintereinander liegen. Als erstes Areal das Wirtschaftsareal mit der Zufahrt, das eigentliche Burgareal und, mit Einschub eines kleinen Zwingers (heutiger Straßenabschnitt vor der Kirche) das Kirchenareal an der von Natur aus am meisten geschützten Stelle. Die große Anlage, die angeblich bereits zwischen 1140/80 verödet war, kann nie Sitz eines Kleinadeligen gewesen sein. Wenn auch nicht die Burg Sitz eines bedeutenden Geschlechtes gewesen war, so müßte ein solcher die Burg errichtet haben. Einem Kleinadeligen wäre es schon finanziell nicht möglich, eine solch gewaltige Anlage zu schaffen. Die Errichtung der Burg-Kirchenanlage wird nicht nach 1100 erfolgt sein. Da eine genaue Datierung nur durch eine Probegrabung möglich ist, kann die Anlage nach den vorliegenden Kriterien nur in den Zeitraum zwischen 1050 und 1100 gesetzt werden.

(Eppel, Wv 182; Franz.Fass. OM 501: Klaar/BDA; Bi II 13; Plesser A, in: Kremser Ztg. v. 27. 6. 1903; Dehio 257; Plesser, Pöggstall 259; FRA II 35, 19; II 351; Reil 334; NotBl 1854, 212; GB IX 205; XI 558; XIII 12; ÖKT IV 151; Weigl I 198 B 322)

P Ö G G S T A L L (Markt/Melk) (Umschlagzeichnung)

Der Ort „*Pehstall*" kam um 1135 durch Schenkung der Gfn. Adelheit v. Hohenburg an das Kl. Kremsmünster, welches hier ein Tochterkl. errichten sollte, aber nur die Kirche zur hl. Anna erbaute, die 1140 bereits geweiht wurde (OÖUB II 723, 365). 1218

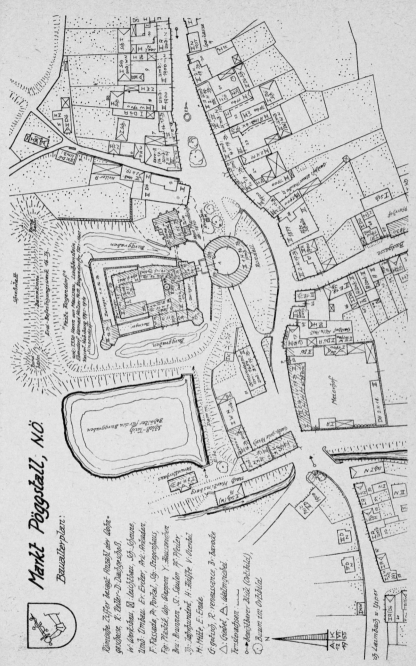

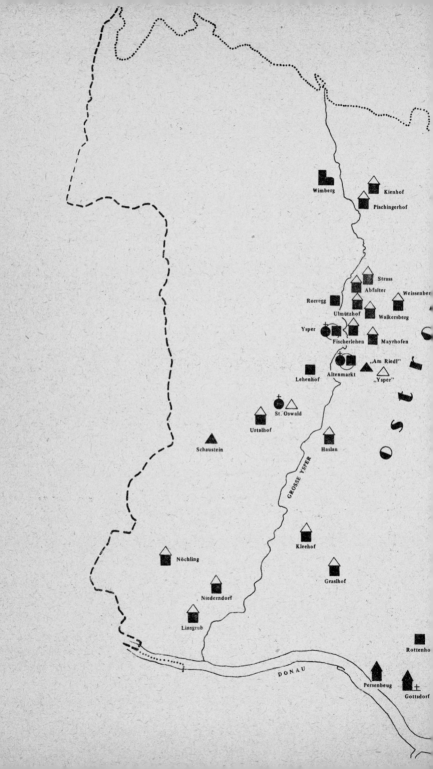

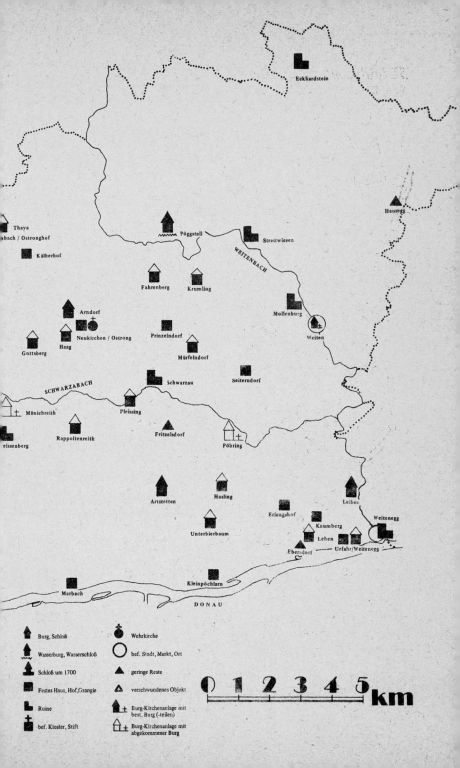

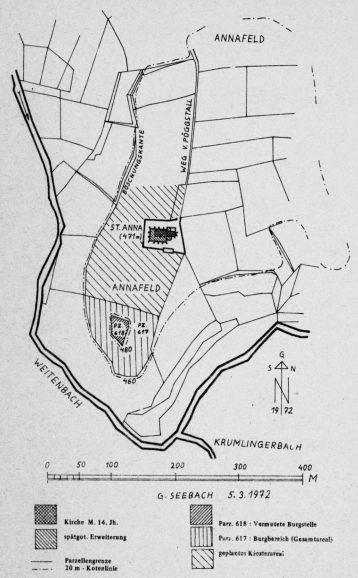

wird ein *„Heinricus de Pechstal"* erstmals als Zeuge in einer Urk. des Kl. Neustift bei Passau genannt (Busley 71). Es entstand ein Schloß mit ansehnlicher Herrschaft und Landgericht im gleichnamigen Markt, von dessen Marktrechten 1407 zum erstenmal die Rede ist. Die Burg zu Pöggstall, welche mit der dazugehörigen Herrschaft angeblich schon 1265 im Besitze der Herren v. Maissau war, soll 1291 im großen Adelsaufstande gegen Hzg. Albrecht I. zerstört worden sein. Um 1299 sind die Maissauer als Besitzer urkl. nachweisbar. Sie erhielten auch das Landgericht als hzgl. Lehen und den Burgstall Weinsberg. Der letzte Maissauer Otto zog 1423 gegen die Hussiten, geriet später aber in den Verdacht des Landesverrates und verlor etwa die Hälfte seiner Güter. Nach seiner Freilassung 1430 lebte er zurückgezogen auf Pöggstall, das ihm verblieben war. Schloß und Herrschaft Pöggstall vermachte er nach seinem Tode (1440) den Herren v. Liechtenstein, die den ganzen Besitz an die Wiener Patrizierfamilie Hölzler (Holzer) verkauften. Der Ritter *„Cunrad Holczler"*, Bürgermeister von Wien, schloß sich der Partei des jungen Kg. Ladislaus Posthumus an, fiel aber bei diesem später in Ungnade. Der König bemächtigte sich der Güter von Holczler und ließ 1457 die Feste Pöggstall belagern. Unter der Führung des Feldhauptmanns Wilhelm Pebringer mußten die Städte Krems und Stein 60 Mann zu Fuß, ihre große „Büchse" (Kanone), zwei „hawnitz" (Haubitzen) nebst Pulver und Steinkugeln zur Verfügung stellen, *„..gen Peckstall an verziehen, das geslos daselbs zu unsern handen ze bringen..."*

1460 belehnte K. Friedrich III. den gleichnamigen Sohn des verstorbenen Konrad Hölzler, und seine Brüder mit Burg und Herrschaft Pöggstall. 1478 kaufte Kaspar v. Roggendorf den ganzen Besitz und nahm in den folgenden Jahren in der Burg großzügige Umbauten vor. Kaiser Karl V. erhob auf dem Reichstag zu Worms 1521 die Herrschaften Pöggstall und Mollenburg (seit 1486 dem Kaspar v. Rogendorf gehörig) zu Reichsfreiherrschaften und befreite sie von der Lehenschaft, verlieh ihr Bann und Landgericht samt dem Recht auf Schätze und Bergwerke in ihrem Gebiet. Selbst die Errichtung einer Münzstätte war geplant. Gleichzeitig wurde das Schloß in *„Rogendorf bei Pöggstall"* umbenannt. Christoph Frh. v. Rogendorf entfloh mit einer großen Summe Geldes in die Türkei, worauf ihn die Hft. Mollenburg aberkannt und über Pöggstall die Kridaverhandlung verhängt wurde. Aus dieser erfahren wir, daß damals im Schlosse selbst ein Bär, und ein Luchs gehalten wurden. Die gesamte Herrschaft, die rund 490 bäuerliche Grundholden umfaßte, wurde 1547 auf die gigantische Summe von 979.820 Pfd. Pf. geschätzt.

Der Landesfürst verlieh die Hft. Pöggstall den beiden Söhnen des meineidigen Roggendorfers der in der Türkei verstarb, Hans Wilhelm und Georg Ehrenreich v. R. In diese Zeit fällt auch die Einführung des Protestantismus, die bei den Schloßherren große Förderung fand. Diese überließen den Protestanten die Schloßkirche im Markte, während in St.Anna katholischer Gottesdienst gehalten wurde.

Auch der Bauernaufstand 1597 ging an Pöggstall nicht spurlos vorüber. Aufrührerische Bauern schlugen das Schloßtor ein und bemächtigten sich verschiedener Waffen, Rüstungen und Geschütze, worauf dieser Trupp gegen Würnsdorf und Arndorf zog. Durch die Bemühungen der kaisl. Kommissäre wurde die Ruhe bald wieder hergestellt. Kaspar und Wilhelm v. Rogendorf verkauften die Herrschaft 1601 an die Gfn. zu Öttingen, die sie 6 Jahre später den Herren v. Sinzendorf käuflich überließ. Diese behielten die Herrschaft mit einer kurzen Unterbrechung (Hans Christoph Wolzogen) bis 1747. In der folgenden Zeit erwarben die Herren v. Seldern Schloß und Herrschaft (Grabstein an der äußeren Turmmauer!), 1772 wurde Josef (Weber) Edler v. Fürnberg als Besitzer in die niederösterr. Landtafel eingetragen. 1795 erwarb Frh. v. Braun Pöggstall und verkaufte noch im selben Jahre den Besitz an K. Franz I. Das Gut wurde 1919 von der Republik Österreich übernommen und 1921 dem Kriegsgeschädigtenfond zugewiesen. Heute untersteht das Gut dem Landwirtschaftsministerium. Im Schlosse sind Bezirksgericht und Finanzamt untergebracht. Außerdem befindet sich im sog. *„Reckturm"* ein sehenswertes Strafrechtsmuseum (Folterkammer).

Dem alten Markt verlieh 1451 K. Friedrich III. einen Jahrmarkt mit fürstl. Freiung. Das Gemeindewappen von 1650 stellt eine geharnischte Hand mit lorbeerumwundenen Degen dar.

ST.ANNA IM FELDE: Südöstlich des Marktes P. zieht sich der Weitenbach in einer Schlinge um eine langgezogene Kuppe, die in 471 m Seehöhe die Kirche St.Anna mit umgebenden Friedhof trägt und deren langgestrecktes Plateau den Flurnamen Annafeld besitzt. Das Plateau mit einer Längserstreckung von 460 m zeigt im W noch deutlich eine ca. 1 - 2 m hohe künstliche Böschungskante, die 250 m n. der Kirche nach O abknickt. Im O. selbst dürfte der Weg von St.Anna nach Pöggstall die Begrenzungslinie des Plateaus von jeher gebildet haben. Hier lag eine vorgeschichtliche Siedlung, obwohl die namentliche Deutung von Pöggstall *(„Pehstal"* = Tal, wo Pech, Harz gewonnen wird) als *„Burgstall"* nicht zutrifft. Der heutige Markt P. besteht in seiner Anlage schon i. 12. Jh., da er in der Schenkung um 1135 genannt wird.

In der Mitte des Altsiedlungsplateaus liegt innerhalb der im Rechteck gezogenen Friedhofsmauer die Kirche St.Anna. Von Mauerteilen a. d. 12. Jh. ist nichts zu bemerken. Der älteste Bauteil stammt a. d. M. d. 14. Jh. (angeblicher Neubau 1375). Der hochgot. Kirchenbau, ein 16.40 x 8.20 m großes Langhaus mit 95 cm Mauerstärke ist im spätgot. Erweiterungsbau um 1473, einer 25.55 x 18.30 m großen 3-schiff. flachgedeckten Hallenkirche aufgegangen, die allerdings wegen des Neubaues der St.Gilgenkirche im Markt unvollendet blieb. Nur der Chor mit einem kreuzrippengewölbten Chorquadrat und 5/8-Schluß stammt zur Gänze a. d. 14. Jh. Der schlanke N-Turm mit 4.65 m Seitenlänge datiert a. d. 15. Jh. Vermutlich bestand der rom. Kirchenbau, der Klosterkirche werden sollte, vorerst aus Holz und wurde erst i. 14. Jh., da die Klostergründung nicht zu Stande gekommen war, durch einen Steinbau ersetzt. Im Franziszeischen Kataster wie auch im Luftbild ist der Umfang des geplanten Klosters mit 170 m in N-S und 140 m in W-O-Richtung zu erkennen. Die Kirche war an den O-Rand des Klosterareals gerückt, um mit dem Chorschluß freizustehen. Im W diente die Böschungskante der vorgeschichtlichen Siedlung als Begrenzung.

Südlich des geplanten Klosterareals nimmt die Grundparzelle 617 den S-Teil des alten Siedlungsplateaus ein. Inmitten der Parzelle liegt als eigene Grundparzelle Nr. 618, eine gegen St.Anna um 15 m erhöhte, z. T. bewaldete Kuppe. Hier vermutet F. Hutter, auf Grund der Eigenparzelle und einer durch Mauerreste verursachten Grasfärbung die Stelle einer ma. Burg. Wahrscheinlich ist aber der Sitz des 1218 genannten Heinricus nicht hierher zu lokalisieren. Vielmehr dürfte der ca. 25 x 45 m im Grundriß messende Hügel mit der vorgeschichtlichen Siedlung in Zusammenhang stehen. Wall- und Mauerreste waren nicht festzustellen. Eine endgültige Klärung kann nur eine Grabung bringen.

BURG: Am w. Ende des Marktplatzes liegen die Pfarrkirche und die Burg, beide Bauten ehem. zu einer Wehreinheit zusammengeschlossen. Der Zugang zur Burg erfolgt durch ein vorgelagertes rundes *Kanonenrondell* mit ca. 50 m Durchmesser. Hinter dem Rondell führt eine Brücke über den Burggraben zu einem Vortor, durch die Einfahrt in den ehem. Torturm und dann in den unregelmäßigen Burghof, der sich in einen oberen und unteren Hof gliedert. Da die älteste Burganlage annähernd den heutigen Umfang besaß, soll die Baubeschreibung im Zuge der Baugeschichte erfolgen.

Die Entstehungszeit der Burg ist urkl. nicht gesichert. Angeblich soll sie schon 1265 im Besitz der Maissauer gewesen sein. Der Bautypus reicht nicht in die Zeit vor 1200 zurück. Die ältesten Bauteile werden i. d. 2. H. d. 13. Jh. zu setzen sein. Eine auffallende Parallele mit Maissau erhärtet diese Datierung. Die frühgot. Burganlage gliedert sich in 2 Teile, die obere und die untere Burg. Die obere Burg zeigt einen streng rechteck. Grundriß von 30 x 20.50 m. Die noch 1-gesch. urspr. erhaltene Ringmauer mit einer Mauerstärke von 1.30 m schließt einen Hof ein, in dem dezentral das Hauptgebäude, ein bergfriedartiger Wohnturm steht. Der Turm mit einem rechteck. Grundriß von 10.27 x 8.15 m war urspr. nur 3-gesch. mit abnehmender Mauerstärke bei steigender Geschoßzahl (1. G. : 2.80 m; 2. G. : 2.45 m; 3. G. : 2.08 m) und hat einen hochgelegenen Einstieg im 2. G., von wo eine Stiege in der Mauerstärke in das 3. G. führt. An seiner O-Seite besitzt er in den Obergeschossen je einen konischen Lichtschlitz, südseitig je ein Fenster (im 2. G. vermauert). Die Wohnräume im 2. (5.25 x 4.20 m) und im 3. G. (6.00 x 4.90 m) sind heute Ausstellungsräume (,,*Gerichts-*" oder ,,*Turmstube*"). Im ausgehenden 15. Jh. begann man mit der Verbauung des oberen Burghofes, der ca. 1 m höher als der untere liegt. Gegen den unteren Burghof zu wurde die Ringmauer niedergelegt, an den anderen 3 Seiten um 1. G. erhöht und hofseitig 2-gesch. Gebäude angebaut. Dadurch wurde auch der Wohnturm an 2 Seiten eingebunden. Trotz der vielfachen folgenden Umbauten sind in der NW-Ecke des Hofes 2 spätgot. Rechteckfenster erhalten geblieben, die in ihrer zarten Verstäbung und Unterteilung durch Kämpfer die Renss. bereits ahnen lassen. Der Turm selbst wurde um 2. G. erhöht. Das neue 4. Turmgeschoß mit nur 1.25 m Mauerstärke bildete den Unterbau für das vorkragende oberste Geschoß mit Wehrplatte, Pfefferbüchsen an den Ecken und einem steilen Walmdach mit starker Schiftung. Von den 1593 aufgesetzten Geschossen fiel das oberste 1882 dem Abbruch zum Opfer. Das 4. G. zeigt noch heute an jeder Seite durch eine große Schlüsselscharte seine ehem. Wehrhaftigkeit an. Ein gedrungenes Zeltdach über einer Zierleiste (Zickzack und Bogenbänder in Blau-Braun-Weiß) bildet nun den Turmabschluß. Die spätma. Umbauten erfolgten alle innerhalb des alten Beringes, so daß dieser noch heute die Umgrenzung der oberen Burg (abgesehen von den Zwingeranlagen) bildet.

Die untere Burg bestand aus einem unregelmäßigen 4-eck. Hof von ca. 40 x 23 m, der von einer 1-gesch., 1.60 m starken Mauer umfaßt wurde. An die Außenseite der Ringmauer stellte man 2 Baukörper, den Torturm im S und einen ,,*Kasten*" im Westen. Der noch in 2 Geschossen erhaltene Torturm (Mauerstärken: 1. G.: 2.10 (2.25 m im O; 2. G.: 1.80 m), im Grundriß ein verzogenes Rechteck von ca. 9.30 x 10 (8.30) m, wurde i. d. Renss. durch eine weitgespannte Tonne im Erdgeschoß eingewölbt und wesentlich, ähnlich dem Wohnturm erhöht. 1882 fielen seine Obergeschosse und er wurde mit dem Vortor unter ein Dach gebracht. Das oberste Geschoß bildete früher ein vorkragendes Wehrgeschoß, bekrönt mit einem steilen Walmdach. Der interessanteste Bauteil der unteren Burg ist der sog. ,,*Kasten*", ein 3-gesch. Baukörper, außen an die w. Ringmauer gestellt. Seine W-Seite ist heute noch rein ma. erhalten. Im Grundriß ein Rechteck von 12 x 9.10 m mit Mauerstärken im Erdgeschoß von 1.95 u. 2.30 m, im 2. G. von 1.95 u. 1.30 m hatte der Bau die Aufgabe eines Speichers zu erfüllen. Das Untergeschoß ist mit einer Längstonne überwölbt. Der gesamte Bau tritt mit seinem steilen Walmdach, aus der heutigen Gebäudeflucht leicht vorspringend, auch optisch stark in Erscheinung. Unter der Dachtraufe eine auf Konsolen vorgekragte hölzerne Wehrgalerie mit Schießscharten, ähnlich Maschikuli aufgebaut. Sie gehört dem ganzen Wehrdachboden dem Spätma. an.

Noch in der Spätgot. wurde die untere Burg bedeutend erweitert. An die s. Ringmauer wurde außen ein 3-gesch. Wohnbau gestellt, gleich tief wie der Torturm. Seine Geschosse sind über einen runden 4-gesch. Treppenturm mit einer steinernen Spindeltreppe zu erreichen, der hofseitig mit 2 Geschossen über die Dachtraufe des Wohnbaues ragt. Im Erdgeschoß des Treppenturmes außen (Toreinfahrt) ein bemerkenswertes Portal der oberital. Renss. um d. M. d. 16. Jh. Die Treppenhausbelichtung erfolgt durch rhombische Viereckfenster. Um 1480 entstand neben der Burg die St. Gilgenkirche, seit 1810 Pfarrkirche, eine 2-schiff. Hallenkirche ohne Chorbau, von Kaspar v. Rogendorf als Begräbnis-Kirche erbaut. Fortifikatorisch band man die Kirche bald nach 1540, nach der Errichtung des Kanonenrondells in die Außenbefestigung der Burg ein. Da zwischen Burg und

Kirche der Burggraben liegt, mußte ein gedeckter Übergang beide Komplexe miteinander verbinden.

Den interessantesten Bauteil bildet das der Burg vorgelagerte runde *Kanonenrondell* mit einem Außendurchmesser von ca. 50 m. Der 3-gesch. Außenmauer ist hofseitig ein 2-gesch. Gebäude mit 3/4-Kreis mit Pultdach angebaut. Im O und W je eine Zugbrückenanlage mit Fußgängerpforte in spätgot. Stil. Der Bau war an allen Seiten von einer Zwingermauer und einem Graben umgeben (z. T. eingeebnet) und wurde als reiner Wehrbau konzipiert. Die beiden unteren Geschosse zeigen breite Maulscharten für Geschütze, das oberste Geschoß, eigentlich ein Dachboden, hat umlaufend einen dichten Kranz von Schießluken für Hakenbüchsen. Da die Verteidigungseinrichtungen auch burgseitig angeordnet sind, kann das Rondell als selbständiger Wehrbau gewertet werden. Detailformen, wie Fenster- und Türrahmungen erleichtern die Datierung des Baues. Die spätgot. Vorhangbogen mit breiten Abfasungen, z. T. verstäbt ausgeführt, datieren das Rondell in die Zeit nach 1520. Die die Geschoßgrenzen anzeigenden umlaufenden Bänder aus Ziegellagen, der Dachsims hofseitig aus kleinen aneinandergereihten Konsolen und die weit gespannten Tonnen und Torbögen der Einfahrten entstammen bereits dem Geiste der Frührenaissance. Das Rondell von Pöggstall ist einer der wenig gebauten runden Zentralbauten d. 16. Jh. Ähnlich wie bei Schloß Michelstetten ist das unterste Geschoß außen abgeböscht, wie sich überhaupt ein Vergleich mit Michelstetten stark aufdrängt (Siehe: Renate Rieger, Das Schloß Michelstetten in Niederösterreich, in: UH 1955, 83). Als reine Verteidigungswerke ähnlicher Baugesinnung sind vor allem die runden siebenbürigschen Kirchenburgen Honigberg und Tartlau (ähnlich Pöggstall ein 3-gesch. Rundbau mit Pultdächern hofseitig) und die Kaisertrutz in Görlitz (Vorwerk des Reichenbacher Tores, ein Rundbau von 19 m Durchmesser um 1490) zu nennen. In einer Reihe von Architekturtrakten der Frührenss. ist die Befestigungslehre Gegenstand theoretischer Untersuchungen. Als erster trat in Deutschland Dürer mit seinem Werk *„Etliche Underricht zu befestigung der Stett, Schloß und flecken"*, Nürnberg 1527 hervor, das die wichtigsten Überlegungen im Festungsbau damaliger Zeit enthielt. Seine Empfehlungen, riesige runde Basteien anzulegen, fanden wenig Gehör, da bald die spitzwinkeligen Basteien erfunden wurden. Eine der wenigen Befestigungsanlagen nach seinen Ratschlägen dürfte das Rondell von Pöggstall gewesen sein, wie auch die riesigen geschnittenen und geschütteten Rundbastionen hinter der Burg im N mit Dürers Vorstellungen im Einklang stehen. In Dürers Plan einer Bastei wie in seinem Stich *„Belagerung einer Festung"* sind solche große Rundbasteien dargestellt. Da seine Empfehlungen auch dahin gerichtet waren, schon vorhandene Befestigungsanlagen durch große Rundbasteien zu verstärken, was bei Pöggstall auch zutrifft, dürfte es sich tatsächlich um einen Bau nach Dürers Architekturtraktat handeln, wie auch der bauliche Befund in diese Zeit weist. Die Datierung des Rondells ist ziemlich genau mit 1530 - 40 anzunehmen. Eine frühere wie auch spätere Erbauungszeit ist schon wegen der Mischung von spätgot. u. frührenss. Detailformen (Siehe auch Breiteneich, 1541) nicht möglich. Baudetails um 1550 sind bereits in reinen Renss.-Formen durchgestaltet (Portal).

Vom Mittelhof des Rondells führt zwischen 2 schlanken halbrunden Türmchen eine tonnengewölbte Durchfahrt zu einer Brücke zum Vortor mit Zugbrückenanlage und Fußgängerpforte. In den unteren Mauerteilen noch d. 15. Jh. angehörend wurde das Vortor im wesentlichen zur gleichen Zeit wie das Rondell errichtet. Der ma. Burg ist im S und um die obere Burg ein Zwinger vorgelegt. An der SW-Ecke ein weit vorgezogener polygonaler Renss.-turm, den s. Zwinger flankierend, der schön gearbeitete Schlüsselscharten aufweist. Die gesamte ma. Burganlage ist von einem breiten Graben umfangen, der vom nahen Schloßteich geflutet werden konnte. Da die Burg in Hanglage liegt, ist der n. und w. Teil des Grabens zusätzlich von einem Außenwall umfangen, der im N gegen den Berghang zu stark überhöht und von ihm durch einen tiefen 2. Graben getrennt ist.

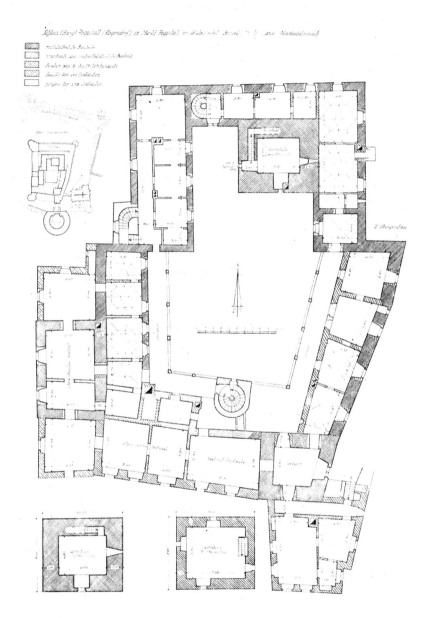

An seinen N-Ecken mächtige geschüttete Kanonenrondelle, die höher als die Wallkrone sind. Die Vorbefestigungen zwischen Rondell und Kirche, ein halbrunder Schalenturm und Zwingermauern wurden erst i. 20. Jh. zur Gänze abgetragen.

Wie Burg Maissau ist auch Pöggstall in eine obere und eine untere Burg geteilt. Die Form der ersten Anlage, die *obere Burg* mit rechteck. Bering und starkem 3-gesch. Wohnturm, die untere Burg mit Torturm und Speicherbau, lassen auf eine Errichtung der Burg in Anlehnung auf die Stammburg i. d. 2. H. d. 13. Jh., vermutlich um 1270/80 schließen. Auf keinen Fall geht die Anlage i. d. 12. Jh. zurück. Eine ähnliche Anlage wie die obere Burg bildet Grünfels/Stmk., wo ein Wohnturm dezentral in einem ziemlich rechteck. Bering steht, datierend a. d. 4. V. d. 13. Jh. Die Burg war sicher als starker regionaler Stützpunkt errichtet worden. Der wirtschaftl. Bereich, die *untere Burg*, wird völlig von der *„Wohnburg"* getrennt. Der nur 3-gesch. Wohnturm mit 2 Wohnräumen wird kaum der Sitz eines höheren Ministerialen gewesen sein. Der mächtige Speicher gibt auch die wichtigste Funktion der Burg an: Wirtschaftliches (befestigtes) Zentrum regional gesehen und zentrale *„Sammelstelle"*, Sitz eines Dienstmannes der Maissauer und eventuell Bergungsstelle für die Bevölkerung in der unteren Burg.

Ein Vorgängerbau an Stelle der oberen Burg ist denkbar, wie sie auch anlagemäßig einen älteren Bautypus tradiert. Der Sitz des 1218 genannten *Henricus* dürfte in der Form eines kleinen Wohnturmes (-baues) mit Bering auf künstlicher Erhöhung (die obere Burg liegt durchschnittlich 1 m höher als die untere) schon vor Errichtung des starken Wohnturmes an dessen Stelle bestanden haben.

Die bedeutende Stellung der Rogendorfer i. 16. Jh. erforderte einen repräsentativen Ausbau der Burg, wobei sich die Verteidigungseinrichtungen von der Burg selbst auf die Außenwerke verlagerten (Rondell, Graben, Basteien und Zwingeranlagen). Der untere Burghof erhielt an 3 Seiten 2-gesch. Arkadengänge vor die Gebäude gestellt, die früher in Scheinarchitektur Schwarz-Gelb-Rot-Blau-Weiß-Braun äußerst reich freskiert waren. Reste dieser Malereien wie Kapitele, Arkaden und Brüstungen kommen hinter dem abfallenden Putz immer wieder zu Tage. Die jetzige Tünche, noch aus der Monarchie stammend, ein dunkles Ocker, gibt dem Komplex nicht gerade ein vorteilhaftes Aussehen. Nur die W- und O-Seite bieten das Bild einer ma. Wehranlage.

Außerhalb der Burg, an der Straßenkreuzung nach Laas, liegt der große 2-gesch. *Meierhof*, ein Renss.-Bau mit Rundbogenzinnen und Rundbogentoren, früher ein geschlossener Vierkanter mit Pultdächern nach innen und kleinen Pfefferbüchsen an den Ecken.

(Reil 335; GB IX 205; XI 563; XIII 15; Plesser, Pöggstall 264; ÖKT IV 163; Bi II 8; Wv 1931, 2; 1934, 1; 1936, 99; 1961, 155; Franz Hutter, Neues von der Kirche St.Anna nächst Pöggstall, in: Wv 1967, 162; UH 1928, 27; Dehio 258; Eppel, Wv 182; Fr. Kronberger, Bibliographie der Marktgemeinde und des Schlosses Pöggstall, in: Wv 1956, 35; HiSt I 472; Recl I 334; Vi IV 224/82; FranzFass OM 503; Klaar/BDA; Seebach)

PRINZELNDORF (Neukirchen am Ostrong-Prinzelndorf/Melk)

Der 1141/45 erstmals urkl. genannte Ort *„Prinzlainsdorf"* (FRA II 4 Nr. 69), besaß einen kleinen Adelssitz, der 1308, von den Erben des Herrn Konrad v. Werd an Stefan v. Maissau verkauft wurde (GB XIII 600). Wolfel der Sittendorfer hatte den Adelssitz damals zu Lehen. Alber der Fritzelsdorfer nannte sich 1398 zu Prinzelndorf. Die Maissauer beliehen um 1400 den Stefan Gottsberger mit diesem Hofe. Achaz Gottsberger verkaufte 1445 seine Güter, darunter nach Prinzelndorf seinem Lehensherrn Christoph v. Liechtenstein. 1506 gehörte das Amt Prinzelndorf mit dem Hof zur Hft. Leiben, die mit Weitenegg vereinigt wurde. Ob der 1523 im Freigericht genannte Hof zu Prinzelndorf mit dem Edelsitz identisch ist, müßte erst untersucht werden.

TURMHOF: Am ö. Ortsanfang von Prinzelndorf liegt an der Straße nach Pömmer-

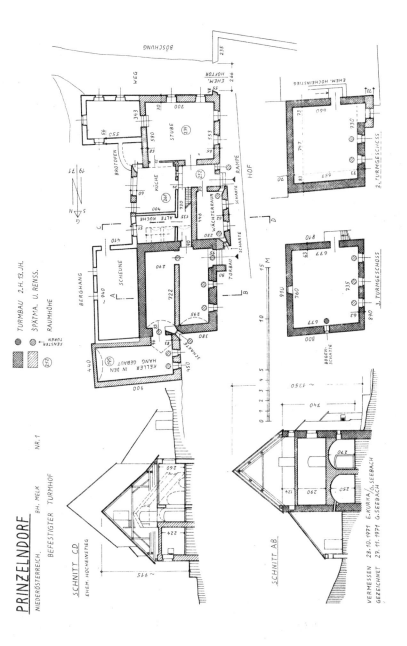

stall, Pöggstall der Vierseithof Prinzelndorf 1, dessen rückwärtiger Teil ein ehem. befestigter Turmhof ist. Heutiger Besitzer Fam. Pemmer.

Die beste Übersicht über den Wehrbau bietet die Ansicht vom Hof aus. Auf einer leichten Hangterrasse, hofseitig zu einem 1 m hohen Unterbau aus großen Steinplatten abgemauert und podestartig vorgezogen erstreckt sich in NS-Richtung die kleine Wehranlage. Der Kernbau ist ein 3-gesch. Turmbau mit Satteldach. Dieser Wohnturm stand urspr. völlig frei, seine Wohnräume waren nur über einen hochgelegenen Einstieg erreichbar. Die Treppenanlage ist tw. erhalten.

Im Grundriß bildet der Turm ein leicht verzogenes Rechteck von 9.10 x 8 m, die Mauerstärken betragen im 1. G. 83, 90, 95 cm; im 2. G. 83, 73 cm; im 3. G. 63 cm. Das Mauerwerk besteht aus kleinen plattigen Bruchsteinen, lagerhaft mit Ausgleichsfugen gemauert. Keine besondere Eckverzahnung. Die O-Seite, gegen den Berghang gerichtet, weist keine einzige Maueröffnung auf, nur im obersten Geschoß war hier ein schartenartiges Fenster (heute vermauert). Im Erdgeschoß wurden i. d. Renss. 2 Kellerräume mit tiefen Tonnengewölben eingebaut, im N ein niedriger Keller (1.95 m Raumhöhe) so angebaut, daß er zum größten Teil im Hang liegt. Inmitten der Baunaht zwischen Turm und W-Seite des angebauten Kellers eine konische Schießscharte gegen NW gerichtet. Der Zugang zu den Kellerräumen des Turmes erfolgt vom Anbau im S (später durchgebrochen) oder vom Hof aus. In der Renss. wurde zum Hof hin ein Tor in einer Segmentbogennisch ausgebrochen und war mittels Schubriegelbalken (noch vorhanden) versperrbar. Vor das Tor wurde ein kleiner turmförmiger 2-gesch. Anbau gestellt, einfach eine 73 cm starke Mauervorblendung, im unteren Geschoß mit einem Rundbogen und Stufen zum Turmtor, im 2. Geschoß eine Art Erkernische bildend.

Interessant, weil vollständig rekonstruierbar, die Treppenanlage zum hochgelegenen Turmeinstieg a. d. Renaissance. An die S-Seite des Turmes wurden 3 verschieden hohe Bögen angebaut, so daß sich eine 1.20 m breite Schräge ergab. Die beiden kleineren Bögen lagen in der *„Alten Küche"*, der 3. Bogen überspannte den heutigen Mittelgang. Obwohl die Bögen bis auf den Ansatz des 3. im Gang abgetragen sind, kann der Treppenneigungswinkel an Hand der Mauerspuren des Treppendaches bestimmt werden. Das Auftrittpodest ist im Dachbodenraum des Anbaues erhalten, eine 95 cm breite Fläche, von einer 35 cm starken Mauer, die im S bis zum Treppendach reichte und in die Stiegenbrüstungsmauer übergeht, eingefaßt. Über dem Turmeingang befand sich ein kleines, von der Turmwand schräg abfallendes Satteldach, das durch 3 waagrechte Pfosten gehalten wurde. Die Ständer des Treppendaches ruhten auf der Brüstungsmauer.

Die einzige Maueröffnung a. d. 13. Jh. original erhalten, ist eine Scharte im 3. Turmgeschoß. Das heute in den Dachstuhl offene 3. Geschoß hatte urspr. einen tiefer liegenden Fußboden und war gegen den Dachstuhl mit einer Decke abgeschlossen (Auflagerhöhe heute 1.24 m vom Fußboden). Im gemauerten N-Giebel liegt in der Mitte eine schmale Bogenscharte, sorgfältig in kleinen Bruchsteinen gemauert und Richtung Straße zeigend.

Daß der Turmbau noch i. d. Renss. eine Wehrbedeutung hatte, zeigen die renss. Erweiterungsbauten. Im S wurde dem Turm ein gleich breiter kleiner Hof vorgelagert (daß der größte Teil der heutigen Hausaußenmauer eine Hofmauer war, zeigt schon der gedeckte Stiegenaufgang des Turmes). Am s. Ende des Hofes wurde 1-gesch. die Stube errichtet, ein 7 x 5.80 (5.53) m großer Raum, Mauerstärke 63 cm. Zur Flankierung des Turm- und des Hofeinganges wurde aus der w. Hofmauerflucht ein kleiner gedeckter Wehrbau, der *„Wächterraum"*, vorgeschoben. Seine konischen Schießscharten (aus der gleichen Zeit wie die Scharte zwischen Turm und Kellerbau) flankieren genau den hofseitigen Turmeingang und den über 3 Stufen erreichbaren Eingang in den Innenhof sowie die W-Mauer des Stubenbaues. Erst in jüngerer Zeit wurde die alte *„Schwarze Küche"* neben der Turmstiege aufgegeben und die Küche neben die Stube verlegt und in einem großen Bogen zur Stube hin geöffnet. Die Ansätze zur vorhandenen Küche-Diele-Einheit mit versetzter Raumeinteilung sind hier jedoch schon im Spätma. zu finden.

Aber auch der weiträumige Vorhof mit den Wirtschaftsgebäuden war wehrhaft angelegt. Eine 55 cm starke Bruchsteinmauer umfaßte w. des Turmes den Wirtschaftshof. Die Mauer ist wegen des Hofneubaues nur mehr im w. Zug tw. erhalten. Im O und im S hatte die Mauer je ein rundbogiges Einfahrtstor. Durch die beiden Tore führte noch vor wenigen Jahren die alte Ortsstraße (der genaue Verlauf ist im Franziszeischen Kataster erkennbar). Die Reste des O-Tores sind im Ansatz am Stubenbau noch vorhanden. Die Tormauer war 3.60 m hoch und 55 cm stark. Der Ansatz des Rundbogens liegt in 2.10 m Höhe. Die Torlichte betrug 2.66 m. Die Mauerkrone war dachartig mit Ziegeln abgemauert. Zwischen den beiden Hoftoren, ungefähr in der Mitte des heutigen neuen Wohnbaues liegt der ma. Brunnen aus Bruchsteinen gemauert, heute durch eine Betonplatte abgedeckt.

Der Ort Prinzelndorf bildet eine geschlossene Siedlungseinheit. Erst ca. 130 Jahre nach der Erstnennung des Ortes wurde der Sitz errichtet. Die Erbauung des Turmes erfolgte i. d. 2. H. d. 13. Jh., ca. um 1260/70. Gleichartig im Aufbau, fast gleich sogar im Aussehen sind die Türme von Würmling bei St.Pölten und Gießhübl am Jauerling. Alle 3 Türme stehen auf einem künstlichen niedrigen Unterbau und besitzen die charakteristischen gemauerten Giebel mit dem Satteldach und sind in gleichartiger Mauertechnik errichtet. Sie gehören zum Typ der befestigten turmartigen Kleinadeligensitze, die nach den Vorschriften des Burgenregals erbaut worden sind.

Die spätere Anlage als die des Ortes kommt im Franziszeischen Kataster deutlich zum Ausdruck. Neben dem geschlossenen Straßendorf liegen getrennt die Grundparzellen des Turmhofes, flächenmäßig größer als der gesamte Ort. Die Flurnamen *„Hauswiesen"* und *„Hofedelfeld"* weisen ebenfalls auf den Sitz hin. Prinzelndorf wurde in Abhängigkeit zur Herrschaft Mollenburg errichtet, worauf auch die Datierung und die Erstnennung um 1308 (fast gleichzeitig mit der Erstnennung der Mollenburg) weisen. Das ö. vom Turmhof gelegene *„Neugebäude"*, ein zum Sitz gehöriger Bau der Neuzeit, ist heute bis auf wenige Reste verschwunden. Unter der Herrschaft Weitenegg erfolgte i. d. Renss. der (befestigte) Ausbau.

Nach Mitteilungen des Besitzers soll in den nächsten Jahren der gesamte Altkomplex abgetragen werden. Es bleibt zu hoffen, daß wenigstens der Turmbau erhalten bleibt, stellt er doch ein Denkmal dar, wie es in seiner Gattung in Niederösterreich nur noch 2 gleichwertige Beispiele gibt.

RAYDINHOF: 1415-38 wird in Prinzelndorf ein Raydinhof genannt. Seine Identität mit dem Turmhof war bisher nicht nachweisbar. Möglicherweise bestand im Ort selbst ein zweiter Edelsitz.

(Plesser 1902, 259; -Pöggstall 271; Reil 194; NotBl 1857, 189; JbLk 1907, 201; GB IX 284; ÖKT IV 123; Weigl I 247 B 489; Bi II 13; FranzFass OM 517; Seebach)

R A P P O L T E N R E I T H (Münichreith am Ostrong-Rappoltenreith/Persenbeug/Melk)

Inmitten des Ortes zweigt von der Hauptstraße beim Ortsgasthaus eine Sackgasse nach S ab. Am Gassenende liegt links das Haus der Familie Ringler, Rappoltenreith 10, ein ehem. befestigter Turmhof.

Das Kl. Melk, welches von den Babenbergern im Gebiete der Pfarre Münichreith am Ostrong reich beschenkt wurde, besaß hier einen kleinen Adelssitz zu Lehen, den 1269 Ruger v. Artstetten innehatte (TopNÖ VI 383). Dieser Hof wird noch 1420 in einem Melker Urbar angeführt. Nach Angaben des Besitzers, des ehem. Bürgermeisters, soll der Bau Sitz eines Richters und noch i. 19. Jh. Zehenthof zu Leiben gewesen sein und die Aufgabe, die Abgaben für Leiben zu sammeln, gehabt haben. Aus der Fam. Ringler, die schon voriges Jh. den Turmhof innehatte, sollen die Richter und Bürgermeister des Ortes gestellt worden sein. Voriges Jh. war der Hof noch Wirtshaus mit der Wirtsstube in der heutigen Stube, wovon hier noch die Sitznischen stammen sollen.

Rappoltenreith gehört zum Hoftyp III b, wo der Wirtschaftsteil dem Wohnbau in seiner Längsachse angefügt ist. Die Außenmaße des Hauptbaues betragen 19.60 x 6.60 m, die Mauerstärken der Stube (unteres Turmgeschoß) 85 cm, der anderen Außenmauern 70 cm und die der Innenmauern 61 cm. In der Verlängerung der straßenseitigen Stubenmauer führt ein breites Korbbogentor durch eine 50 cm starke Mauer in den Hof. Die Wirtschaftsbauten rechterhand sind größtenteils aus Holz und stammen aus neuester Zeit. Rechterhand der Altbau mit dem höherliegenden, über 4 Stufen zu erreichenden Eingang. Links vom Eingang die Stelle eines ehem. Spionfensters. Die Diele besitzt ein 3-joch. Platzlgewölbe aus Ziegeln. Unter dem rückwärtigen Joch lag früher die Schwarze Küche, deren pyramidenförmige Esse aus der rückwärtigen Mauerflucht ragt, im Dachbogengeschoß noch vollständig erhalten ist und hier als Selchkammer dient. Auch der alte Kellerabgang lag im stubenseitigen Teil der Diele, heute abgemauert und durch einen hofseitigen Abgang zum tonnengewölbten Keller unter der Stube ersetzt.

Die Stube ist von der Diele aus über 2 Stufen erreichbar. Der fast quadr. Raum mit je 2 Fensterachsen hof- und straßenseitig wurde 1877 nach einem Brand erneuert und erhielt eine neue Holzbalkendecke. An der Hofseite liegen die Fenster in 2 Nischen mit Stichbögen, die als Sitznischen in der ehem. Wirtsstube gedient haben sollen. In der Mauer zur neuen Küche liegt die einzige erhaltene *Schießscharte* für Hakenbüchsen, heute in der Mitte abgemauert.

Von der Diele führt eine Stiege in das Obergeschoß, den Dachbodenraum. Der Boden besteht aus den Ziegeln des Platzlgewölbes der Diele. Die ehem. Esse der Schwarzen Küche steht völlig frei und ist als Selchkammer noch in Verwendung. Über der Stube befindet sich ein vollwertiges Obergeschoß mit einer Holzbalkendecke, 2 Fenster straßenseitig, Eingang vom Dachboden aus. Das einzige vollwertige Obergeschoß des gesamten Baues. Über dem 2. Turmgeschoß ein Dachbodenraum mit gemauertem Giebel und einem kleinen Fenster. Von der Straße aus fällt der Turm optisch gar nicht auf, da sein abgewalmtes Dach über den Anbau der neuen Küche geschliffen wird.

Der Turmhof hatte urspr. folgendes Aussehen: Straßenseitig ein 3-gesch. Turm mit je 2 Fensterachsen an der S- und W-Seite. Im Erdgeschoß die Stube, darunter ein gewölbter Keller. Anschließend an die Stube eine Diele-Küche-Einheit mit dem Treppenhaus in der Diele und einer Schwarzen Küche mit pyramidenförmiger Esse. Der anschließende Wirtschaftsteil (mit 5 gewölbten Räumen) nur 1-gesch. gemauert, darüber ein 1-gesch. Holzaufbau. An diesen Hauptbau anschließend quergestellt die Scheune, ein Holzständerbau. Im S eine Hofmauer mit einer Stallung, im W straßenseitig die Tormauer, gedeckt vom 3-gesch. Turm.

Nördlich des Sitzes liegt die geschlossene, wesentlich ältere Straßensiedlung, flächenmäßig kleiner als die ehem. Grundparzellen des Turmhofes, die sich klar von den Ortsparzellen im Kataster abheben (dieselbe Erscheinung wie bei Prinzelndorf). Die strenge Raumeinteilung setzt den Hof zumindest i. d. 1. H. d. 13. Jh., während die Ortschaft bereits um 1144 genannt wird. Die Typenbezeichnung des Hofes würde nach dem Schema der Einleitung IIIb lauten.

(Reil 285; Plesser, Pöggstall 273; FranzFass OM 542; Seebach)

RORREGG (ROHRHOF, ROHRFELD)
(Altenmarkt-Yspertal-Kapelleramt-Rorregg/Persenbeug/Melk)

1 km n. von Ysper liegt am flachen Abhang des Schöberberges im Kapelleramt das Schloß. Die beste Zufahrt erfolgt vom Fischer-Lehen bei Altenmarkt aus.

Der urspr. Hof zu „*Rorveld*" wurde 1411 als kleines Gut von Hzg. Albrecht V. dem Vinzenz Potschacher verliehen (Plesser, Pöggstall 279). Hertl v. Arndorf verkaufte den „*Rohrhof*" 1430 demselben Herzog. 1450 war das „*Schloß Rorreckh*" der Pfarre St.Oswald zehentpflichtig und gehörte im nächsten Jahr dem Oswald Egger. Stefan

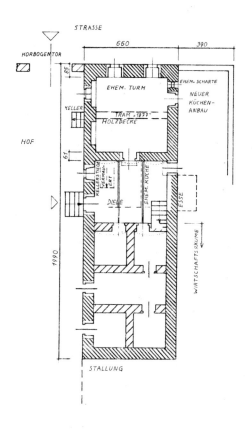

Pentzinger, Sekretär des Gf. Heinrich Prueschenk, verkaufte den Rohrhof dem Hans Hofmann und befreite 1505 das Gut von der Lehenschaft. Der Sohn des Hofmann zog nach Ungarn, von wo er nicht mehr zurückkehrte, so daß der Hof verödete. Kaiser Ferdinand I. verlieh ihn neuerlich 1540 dem Augustin Haidenhofer, der das Gebäude vermutlich wieder instandsetzte. 1564 wurde er von der Lehenschaft wiederbefreit und kurz danach von den Herren v. Prösing erworben. 1592 erwarb Kaspar v. Rogendorf auf Pöggstall das kleine Schlößchen, verkaufte es aber acht Jahre später den Hoyos zu Persenbeug, die das Schloß um 1609 neu erbauten und zum Sitze der Hft. Yspertal machten, die fortan den Namen Rorregg führte.

Der Hauptbau ist ein rechteckiger, wegen der Hanglage im O 3-gesch., im W 2-gesch. Baublock mit 5:4 Fensterachsen, bekrönt von einem mächtigen Walmdach. Zum größten Teil stammt das Gebäude a. d. 17. Jh., Mauerzüge des hochgot. Vorgängerbaues sind aber, wie der Strebepfeiler im W zeigt, noch vorhanden. Beim Pfeiler sprang früher die Schloßmauer zurück (eingezogene Ecke) und wurde erst 1955 auf die Gebäudeflucht gebracht. Hier in der NW-Ecke lag die ehem. Schloßkapelle des hl. Leopold, ein kreuzgratgewölbter Saal, um 1670 stuckiert (Decke mit Blumenornamenten, Ranken und Vasen). 1624 genannt. 1830 aufgelassen.

Die Fassade des gelb gefärbelten Schlosses ist schlicht und zurückhaltend. Schmale weiße Putzbänder zeigen die Geschoßgrenzen an, die Kanten, auch die des 2-gesch. Vorbaues in der Mitte der W-Front, zeigen eine breite Ortsteinfassung durch genutete Bänder. Schwach profiliertes, vorkragendes Dachgesims. In der Mittelachse der O-Front der Haupteingang, ein Rundbogenportal, flankiert von 2 in die Mauer eingelassenen schmiedeeisernen Laternen und 2 Radabweisern. Über der Dachtraufenlinie ein schlankes Uhrtürmchen mit einer Blechhaube und Laterne. Die Fenster liegen in einfachen Putzrahmungen und haben z. T. schmiedeeiserne, schön gearbeitete Fensterkörbe. 1955 wurde der ganze Komplex renoviert.

Die Raumeinteilung entspricht mit der Dreiteilung im Grundriß bereits der bar. Baugesinnung. Eine tonnengewölbte Einfahrtshalle mit mächtigen gratigen Stichkappen aus der Zeit um 1610 teilt zu beiden Seiten je einen geschlossenen Apartmentteil mit je 2:4 Achsen ab. Da eine Baualtersanalyse noch nicht vorliegt, konnte der Umfang der got. Anlage nicht bestimmt werden. Die 2. große Bauphase unter den Hoyos 1609/10 (vergleiche das Schloß mit dem zeitgleichen, baulich verwandten Schloß Rottenhof bei Persenbeug) gab dem Baukörper im wesentlichen seine heutige Gestalt. Unter Adam Eusebius v. Hoyos wurden um 1670 die Innenräume (Kapelle) z. T. neu gestaltet und dekoriert. 1955 erfolgte der letzte größere Umbau (Ergänzung der NW-Ecke) und die Renovierung.

Um das Schloß bildet eine niedrige, mit Holzschindeln abgedeckte Mauer ein nach S offenes Rechteck um das Schloß. An den 4 Ecken kleine Rundtürmchen mit Schießscharten und Kegeldächern mit Holzschindeldeckung. Die Scharten der Türmchen wie die der Umfassungsmauer hatten keine eigentliche Wehrbedeutung und tradierten wahrscheinlich nur eine ehem. vorhandene Wehrbedeutung des Baues.

Im S schließt ein weiträumiger Wirtschaftshof an den Schloßbereich an, mit 1- und 2-gesch., voneinander getrennt stehenden und nur durch eine mit Schießscharten versehene Mauer verbundene Gebäude, wie eine Garage, Stallungen, Scheunen und Lagerräume, z. T. noch a. d. 17. Jh. stammend. Der Zugang zum Schloß erfolgt von der SO-Ecke, wo in einer mit 5 Schlüsselscharten versehenen Vormauer 2 schlanke Pfeiler eine Toröffnung freilassen.

(Plesser 1899, 346; 1901, 343; -Pöggstall 279; VI IV 232/98; ÖKT IV 48; Bi II 7; GB VIII 163; IX 197, 291; Kreutzbruck; Eppel, Wv 239)

RORREGG

ROTTENHOF (ROTHOF) (Hofamt Priel-Rottenhof/Persenbeug/Melk)

Am S-Hang des 485 m hohen Eichberges liegt oberhalb der gleichnamigen kleinen Ortschaft das Schlößchen Rottenhof.

Dieser adelige Hof war ldfl. Lehen und wurde 1395 unter dem Namen „*Rothof zu Persenbeug*" von Hzg. Albrecht IV. dem Hans Hülber verliehen (HHStA Kodex blau 20, 2). Auf ihn folgten 1415/38 Christian am Rotenhof, 1456 Pilgrim Rud und 1494 Balthasar Lembacher, welcher damals die Feste Senftenegg bei Ferschnitz dem Wolfgang Dürnbacher verkaufte. 1523 gehörte der Rothof dem Christoph Artstetter, war aber zur Hft. Persenbeug dienstbar. Irnfrid Mang erlangte 1533 von K. Ferdinand I. die Befreiung des Hofes, zu dem eine Hofstätte und 4 Grundholden gehörten, von der Lehenschaft. Damals war der Brunnen, im Walde Haid oberhalb des Rotenhofes, den K. Maximilian I., der hier gerne zur Jagd einkehrte und mit Marmor einfassen ließ, noch allgemein bekannt. Irnfried Mang kaufte u. a. 1533 den Markt Altenmarkt zu seinem Hofe, den er zum Mittelpunkt seiner kleinen Herrschaft machte. Die Mang, die eifrige Protestanten waren und hier reformierte Prediger hielten, verkauften das Gut Rotenhof, zu dem 1584 54 Grundholden zinsten, 1630 an die Grafen Hoyos zu Persenbeug. 1640-1720 gehörte er wohl anderen Besitzern doch blieb der Rotenhof seit 1720 mit Persenbeug vereinigt und teilte fortan die Geschicke dieser Herrschaft.

Das 3- bzw. 2-gesch. Hauptgebäude hat einen hakenförmigen Grundriß mit 5:3 bzw. 2 Fensterachsen. Bergseitig nur 2-gesch. auf einem ca. 2 m hohen Sockel. Der Eingang erfolgt durch den 1:3-achs. Vorbau im N. Auffallend das mächtige Walmdach über dem schweren profilierten Dachsims. Durch die 2 Dachfenster im W, 3 im S und 1 im O erhält der Bau noch eine gewisse Kopfplastigkeit. Das Erdgeschoß wird fassadenmäßig als Sockel gewertet, das 2. Geschoß ist durch eine horizontale Putzbänderung verziert, darüber ein glattes Gurtgesims. Im 3. Geschoß heben sich nur die Fenster in seichten Putzrahmungen a. d. 17. Jh. von der sonst glatten Mauerfläche ab.

Der kastenförmige Bau ist charakteristisch für das frühe 17. Jh. Der got. Vorgängerbau wurde zur selben Zeit wie Persenbeug und Rorregg von den Hoyos umgebaut. Seine Bruchsteinmauern wurden beim Umbau mitverwendet. Nach dem Kupferstich von

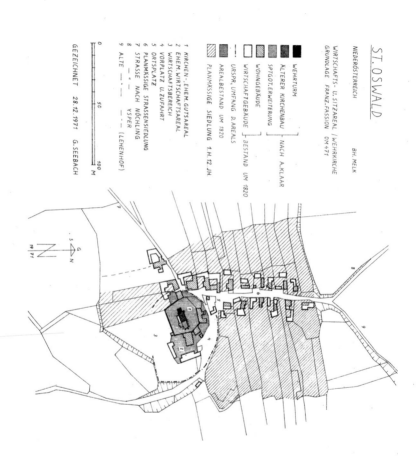

ROTHENHOF

Vischer, 1672 wurde der Bau i. 18. Jh. wesentlich verkleinert. Von der Umfassungsmauer wie vom Rundturm an der SO-Ecke sind nur mehr wenige Reste erhalten geblieben. 1829 wird noch eine Kapelle genannt.

Östlich des Schlosses ein langgestrecktes niedriges Wirtschaftsgebäude mit Wohnungen und Wirtschaftsräumen. Ein 4-eck. schlanker Glockenturm mit spätbar. Putzdekor und einem holzschindelgedeckten Zeltdach ragt über die Traufenlinie empor. Im Gebäude selbst eine kreuzgewölbte Halle mit 6 Säulen.

(Reil 411; Plesser 1902, 78; Plesser, Pöggstall 281; ÖKT IV 192; Bi I 22; BlLk 1877, 100; GB XII 320; VI IV 234/102; Eppel, Wachau 179; Büttner, Donau 86)

ST. OSWALD (Persenbeug/Melk)

Die Kirche St.Oswald, namensgebend für den Ort, liegt an der höchsten Stelle am s. Ortsende. Hier befand sich ein befestigter karoling. Gutshof, dessen Wehrtradition die um d. M. d. 12. Jh. errichtete Kirche weiterführte. Die Siedlung geht nach A. Klaar (lt. Siedlungsformenkarte ein haufendorfähnlicher Straßenort) z. T. gleichfalls in die Zeit vor 1000 zurück, der alte Siedlungskern ist aber durch die Ortserweiterung i. d. 1. H. d. 12. Jh. weitgehend verwischt worden. Gleichfalls fand eine Parzellenumlegung statt, die auch den Beweis für die Befestigung des karoling. Gutshofes bringen wird. Um d. M. d. 13. Jh. sind „ad sanctum Oswaldum" 26 Hofstätten dem Landesfürsten dienstbar, ein Stand, der schon 100 Jahre vorher erreicht worden ist. Die Siedlungserweiterung i. 12. Jh. ist nicht zur Gänze abgeschlossen worden, dieses dürfte mit der Verlegung des Marktes in das Yspertal (Altenmarkt, Ysper) zusammenhängen.

Der heutige Pfarrort St.Oswald war der kirchliche Mittelpunkt des urspr. karoling. Grafschaftsbezirkes Nöchling, westlich des Ostrongs, welcher 998, nach der Zurückdrängung der Ungarn, von K. Otto III. seinem Vetter Heinrich, Herzog v. Bayern, geschenkt wurde. Damals wird das Gut (predium) „Nochlinga" erstmals urkl. genannt (MG Dipl. Otto III. Nr. 286). Nach dessen (als K. Heinrich II.) kinderlosen Tode (1024) erhielten die in Oberösterreich reichsbegüterten Grafen v. Ebersberg, die schon Persenbeug besaßen, dieses Gut. Seit damals hat diese Herrschaft, die später Yspertal-Rorregg hieß, die Geschicke der Grafschaft Persenbeug geteilt. In d. 1. H. d. 12. Jh. sind die Burggrafen von Regensburg die Herren dieser Gebiete. Durch die engen verwandtschaftlichen Beziehungen der Burggrafen mit den Babenbergern konnten sich diese nach dem Aussterben der Vorbesitzer im 13. Jh. den ganzen ehem. Hoheitsbereich sichern. Die Burggrafen von Regensburg waren es, die den heutigen Ort St.Oswald als wirtschaftl. und pfarrlichen Mittelpunkt dieses Einzelhof-Streusiedelgebietes bestimmten und dort eine Kirche errichteten, die 1160 von Bf. Konrad v. Passau, einem nahen Verwandten der Burggrafen geweiht wurde. Gleichzeitig erhob der Bischof die Kirche zu *„Nochelingen"* zur Pfarr- und Mutterkirche des ganzen Gebietes. Nach deren Patrozinium St.Oswald wurde später dieser Ort umbenannt.

Rings um den 1230 als *„Markt"* bezeichneten Ort St.Oswald befanden sich eine Reihe von kleinen Wehrbauten und Turmhöfen.

Das Kirchenareal von annähernd kreisförmigen Grundriß, heute tw. Platz und Friedhof, bildete mit ca. 28 m Durchmesser das Zentrum des karoling. Gutshofes, die curtis. An Stelle der Kirche stand das Hauptgebäude, wobei fraglich ist, ob nicht Mauerteile der Kirche diesem Gebäude angehörten. An 3 Seiten war das Sitzareal von einem 10 m breiten, nun zur Gänze eingeebneten Graben umfangen. Dieser Graben ist im Franziszeischen Kataster noch gut erkennbar. Bereits i. 12. Jh. wurde er an der W-Seite eingeebnet und in Hausparzellen eingegliedert. Er muß daher aus der Zeit vor der Siedlungserweiterung stammen. Im O geht der Graben in das tieferliegende Wirtschaftsareal über, ehemals, die curticula des Gutshofes. Auch heute noch stehen innerhalb dieses Areals hauptsächlich Wirtschaftsgebäude. Vor dem Wirtschaftsareal liegt ein kleiner linsenförmiger Platz mit der Zufahrt. Im O und S waren curtis und curticula von einem 3. Areal umfangen, ehemals Vieh- und Weideplätze.

Die Hauptbefestigung bezog sich auf das Zentrum, die curtis. Eine einfache Umwehrung wird wohl auch die curticula gehabt haben. Das 3. Areal war unbefestigt, sicher aber umzäumt. Die Abmessungen der Areale: curtis mit polygonaler Grundrißform ca. 28 m im Durchmesser; curticula ca. 22 m im Quadrat (gleich groß wie bei Gottsdorf); Gesamtausmaß ca. 78 x 55 m in ovaler Anlage.

Die im Zuge der Siedlungserweiterung um d. M. d. 12. Jh. errichtete Kirche im Zentrum der ehem. curtis an Stelle des Hauptgebäudes übernahm die Wehrfunktion des befestigten Hofes. Der Kirchhof wurde mit einer Mauer umgeben, die Kirche selbst mit einem Wehrturm versehen. Nach A. Klaar datiert der W-Turm der Kirche erst a. d. Spätgotik, jedoch ist auffallend, daß der Turm nicht wie üblich über dem W-Giebel des Kirchenschiffes gestellt ist, sondern eine durchgehende Baunaht mit dem Langhaus bildet. Die Mauern zeigen unter dem abfallenden Putz ein schön gearbeitetes Schichtquadermauerwerk im Bereich der unteren 3 Geschosse. Sie datieren zumindest a. d. 13. Jh., wie überhaupt ihre Datierung noch eingehend zu überprüfen ist. Außer diesem, als erste von A. Klaar als solchen bezeichneten Wehrturm besitzt die Kirche keinerlei Wehreinrichtungen mehr.

Nach Plesser soll bereits i. 9. Jh. eine hölzerne Kirche bestanden haben, namensgebend für den Ort. Wenn eine solche Kirche existiert hat, dann nur neben dem Hauptgebäude der curtis, die dann zu den Königshöfen zu rechnen wäre. Allerdings fußt diese Vermutung nur auf dem Patrozinium, da 998 nur von einem *„Gut Nöchling"* die Sprache ist. Auch die Abmessungen des prediums sprechen gegen einen Königshof (vgl. Pottschach).

(Plesser, Pöggstall 247, 214; TopNÖ VII 546; ÖKT IV 131; GB IV 305; IX 197; XI 523; XII 692; HiSt I 516; Eppel, Wv 203; FranzFass. OM 471; Klaar/BDA; Klaar, Siedlungsformen NÖ; Seebach)

S C H A U S T E I N (LAUSCHSTEIN) (St.Oswald/Persenbeug/Melk)

Vom s. Ortsende von St.Oswald führt in wsw. Richtung eine asphaltierte Straße nach Waldhausen/OÖ. Nach 2.5 km führt die Straße über eine Brücke. Linkerhand liegt am Fuße des Schausteines die Kronbergmühle. Besser ist der Schaustein vom Bergsattel zu erreichen, ca. 100 m nach der Brücke, wo ein Weg nach S auf den ca. 20 m hohen Hügel führt, auf dessen Gipfel sich die spärlichen Reste einer gewaltigen Burganlage befinden.

Urkundliche Nachrichten fehlen.

Nach Plesser, ist der Schaustein 20 m hoch, die Anlage hat einen Längsdurchmesser von 78 m; das Mauerwerk eines Turmes mit Gewölben soll 1848 zum Bau des Schusterlehenhauses verwendet worden sein. Gewölbe einer angeblichen Wegwarte sollen noch vorhanden sein.

Die Anlage ist mit einer Seite an einen natürlichen Steilabfall gerückt, wie das bei den meisten ma. Kunsthügelburgen in Höhenlage zu bemerken ist. Den Kern bildet ein 5 m hoher, künstlich zugerichteter Felskopf von ovalem Grundriß, Längsachsen 45 x 27 m mit einem rechteck. Plateau in OW-Richtung von 28 x 12 m. Gegen W eine künstlich abgeböschte Erhöhung von 3 m mit einem felsigen rechteck. Plateau von 7.5 x 11 m, das früher von einem Festen Haus (keinem Turm!) mit einer ungefähren Mauerstärke von 1.20 m zur Gänze eingenommen wurde. Eine Quermauer ist schwach erkennbar. Das Feste Haus, ehem. vermutlich 3-gesch., bildete mit dem tieferliegenden Hof im O die gesamte innere Anlage von 390 m^2, eine äußerst starke Festung, deren gewaltige Außenwerke eine Gesamtfläche von 2800 m^2 einnahmen (ma. Bereich ca. 1000 m^2). Der ovale Felskopf ist zur Gänze, auch auf der sturmfreien O-Seite (natürlicher Steilabfall) von einem noch 3 m tiefen, an der Sohle 2-5 m breiten Graben und einem Außenwall in einem großen Oval umfangen, Hauptachsen auf der Wallkrone gemessen 60 x 42 m.

Im N trennt eine Graben-Wall-Graben-Anlage den Burgplatz in der Sattelmitte vom überhöhenden Gelände. Während die Anlage innerhalb des ovalen Beringes ma. ist, gehört die Wallanlage im N einer früheren Zeit an. Eine Bestätigung für diese Annahme war noch nicht zu erbringen, allerdings deuten die Bezeichnungen *„Burgern, Burghof, Burgstall"* s. und w. von St.Oswald auf eine frühgeschichtliche Besiedlung der Gegend. Die Wallanlage steht in keinem direkten Zusammenhang mit der ma. Anlage und dürfte einer befestigten frühgeschichtlichen Höhensiedlung angehören, die an 3 Seiten sturmfrei gelegen, an der 4. Seite am Sattel durch eine Wallanlage gesichert war (ähnlich wie bei Eckhardstein).

Die Entstehungszeit der Burg wird schwer vor 1100 anzusetzen sein. Die ausgeprägten Wallanlagen in für Höhenburgen ungewöhnlicher Form und der in die Kernburg mitgenommene Hof wie auch die relative Höhenlage deuten auf d. 1. H. d. 12. Jh. und auf einen Ministerialensitz, der von der zugehörigen Ortschaft (St.Oswald) bereits entfernt angelegt worden ist. Seine Errichtung wird in direktem Zusammenhang mit der Erweiterung von St.Oswald i. 12. Jh. stehen, wobei vermutlich eine frühgeschichtliche, befestigte Siedlungsstelle als Burgplatz Wiederverwendung fand. Die am Fuße des Hügels liegende Kronbergmühle dürfte zur Burg gehört haben.

Die Grundrißform der Burg, ein mehrgesch. Festes Haus mit Hof auf einem Kunsthügel innerhalb eines ovalen Beringes aus Graben und Wall (das Aushubmaterial wurde nicht, wie üblich zu einem Inneren- sondern zu einem Außenwall aufgeworfen) ist dem Gebiet fremd. Wie bei Schwarzau, Pöbring und Eckhardstein deutet dies auf einen tradierten Bautyp aus einem anderen Gebiet. Der Burgtyp selbst - ein Festes Haus 1:1.5 mit Bering - ist in der angenommenen Erbauungszeit überregional geläufig.

(Plesser, Pöggstall 248; Schad'n 131; Otruba Gustav, Die Kreudenfeuersicherung der Stadt Wien im 16. u. 17. Jh., in: UH 1956, 100; Eppel, Wv 45; Seebach)

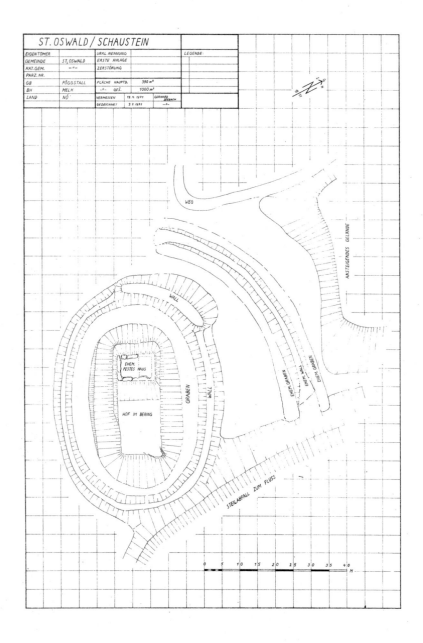

SCHWARZAU (Artstetten-Pöbring-Schwarzau/Melk/Melk)
Am s. Ende des gleichnamigen Ortes liegen 13 m über dem Schwarzabach die Reste der Burg, erfreulicherweise vom Gestrüpp befreit und in gepflegtem Zustand. Der Aufgang erfolgt durch einen kleinen Hohlweg nö. der Ruine.
Um 1115/22 gab Bf. Heinrich v. Freising aus der gfl. Familie der Gf. v. Peilstein in dem seinem Domkapitel zum St.Leonhardsaltar in Freising zwei Eigengüter in dieser Gegend und vertauscht wenig später mit seinem Bruder, dem Gf. Friedrich II. v. Peilstein, sein Eigengut (predium) „*utrumque Suarzahe*" (= beide Schwarzau). Man versteht darunter Ober- und Unter-Schwarzau, die in späteren Urbaren des Kl. Neustift bei Freising, wohin nach 1142 diese Schenkungen übertragen wurden (Busley, 185), stets getrennt angeführt werden. Keineswegs ist mit dem einen Schwarzau der Ort Münichreith am Ostrong gemeint, der zu dieser Zeit ebenfalls Schwarzau genannt wird. Erst 1179 wird ein „*Egelolf de Suarzahe*" als Zeuge in eine Urkunde Hzg. Leopolds V. erstmals genannt. (Mitis 366). Er erscheint auch 1190 in einer Freisinger Urkunde in den Jahren 1218 und 1237 werden mehrere Mitglieder dieser vermutlich urspr. Peilstein'schen Ministerialenfamilie genannt, darunter ein „*dominus Ulricus de Swarcza*". Den Titel „*dominus*" führen in dieser Zeit nur Edelfreie und Ministerialen. Die Burg gehörte 1340-66 Konrad dem Fritzelsdorfer, der sich nach Schwarzau nannte. 1394 pfändet Niklas der Höflinger im Namen des Herrn Wolfgang, Kaplan zu Wimberg, die Feste Schwarzau samt Zugehör. Nach 1400 scheint die Burg verödet zu sein, da sie nicht mehr genannt wird. Das Dorf gehörte 1548 zum Amte Fritzelsdorf der Hft. Pöggstall.

Zentrum der ehem. Burg ist ein turmartiger 3-gesch. Wohnbau, von dem nur noch die N-Seite in voller Höhe, die O- und W-Seite im Ansatz erhalten sind. Die S-Mauer ist gänzlich verschwunden. Nach Kreutzbruck hatte der Bau folgende Außenmaße: N 13.30 m; O 17.20 m; W 14.85 m; S 14.08 m. Bei einer Mauerhöhe von 12 m kann daher schwerlich von einem Turm im eigentlichen Sinn, eher von einem Festen Haus mit verzogenem 4-eck. Grundriß, Seitenverhältnis 1:1.3 gesprochen werden. Die meßbaren Mauerstärken sind im N und W 1.80, im O 1.50 m. Der Bau hatte in allen 3 Geschossen Tramdecken, über dem 3. G. eine Wehrplatte mit rechteck. Zinnen. Der Eingang erfolgte von N im 2. G., wo in der Frontmitte der schmale Einstieg, stichbogengewölbt in einer rechteck. Mauerblende liegt. Beiderseits des Tores 2 Pfostenlöcher einer kleinen Plattform, die als Auflager einer Holztreppe diente. Das Tor selbst war durch einen Schubbalkenriegel versperrbar. Im 2. G. befand sich im ö. Teil neben dem Eingang ein tonnengewölbter Raum (Gewölbespuren an der N-Mauer, vielleicht eine ehem. Kapelle. Im 3. G. ein kleines Rechteckfenster in einer Nische. Bis auf diese beiden Maueröffnungen und einem jungen Mauerausbruch im Erdgeschoß zeigt sich die N-Mauer als eine geschlossene wuchtige Mauerfläche, wobei dieser Eindruck durch das Bruchsteinmauerwerk (lagerhaftes Füllmauerwerk, die Schalen aus kleinen plattigen Steinen mit viel Mörtel gemauert) noch verstärkt wird. Im Ansatz der W-Mauer im 2. G. Reste eines großen Fensters.

In einer späteren Bauphase erhielt das Feste Haus eine Vorburg, nicht zuletzt zum Schutz der Zisterne, die ca. 3 m n. des Hauses lag, heute eine runde Bodenvertiefung. Im W ist die Zinnenmauer der Vorburg noch in voller Höhe, 8 m hoch erhalten, im N und O fehlt sie gänzlich. Sie setzt an der NW-Ecke des Festen Hauses an, läuft 2.03 m nach W und biegt rechtwinkelig nach N ab. Die W-Partie ist 8.56 m lang bis zum 2. Knick im NW, wo sie als Tormauer mit dem 1. Tor nur mehr in 1 m Länge, 1.24 m stark erhalten ist. Unterhalb des Zinnenkranzes (2 Zinnen im S-, 6 im W-Teil) ein 60 cm breiter Mauerabsatz eines Wehrganges, der seinen Aufgang im NW hatte, eine Holztreppe, die auf 3 waagrechten, in die Mauer eingelassenen Pfosten ruhte. Im S-Teil, annähernd in der Höhe des 2. Hausgeschosses eine rechteck. Maueröffnung in der Zwingermauer mit 2 Kragsteinen nach der Außenseite, ein ehem. Abtritt.

Die Burg liegt auf einem künstlich zugerichteten, nach S abfallenden Hügel. Im N be-

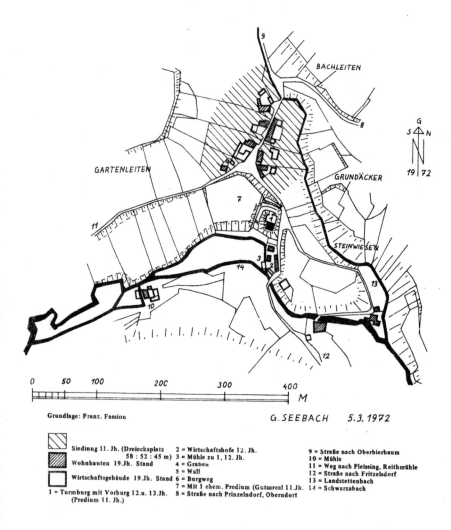

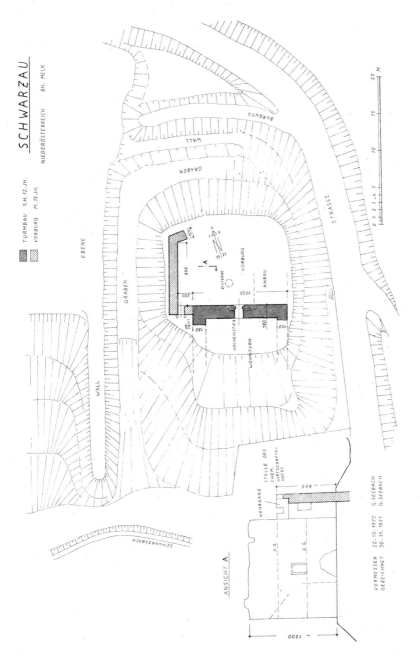

trägt der Höhenunterschied zur Straße 4 m, im S zur Stelle des ehem. Meierhofes 7 m. Im W und N umfaßt eine Wall-Graben-Anlage den Burghügel, die im N zum Schutz des Zuganges durch einen weiteren Graben, in dem nun der Burgweg liegt, verstärkt war. Westlich der Burg eine große freie Fläche, heute ein Acker, die mit gleichem Niveau zum urspr. Bereich der 1. Burganlage gehörte.

In d. 1. H. d. 12. Jh. werden 2 Orte *„Schwarzau"* genannt. Ein Blick auf den Siedlungsplan zeigt, daß im heutigen Schwarzau nur eine Ortschaft existierte, eine Siedlung aus dem 11. Jh. mit einem kleinen Dreiecksplatz von 58:52:45 m. Die gleichartigen Anlagen von Wien-Tuchlauben (62:70:75 m. a. d. 1. Dr. d. 11. Jh.), Salzburg-Waagplatz (70:70:45 m, urkl. zwischen 987 und 996), Krems-Hoher Markt (75:75:57 m, zwischen 995 und 1014), Linz-Altstadt (75:75:45 m) und Hainburg-Freiungsstraße (80:80:46 m, um 1050/60) lassen eine genauere Datierung zu. Nach A. Klaar (Die Siedlungsformen Wiens) datiert dieser Platztyp an Weggabelungen innerhalb von Gassengruppendörfern vom E. d. 10.-M. d. 11. Jh. Der eine Ort Schwarzau ist also in die gleiche Zeit zu setzen. Da ca 1.5 km ö. von Schwarzau ein Ort Oberndorf mit einem 1175 genannten Gut (Heinrich v. Oberndorf) liegt, dürfte es sich bei diesem um das 2. Schwarzau handeln.

Der Dreiecksplatz von Schwarzau ist genau auf die Ebene w. der Burg ausgerichtet. Damit ist auch die urspr. Burganlage d. 1. H. d. 11. Jh. genau zu umreißen. Sie bestand aus 2 Arealen, einem Wirtschafts- und einem Sitzareal. Das Sitzareal lag auf einem Kunsthügel, der im N gegen die nahe Überhöhung durch 2 Gräben und einem mittleren Wall, im W gegen das ehem. Wirtschaftsareal durch einen Graben mit Außenwall geschützt war. Auf dem Plateau stand ein hölzernes Burggebäude an Stelle des späteren Festen Hauses. Das Wirtschaftsareal lag gleichfalls innerhalb einer Umwehrung, worauf die exakten Böschungskanten, auch gegen den Dreiecksplatz hinweisen.

In d. 1. H. d. 12. Jh. wurde der Holzbau der Burg durch das Feste Haus ersetzt. Es entstand ein 3-gesch. turmförmiger Steinbau mit annähernd rechteck. Grundriß. Im Untergeschoß Lagerräume; Einstieg, ein Wohnraum und vielleicht eine Kapelle im 2., Wohnräume im 3. Geschoß. Darüber eine Wehrplatte mit Zinnen und vermutlich einem steilen (vgl. Zinnenhöhe), leicht vorkragendem Walmdach. Die Zisterne wird in einer Umwehrung durch Palisaden gelegen sein. Das alte Wirtschaftsareal wurde aufgegeben und ein neuer Meierhof mit einer Mühle s. der Burg am Fuße des Hügels angelegt.

Um d. M. d. 13. Jh. erfolgte die letzte Erweiterung der Burg. Der n. Bereich vor dem Festen Haus erhielt eine Vorburg mit einer 8 m hohen Zinnenmauer, die einen (gedeckten) Wehrgang trug. An die S-Seite des Festen Hauses wurde ein 2-gesch. längliches Gebäude mit einem Pultdach (Mörtelspuren am Festen Haus) an die Mauer der Vorburg gestellt.

(Plesser, Pöggstall 289; Lechner, Wv 70; GB IX 205, 486; XI 141; NÖUB I 334; Winter II 1052; ÖKT IV 155; Reil 162, 413; Bi II 13; FranzFass OM 161; Kreutzbruck; Seebach)

SEITERNDORF (Weiten-Seiterndorf/Melk/Melk)

Im Bereich der beiden Bauernhöfe Seiterndorf 12 und 14 liegen die arg dezimierten Reste des ehem. Sitzes.

Der ehem. Wehrbau war Lehen der Herren v. Werd auf Mollenburg (GB XIII 600). 1300 wird *„Wolfram v. Seyterdorff"* als Zeuge in einer Urk. genannt (Reil 190). 1308 verkaufen die Erben des Herrn Konrad v. Werd zu Mollenburg *„das vestel"* zu *„Seitterendorf"* dem Stefan v. Maissau, Marschall v. Österreich. Als Lehensträger scheinen 1356 Wolfhard der Seiterndorfer, 1404 Hans Raid und 1434-85 die Hochstetter, welche einen Schwertknauf im Siegel führten, auf. Nach 1512 (Sigmund Gernstorfer) wechselte der *„freie Edelsitz"* sehr rasch seine Besitzer. 1651 erwarb ihn die Kartause Aggsbach, 1789 die Hft. Artstetten, die 1870 den Hof an einen Bauern verkaufte.

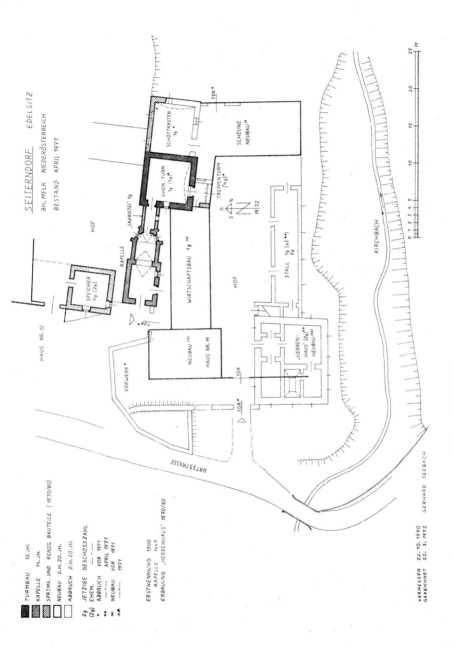

Zeigt die Planaufnahme von Kreutzbruck noch einen vollständig erhaltenen ma. Bestand zwischen den beiden Weltkriegen, so fiel mehr als die Hälfte der ma. Gebäude dem Abbruch nach dem 2. Weltkrieg zum Opfer.

Der älteste Bauteil, ein 3-gesch. Turmbau ist in seinem Erdgeschoß noch erhalten. Der Turm a. d. 2. H. d. 13. Jh., ähnlich dem von Prinzelndorf, war 3-gesch., im Grundriß ein Quadrat von 7.5 m Seitenlänge, mit einem ehem. Hocheinstieg im 2. Geschoß. Über dem 3. G. eine Wehrplatte, abgedeckt durch ein Walmdach. In der Renss. erhielt er einen 4-gesch. Treppenturm im S, ehemals mit Zeltdach vorgebaut. Die oberen Turmgeschosse wie der Treppenturm fielen bereits der 1. Abbruchsphase zum Opfer.

Zwischen Haus 12 und 14 steht an 3 Seiten frei die 1447 genannte Kapelle, ein Bau d. 14. Jh. An ein rechteck. Langhaus mit Spitzbogentoren im W und S und späterer Einwölbung schließt ein niedrigerer Chorbau, aus einem Chorquadrat und einem 3/8-Schluß bestehend, in dem 2 got. Fenster wie in der Mitte eine Tür zur „*Sakristei*", dem Renss.-Verbindungsgang zum Wohnturm liegen. Zeigt der Chor noch sein urspr. Rippengewölbe, so war das Langhaus früher flachgedeckt. Die beiden Eingänge erklären sich daher, daß die Kapelle ursprünglich, mit der W-Seite frei zum Ort und hier von den Ortsbewohnern erreicht werden konnte, der Zugang vom Sitz aber direkt durch das S-Tor erfolgte.

Nördlich der Kapelle ein Renss.-Bau von 6 x 6 m, heute 1-gesch., früher ein 2-gesch. Wirtschaftsgebäude, das zum n. an den Sitz anschließenden 2. Wirtschaftshof gehörte. Heute ein mit einem Satteldach abgedeckter, gewölbter Kellerraum. Seine ehem. Fenster im W und S sind vermauert.

Der Hauptbau des Sitzes, das neue Herrenhaus aus der Zeit um 1570/80 wurde erst im April 1971 gänzlich abgerissen und an seiner Stelle ein Neubau errichtet. Das Herrenhaus war ein 2-gesch. rechteck. Bau von 12 x 10 m mit 3:4 Fensterachsen und einem mächtigen Krüppelwalmdach. Im Erdgeschoß bis auf die Stube durchwegs gewölbte Räume. Der Zugang erfolgte von N vom Hof aus, östlich und w. der Diele je ein kleiner Raum, südlich die Stube, an die im W 2 Räume angeschlossen, von denen einer die Rauchküche mit einem pyramidenförmigen Rauchabzug, der auch im 2. G. einen Raum in Anspruch nahm, enthielt. Das Obergeschoß war über ein ö. angebautes Treppenhaus zu erreichen.

Im gesamten gesehen bildete der Edelsitz ein großes ummauertes Rechteck von 42 x 28 m, in das an den Längsseiten die einzelnen Baukörper voneinander getrennt eingestellt waren. Im N schloß noch eine 2. Hofanlage von ca. 20 x 25 m an. Die älteste Anlage a. d. 2. H. d. 13. Jh. bestand aus einem wehrhaften 3-gesch. Wohnturm mit Hocheinstieg. Seine Erbauung dürfte mit der der Mollenburg auf das engste in Verbindung stehen, erfolgen doch auch die Nennungen fast gleichzeitig. Im Laufe des Spätma. war bereits der heutige Umfang erreicht. An den Wohnturm schloß im O ein 2-gesch. Schüttkasten mit gewölbten Erdgeschoß, der Turm selbst erhielt einen 4-gesch. Treppenturm und einen gedeckten Verbindungsgang zur Kapelle a. d. 14. Jh. An das Herrenhaus des 16. Jh. gegenüber dem Wohnturm schloß gegen O ein 2-gesch., mit einem Pultdach versehenes Stallgebäude an. Die beiden großen Baukomplexe waren im O und W durch Tormauern verbunden, im NW schützte eine Bastion die Zugänge zur Kapelle und zum Haupthof von der Ortsstraße her. Im S war die gesamte Anlage durch den 2 m tief eingeschnittenen Kirchbach, im W durch eine künstliche Grabenanlage geschützt.

Von der vor kurzem noch gut erhaltenen ma. Anlage sind nur mehr kümmerliche Reste erhalten, die ein trauriges Bild bieten. Wenigstens der Kapelle und dem Turmrest sollte mehr Aufmerksamkeit geschenkt werden.

(Reil 190; Plesser, Pöggstall 290; GB XI 258; XIII 600; NotBl. 1851, 122; ÖKT IV 207; Bi II 13; Plesser 1904, 15, 22; Karl Schöbl, Wissenswertes in den Matriken der alten Stephanspfarre Weiten, in: Wv 1965, 17; Kreutzbruck; Seebach)

S T R E I T W I E S E N (Weiten-Streitwiesen/Melk)

Der Zugang zur oberhalb des kleinen Ortes gelegenen Ruine erfolgt von S über eine kleine Holzbrücke.

Das Gebiet der späteren Herrschaft Streitwiesen-Mollenburg lag in der alten Grafschaft Weitenegg-Persenbeug, deren kirchlicher Mittelpunkt der alte Markt Weiten war. Hier faßte der österr. Landesfürst erst im 13. Jh. endgültig Fuß. Vorher gehörte dieser alte Hoheitsbereich den Gf. v. Peilstein, 1180 den Gf. v. Pernegg und 1220 den Gf. v. Lengenberg-Rehberg. Als Bf. Reginbert v. Passau 1144 die Kirche zu Münichreith weihte, finden wir unter den Zeugen erstmals *„Ozzo v. Stritwisen"* genannt (OÖUB II 214). Die Ministerialenfamilie der Herren v. Streitwiesen waren nach K. Lechner (Wv 204) stammesverwandt mit den Herren v. Stiefern-Arnstein, die zum engsten Gefolge der Babenberger gehörten. Sie waren aber auch mit dem Bistum Passau eng verbunden, und übten über Passauische Besitzungen in Niederösterreich Vogteirechte aus. Die Streitwiesner lassen sich bis z. E. d. 14. Jh. urkl. nachweisen und gehörten zu den bedeutendsten Adelsgeschlechtern des Herzogtums. *„Dominus"* Heinrich v. Streitwiesen wird in den Reisekostenrechnungen des Passauer Bf. Wolfker v. Erlau der Jahre 1203-04, anscheinend als besondere Vertrauensperson des Bischofs, mehrmals erwähnt. Konrad v. Str. wurde von Ulrich v. Liechtenstein 1227 beim Turnier zu Wien aus dem Sattel geworfen, Marquard stand 1266 im Schlosse Krumau a. K. am Sterbebette der letzten Babenbergerin, Kgn. Margareta v. Böhmen, zu deren Hofstaat er gehörte. 1296 soll die Burg im Verlaufe des Adelsaufstandes gegen den Landesfürsten zerstört worden sein. Die Streitwiesner erwarben im südlichen, aber auch im mittleren Waldviertel bedeutenden Besitz (Mollenburg, Altenmarkt, Pöbring, Marbach/Donau, Artstetten, Kirchbach und Griesbach/Großgerungs sowie Edelbach). Der letzte des Stammes war der 1399 urkl. genannte Bernhard, dessen Tochter Johanna, Albrecht v. Pottendorf ehelichte. Die Stammburg wurde aber schon 1373 an die Volkersdorfer verkauft, die sie dem Hans v. Maissau überließen. Dieser stiftete die Feste 1395 zu Unser-Frauenkapelle in Dürnstein zum Unterhalte eines Viertel-Priesters. Vor 1434 kam die Herrschaft an die Fleischeß, 1455 an die Schrott, 1522 an die Albrechtshaim, 1536 an Kernbaum und 1550 an die Rot. Wie noch heute eine Inschrift meldet, hat Jakob Rot v. Reinprechtspölla die S-Front des Schlosses mit zwei runden Türmen um 1556 herstellen lassen. 1584 folgten die Velderndorfer, von welchen die Feste mit 40 Grundholden 1598 die Peukheim übernahmen. Auch im 17. Jh. erfolgte ein oftmaliger Besitzwechsel. 1697 kauften die Sinzendorfer das Gut und vereinigten es mit ihrer Hft. Pöggstall. Seit damals wurde das Schloß dem Verfall überlassen. Mit Ausnahme der Zeit von 1777 bis 1795, als es den Gf. Abensberg-Traun gehörte, blieb das Gut mit Pöggstall vereinigt.

Die Burganlage gliedert sich im wesentlichen in 3 Teile: Die ältesten Bauteile gruppieren sich um den inneren Burghof; gegen O der äußere Burghof; im S eine Terrasse, auf der die rom. Pankratiuskapelle liegt. Die urspr. Zufahrt liegt im Osten. Der Weg führte durch eine weite Vorbefestigung (1. Tor) zur Außenmauer des äußeren Burghofes. Das linke Gewände des 2. Tores ist noch erhalten. Linkerhand got. und renss. Baureste und der Abstieg in die gewölbten, weitverzweigten Kellerräume unterhalb des Burghofes. Rechts die zinnenbekrönte Außenmauer. Die Stelle des 3. Tores zum inneren Burghof ist heute nicht mehr genau zu erkennen. Der Umfang des inneren Hofes zeigt die Größe der Burg i. 13. Jh. Im N die Reste des gewaltigen Bergfrieds und des später errichteten rom. Palas, im S Gebäudereste und der Abgang zur Burgkapelle. Die abschließende Zinnenmauer im W ist bis auf die Ansätze fast gänzlich verschwunden. Gegen das Tal ist hier ein Zwinger vorgelagert.

Die Burgkapelle liegt auf einer Terrasse unterhalb der eigentlichen Burg und stand urspr. frei. Erst i. d. Renss. wurde sie mit einer Mauer umgeben. An der SW-Ecke ein noch 3-gesch., ehem. 4-gesch. Rundturm, der in der Höhe des 3. G. außen eine Bauinschrift in einer Ädicularahmung trägt: *„Der Edl Vnd Vest Jakob Rot Zu Reinprechtspollan / Vnd Streitwiesen Vnd Fraw Kordula Sein Eelich / Gemachl, Geporne Khienastin, Haben Dies Gepey On / Schwais Ierer Underthon Aus Aignem Seckhl Von / Grvnt Aufferpavt Vnd Den Ersten Stain An Disen / Thurn Gottlob Gelegt. Actum 22. Tag Juny 1566."* Auf dieser Inschrift fußt die scherzhafte Bezeichnung des *„Jakobrotismus"* die besagt, daß ein Gebäude nach Inschrift von *„Grund auferbaut"* worden ist, in Wirklichkeit handelte es sich nur um eine Erweiterung.

Den ältesten Bauteil der Burg bildet der mächtige, 32 m hohe Bergfried von quadr. Grundriß mit 8.20 m Seitenlänge. Von seinen 7. G. gehören nur die unteren 5 der 1. H. d. 12. Jh. an. Die beiden oberen stammen a. d. 2. H. d. 16. Jh., wie die Zierzinnen und der umlaufende Sims knapp unterhalb zeigen. Erstaunlich die geringe Mauerstärke des Wohnturmes. Sie war auch der Grund, daß der Turm zu 2/3 abgerutscht ist, so daß nur die NO-Ecke noch volle Höhe aufweist. Auch die umlaufende Balkenkonstruktion in der Mauerstärke im 1. G. trug zur Schwächung der aus Schichtquadern bestehenden Mauer bei. Schön gearbeitet sind die Zahnungen der diversen Maueröffnungen, wie Fenster, Nischen und Kamine, wobei sich die regelmäßigen Fensterreihen der beiden obersten G. deutlich abheben. Die Fenstersturze sind gerade, wie auch die Überlager aus mächtigen

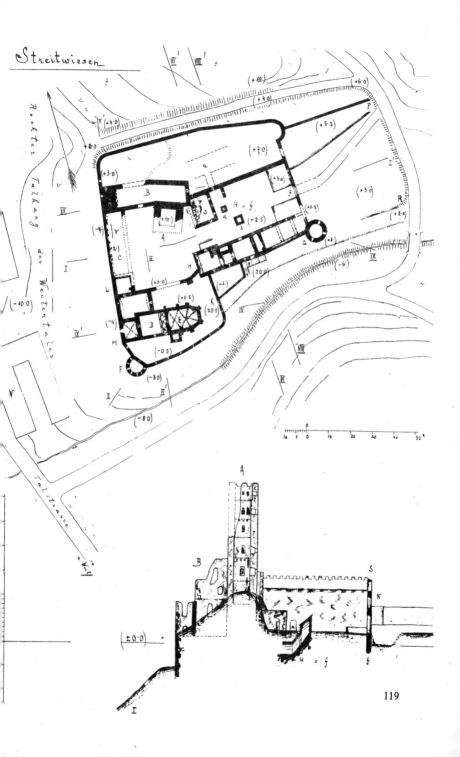

länglichen Steinblöcken bestehen. Der Turm hatte in allen Geschossen Tramdecken, die ohne Auflager in die Mauer eingelassen waren. Nur ober dem 5. G. ein Deckenauflager. Der Wohnturm war urspr. das einzige Burggebäude neben der Kapelle, ein hochhftl. Wohnbau, bei dem weniger auf Wehrhaftigkeit als auf Wohnlichkeit Wert gelegt wurde.

Der gleichen Erbauungszeit gehört die ehem. freistehende Burgkapelle St.Pankratius an. Das aus mächtigen Quadern errichtete Langhaus besitzt 2 Zugänge, ein rom. Portal im S und einen später ausgebrochenen im W. Knapp unter der ehem. Flachdecke 3 hochrom. rundbog. Trichterfenster. Unterhalb wurden i. 13. Jh. im Stil der Übergangszeit (große, spätrom. Erweiterung von Streitwiesen und Erbauung der Mollenburg) 2 weitere Fenster, ein Belichtungsfenster über dem Portal und ein längliches mit gedrücktem Spitzbogen in der s. Frontmitte ausgebrochen. Die N-Seite hatte keine einzige Maueröffnung. Auf den rom. Chorschluß deutet nur der mächtige rundbogige, in der Gotik z. T. vermauerte Triumphbogen. Seine Größe läßt ein Chorquadrat (mit Halbkreisapside) annehmen. Der rom. Chorschluß wurde i. 14. Jh. (nicht erst um 1400, wie Plesser vermutet) durch ein hochgot. Chor, bestehend aus einem Chorquadrat mit 5/8-Schluß ersetzt. Neben dem Kreuzrippengewölbe sind vor allem das leider arg zerstörte got. Sakramentshäuschen mit Baldachin a. d. 15. Jh. und die Gruftplatte des Jakob Schrot († 1463) aus rotem Marmor bemerkenswert. Der Hauptaltar stammt a. d. M. d. 17. Jh. Mit der Erneuerung des Chores erhielt auch das rom. Langhaus i. 14. Jh. vor dem Triumphbogen eine schmale 3-joch. Einwölbung, von der das n. Joch, eine ehem. Taufkapelle noch erhalten ist. Von den Fresken der Kapelle zeugen nur mehr schwache Farbreste.

In d. 1. H. bis um d. M. d. 13. Jh. wurde die Burg bedeutend erweitert. Der Wohnturm wurde in einen quadratischen, 12 m hohen Bering eingebunden. Die Burgkapelle blieb jedoch außerhalb des Beringes. An den Wohnturm wurde mit deutlich sichtbaren Baufugen im W ein 3-gesch. spätrom. Palas gestellt, von dem nur mehr die N-Mauer mit einer schönen rom. Stiegenanlage erhalten ist. Der Bering war so angelegt, daß sich Turm und Palas an der höchsten Stelle der Anlage befanden und die ganze N-Seite einnahmen. Das Tor lag im O und war durch den Wohnturm gedeckt. Im S im Abstand von 6 m außerhalb der Ringmauer die Burgkapelle, im W ein natürlicher Steilabfall (der Mauerfuß wurde durch einen tieferliegenden Zwinger i. d. Spätgot. gedeckt). Das Gelände des Burghofes ist heute sehr stark verwachsen. Sein Niveau ist wegen des Schuttkegels des Wohnturmes nicht mehr ursprünglich wie auch das Burgtor selbst nur durch Ausgrabungen lagemäßig genau bestimmt werden kann.

In der Gotik erfolgte neben dem Umbau der Kapelle vor allem die Anlage des äußeren Burghofes im O, der mit einer 12 m hohen Zinnenmauer umgeben wurde, die einen gedeckten Wehrgang trug. Auch die 4 Keller unter dem Burghof stammen z. T. aus der Gotik. Im N eine in den Fels gehauene Pforte zu einem mächtigen gewölbten Felsenkeller. Die Gebäude im S, heute bereits stark verfallen, zeigen noch spätgot. abgefaste Rechteckfenster. Die Zwingeranlage im N mit dem langen Halsgraben wie auch das an Wohnturm und Palas angelehnte Gebäude stammen aus der Spätgotik.

Die letzte große Erweiterung erfolgte nach d. M. d. 16. Jh. durch Jakob Rot (Bauinschrift). Der Wohnturm erhielt seine beiden obersten Geschosse, im S entstanden die 4-gesch. Rundtürme an den SW- und SO-Ecken wie kleine Zwingeranlagen und Gebäude im äußeren Burghof und Wirtschaftsgebäude auf der anderen Talseite im S. Die Kapelle wurde im W von einem 2-gesch. hakenförmigen Gebäude eingefaßt. Es besitzt im Erdgeschoß einen kleinen kreuzgratgewölbten und einen großen, mit einer mächtigen Längstonne versehenen Raum, im Obergeschoß befanden sich gewölbte Wohnräume. Ihre Fenster waren gekuppelte Rundbogenfenster in Steinrahmung mit hohen Dreiecksgiebeln aus Ziegeln. Das Dach bestand aus kleinen Gräbendächern, die zur Gänze hinter den Außenmauern versteckt waren. Auch die S-Front der Gebäude des äußeren Burghofes wurde neu gestaltet. Vor allem die Reste von breiten Erkern, hohen Fenstern und die überaus farbige Fassadengestaltung (Ortseinfassung, Geschoßbänderungen in gelb, blau, rot) zeigen von einer großzügigen Baugesinnung und einer Baulust, die gewaltige Geldmittel verschlungen haben muß. Daher auch die stolze Behauptung, das Gebäude „*von Grund auf erbaut*" zu haben.

(Reil 414, 420; Plesser, Pöggstall 295; GB IX 296; JbLk 1924, 174; TopNÖ VI 812; BlLk 1887, 76; ÖKT IV 116; Bi II 10; Plesser in Kremser Ztg. v. 8. 8. 1903; MbAV 1897 140; 1899, 227; 1909, 102; HiSt I 573; Eppel, Wv 216; Halmer, NÖAuswahl 110; Dehio 343; Kreutzbruck; Vi IV 242/118; Karl Schöbl, Wissenswertes in den Matriken der alten Stephanspfarre Weiten, in: Wv 1965, 17)

U N T E R B I E R B A U M (Artstetten-Pöbring-Unterbierbaum/Melk)

HOF 1 (Unterbierbaum 7): 1263 und 1269 scheint in den Melker Urkunden ein Ritter „*Rinold v. Pirbaum*" als Zeuge auf (MB XI 67; StiftsArch.Melk). Ein Ritter Konrad v. Bierbaum wird 1343 genannt. 1556 war der Hof freies Eigen und später Meierhof.

Der Hof liegt am Rande des Ortes auf einer kleinen Anhöhe. Das Wohngebäude ist 2-gesch. mit 6:3 Fensterachsen, Seitenverhältnis 1:2. Während der heutige Eingang in der s. Frontmitte (Hofseite) liegt, befand sich der urspr. Eingang auf der N-Seite. Bei einer Renovierung kamen unterhalb des heutigen 1. G. (jetziger Keller) der alte Eingang mit einem Spionfensterchen und 5 Stufen zum Vorschein. Der Bau aus 60 cm starken Bruchsteinmauern war 1852 und 1913 abgebrannt. Nach dem letzten Brand wurde das heutige 2. G. aufgesetzt, das heutige Erdgeschoß war früher ein Obergeschoß. Der urspr. Wohnbau war also ebenfalls 2-gesch., lag aber niveaumäßig tiefer. Nördlich des Wohnbaues, auf der Wiese vor dem Haus eine leichte Vertiefung, die einen Graben längs der N- und O-Seite andeutet. Die Zufahrt erfolgt von N zu einer Tormauer, die an der SW-Ecke des Wohnbaues ansetzt. Hier ist ein ehem. Turm anzunehmen, der auch das Einfahrtstor deckte.

Der urspr. befestigte Bau dürfte folgendes Aussehen gehabt haben: Ein 2-gesch. Bau, Seitenverhältnis 1:2 in OW-Richtung, gegen S der Wirtschaftshof mit der Scheune als Holzständerbau (heute vollkommen neu) parallel zum Hauptgebäude. Die Hofeinfahrt im Westen. Das Hauptgebäude auf einem niedrigen Erduntertrau (heutige Höhe ca. 4 m), zumindest im N und O von einem Wassergraben umgeben. Im W des Gebäudes ein (3-gesch.) Turmeinbau, im O die Stallungen (worauf die n. kleinen Fenster weisen. Heute bietet der kastenförmige Bau mit einem Walmdach, gelb gefärbelt mit Geschoß- und Eckbändern, ein geschlossenes, homogenes Bild.

HOF 2 (Unterbierbaum 1): Der Altbau inmitten des Ortes mußte 1970/71 einem Neubau weichen. Der Hof war Lehen des Zisterzienserfrauenklosters von Ybbs, 1431 im Besitz des Pflegers zu Pöbring, Konrad Schauchinger (*Staatsarch.* Wien, Repert ab IV b). 1623 wird es als öde Hofstatt bezeichnet.

(GB XI 141, 142; XIII 6; TopNÖ II 169; Plesser, Pöggstall 153)

U R F A H R bei Weitenegg (Weitenegg-Urfahr/Melk/Melk)

Westlich von Weitenegg, dicht an der Donau gelegen, war jene Stelle, wo sich ein alter Übergang über den Strom befand. Durch die Gf. von Tengling-Peilstein gelangten zu Beg. d. 12. Jh. Dienste in diesem Orte an das Domkapital zu Freising, welche noch im 14. Jh. das „*Urvar*" hier zu Lehen vergab (FRA II 36, 40). Hans Kienberger (vom Kienhof bei Wimberg) verkaufte 1377 das Urfahr und 2 Häuser den Herrn v. Maissau. Von 1636 an erscheint der edle und feste Stephan Priefer zu Urfahr wohnhaft, dessen Sohn Hans 1664 urk. genannt wird. Das Dorf gehörte seit dem 15. Jh. zur Hft. Leiben, welche 1506 den sog. „*Stock*", heute ein Haus der Gemeinde, besaß.

HAUS 4: Zwischen Orts- und Bundesstraße. Spätgotisches Wohnhaus aus Bruchsteinmauerwerk mit kleinen, plattigen Steinen ohne besondere Eckverzahnung. Donauseitig

2-gesch. mit einem spätgot. Flacherker auf 4 Konsolen, die Kanten mit rot-schwarz gemalter Eckquaderung. Zur Dorfstraße hin 1-gesch., in der Frontmitte ein Spitzbogenportal in Steinrahmung mit Kämpfer und Schlußstein. Versetzte Raumeinteilung: Diele in der Hausmitte, im NW die noch erhaltene Schwarze Küche mit pyramidenförmigen Rauchabzug, im SW die ehem. Stube. Der ö. Hausteil größtenteils modernisiert. Laut Plesser, 1310 als Sitz genannt.

HAUS 8: Der 1506 als *„Stock"* genannte got. Bau, ein 3-gesch. turmartiger Bau über leicht rechteck. Grundriß mit 3:2 Fensterachsen und einem neuen Walmdach bildet die w. Begrenzung des kleinen quadr. Ortsplatzes. Der mächtige, unverputzte Bau aus grobem, jedoch schön verfugtem Bruchsteinmauerwerk gehört zumindest d. 1. H. d. 15. Jh. an. Seine Datierung ist aber noch eingehend zu überprüfen. Die sorgfältige Eckverzahnung aus Hausteinen könnte ihn in eine frühere Zeit verweisen. Die gratigen Kreuzgewölbe des 1. u. 2. Geschosses gehören d. 1. V. d. 17. Jh. an

(Reil 452; GB XII 132; Plesser, Pöggstall, 303; Lechner, Wv 70; Eppel, Wachau 231)

U R T H A L H O F (St.Oswald-Urthaleramt/Persenbeug/Melk)

Südwestlich von St.Oswald liegt an der Straße nach Waldhausen, 1 km nach St.Oswald der Hof Urthaleramt 12. Dieser, 1450 als *„Urtailhoff"* genannt (Plesser), war Amt- und Richtersitz. Während die Wirtschaftsgebäude des ehem. Vierseithofes (Die Wirtschaftsgebäude waren hufeisenförmig um einen Hof angelegt, der hakenförmige Wohnbau an der 4. Seite war mit ihnen nur 2 Mauern verbunden) größtenteils erneuert worden sind, blieb dem Altbau des Wohnhauses, ein hakenförmiger 2-gesch. Bau mit einem Walmdach erhalten. Er besitzt 6:2 Fensterachsen bei einem Seitenverhältnis von 1:2.5. Im SW der Anbau mit 2:1 Fensterachsen. Der gesamte Bau besteht aus ca. 70 cm starken Bruchsteinmauern.

(Plesser, Pöggstall 304; FranzFass OM 471)

W E I S S E N B E R G (Münichreith am Ostrong-Kollnitz/Persenbeug/Melk)

Der Ort Kollnitz liegt s. des Kollnitz- und des Weißenberges, die miteinander durch einen Sattel verbunden sind. Vom n. Ortsende führt ein Fahrweg in n. Richtung auf den Sattelrücken, von wo man ca. 300 m in w. Richtung, zur am flachen Abhang des Weißenberges, knapp vor der Waldgrenze gelegenen Ruine geht.

1268 verzichtet *„Otto de Weizzenbergkh"* auf bestimmte Rechte in der Gegend von Pöchlarn, gegenüber dem Bischof von Regensburg, um 1290 leistete Heinrich, gen. der Weizenperger Burgrechtsdienste zum Kl. Melk (Reil 151, 190, 286). *„Wolfram der Weizpyriger"* erscheint noch 1326 in Weiten. Angeblich soll später die Burg verfallen sein und kam mit allen ihren Zugehör an die Hft. Mollenburg. Um 1560 baute Samson Präzl zu Mollenburg (gest. 1577) die Burg neu auf und machte sie zum Sitze einer Herrschaft mit Landgericht, indem er den Markt Marbach/Donau sowie die Ämter Münichreith und Laimbach von der Hft. Mollenburg abtrennte und seiner neuen Hft. Weißenberg zuteilte. Seit 1599 erscheint diese endgültig von der Hft. Mollenburg getrennt und anderen Besitzern zu Eigen. Zuerst waren es die Prock zu Dietmannsdorf, 1611 die Wisent, vor 1632 die Lindegg, zu deren Zeit 1672 (Vischer!) das Schloß noch bewohnbar war. 1678 gelangte die Hft. Weißenbach an die Gf. v. Starhemberg, welche die Herrschaftskanzlei nach Marbach/Donau verlegten und das Schloß dem Verfalle überließen. Wenzel Towara, verkaufte das Gut 1818 an die kaisl. Familie, welche es mit Persenbeug vereinigte.

Die Reste der kleinen Burg sind äußerst spärlich. Außer dem Halsgraben, verwachsenen Mauerresten und einem noch ca. 4 m hohen Turmrest ist nichts mehr erhalten. Die Burg liegt auf einem ca. 2 m hohen künstlich zugerichteten, z. T. felsigen Erdunterbau in Hanglage, vom überhöhenden felsigen Gelände im S und SW durch einen tw. in den Fels gehauenen 4-5 m breiten Graben getrennt.

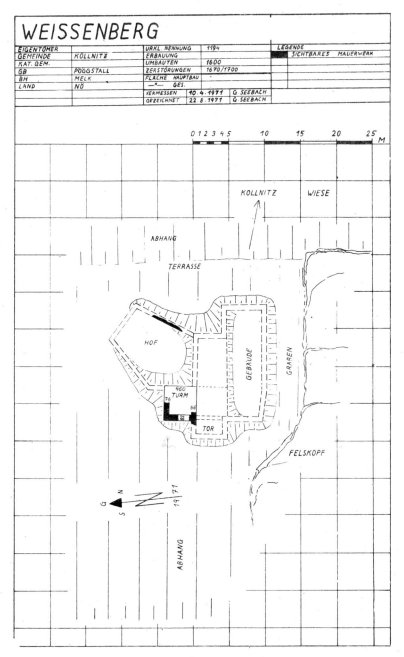

Der ehem. 3-gesch. Turm richtet sich gegen den ansteigenden W-Hang des Weißenberges. Er hat einen quadrat. Grundriß mit 4.60 m Seitenlänge, die Mauerstärken sind im W (Überhöhung) 82, im N 76 und im S 66 cm. Sein lagerhaftes Bruchsteinmauerwerk aus kleinen Bruchsteinen, der Mauerkern aus unregelmäßigen größeren Steinen mit viel Mörtelbeigabe, sowie die nicht allzu sorgfältig gearbeitete Eckverzahnung datieren ihn in die Zeit knapp vor 1200. Er steht an der höchsten Stelle innerhalb der Anlage auf einem künstlich zugerichteten Felskopf. Im W eine ehemalige, nun ausgebrochene Fensteröffnung. Der Turm hatte nach Vischer unter seinem steilen Zeltdach eine Wehrplatte mit 4 Zinnen an jeder Seite. Im 3. Geschoß zeichnet er an der O- und S-Seite je ein Fenster.

Neben dem Turm eine um 3 m gegen den Turm vorgeschobene Toranlage, das Mauerwerk, eine 66 cm starke Bruchsteinmauer ist im Ansatz am Turm erhalten. Der Bereich zwischen Turm und Tor war früher eingewölbt, an der SW-Ecke setzte die Parallelmauer zur Tormauer, schwächer als diese an. Die anschließende 12 x 4 m große Freifläche mit dem zweithöchsten Niveau dürfte urspr. ein Hof gewesen sein, der aber im 16. Jh. zumindest tw. überbaut wurde.

Das urspr. 2-gesch., mit einem Walmdach versehene Hauptgebäude lag im S der Burg. Es hatte bei 21 m Länge nur eine Gesamtbreite von 7 m und lag um 1 m tiefer als der Hof. Seine SW-Ecke ist wegen des Halsgrabens abgerundet. Nach Vischer, 1672 hatte das Gebäude 6:4 Fensterachsen, wobei der genannte Bau auf 6:2 Achsen kam. Es muß also zumindest tw. der ö. Teil des Hofes verbaut gewesen sein. Allerdings wird bei Vischer das Zurückspringen der ö. Gebäudefront nicht berücksichtigt. Im NO ein 2. Hof, der um ca. 2 m tiefer als der erste liegt. Er hat einen 5-eck.Grundriß und im NO die ehem. Einfahrt. Möglicherweise befanden sich hier Stallungen und Wirtschaftsgebäude.

Die älteste, ziemlich kleine Burganlage dürfte aus dem oberen Hof und dem langen Hauptgebäude bestanden haben. Der 3-gesch. Turm stand als stärkster Wehrbau (Tordeckung) an der höchsten Stelle. Eine spätgot. Erweiterung verstärkte den Zugang durch die vorgeschobene Toranlage (Baufuge). Nach 1560 erfolgte ein Wiederaufbau der vermutlich öde gewesenen Burg unter Samson Präzl (vgl. die Bautätigkeit auf Mollenburg und in Marbach/Donau). Dabei wird der ö. Hofteil verbaut worden sein, so daß nur zwischen Turm und altem Wohngebäude ein kleiner quadr. Hof übrig blieb. Die Erbauund der 1. Anlage wird im 4. V. d. 12. Jh. erfolgt sein.

(Reil 427; Plesser, Pöggstall 309; ÖKT IV 52; Bi II 14; Plesser, Kremser Ztg. v. 15. 8. 1903; Seebach)

W E I T E N (Markt/Melk)

Das Gebiet zwischen den Raum um Persenbeug im W und dem alten Bereich „*Grie*" nw. von Spitz deckt sich zum Großteil mit dem Raum der Urpfarre Weiten. Der Überlieferung nach soll die Pfarre Weiten bereits im 11. Jh. gegründet worden sein, ihr Patrozinium St.Stephan weist auf das Bistum Passau hin. Die ältesten Nachrichten, die wir aus diesem Gebiet haben, weisen auf die Grafen v. Peilstein-Tenglingen hin, die auch s. der Donau reichen Besitz hatten und Hoheitsrechte ausübten. Der Name Weiten erscheint 1096 erstmals urkl. belegt (BlLk 1900, 393) und wird vom Fluß abgeleitet: Das Gebiet der Urpfarre Weiten deckt sich weitgehend mit einem alten Hoheitsbereich, der angeblich schon im 12. Jh. als „*comicia Weiten et Rehperg*" bezeichnet wurde aber erst 1253 urkl. als „*provincia Witenekke*" aufscheint. Das Gebiet kam um 1150 durch Heirat an die Herren v. Pernegg, die um 1220 ausstarben. Es scheinen aber schon i. d. 1. H. d. 12. Jh. die österr. Markgrafen westlich bzw. südlich von Weiten Besitz erlangt zu haben. Aber erst nach dem Tode des letzten v. Lengenbach-Rehberg, der die Pernegger unmittelbar beerbte, also nach 1235, fällt der gesamte Grundbesitz der „*Grafschaft*" (einschließlich des Passauer Zehents und der Lehenspfarre Weiten) an den Landesfürsten, der dieses alte Hoheitsgebiet mit seinem Herzogtum vereinigt. Erst jetzt werden die zahlreichen kleinen

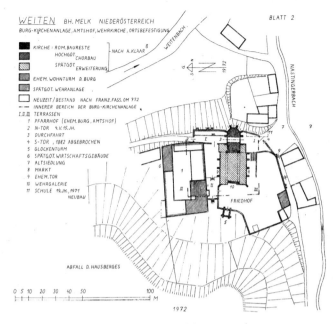

WEITEN BH. MELK NIEDERÖSTERREICH
BURG-KIRCHENANLAGE, AMTSHOF, WEHRKIRCHE, ORTSBEFESTIGUNG

BLATT 2

■ KIRCHE : ROM. BAURESTE
▨ HOCHGOT. CHORBAU
▨ SPÄTGOT. ERWEITERUNG
▨ EHEM. WOHNTURM D. BURG
▨ SPÄTGOT. WEHRANLAGE
☐ NEUZEIT / BESTAND NACH FRANZ. FASS. UM 1772
—·— INNERER BEREICH DER BURG-KIRCHENANLAGE
I, II, III TERRASSEN
1 PFARRHOF (EHEM. BURG, AMTSHOF)
2 N-TOR 4. V. 15. JH.
3 DURCHFAHRT
4 S-TOR, 1882 ABGEBROCHEN
5 GLOCKENTURM
6 SPÄTGOT. WIRTSCHAFTSGEBÄUDE
7 ALTSIEDLUNG
8 MARKT
9 EHEM. TOR
10 WEHRGALERIE
11 SCHULE 19. JH., 1971 NEUBAU

NACH A. KLAAR

FRIEDHOF

ABFALL D. HAUSBERGES

0 5 10 20 30 40 50   100 M

1972

Ministerialen, die auf den „Festen Häusern" der „Grafschaft" sitzen, landesfürstlich. Aber die eigenständige Stellung der alten Grafschaft blieb im Bewußtsein noch lange erhalten, wie die eigentümliche Rechtsstellung der „freien Leute" dieses Hoheitsbezirkes beweist, denen 1284 ihre Freiheiten vom Landesfürsten bestätigt wurden. Als Zeuge späterer Zeit hat sich vor allem das „Freigericht Raxendorf" erhalten, dessen Rechte 1459 aufgezeichnet wurden. Zu diesem gehörten eine Anzahl freier Leute und Erbholden, die sich auf elf Orte verteilen, die zu beiden Seiten des Weitenbaches liegen. Der Burggraf von Weitenegg, als Vertreter des Landesfürsten, hatte die Funktion des „Judex librorum" (Richter der Freien), der an drei verschiedenen Orten der früheren Grafschaft und später ldfl. Herrschaft das Recht sprach.

Der Ort Weiten, 1313 erstmals urkl. als Markt genannt, gehörte zur Hft. Mollenburg. Das Siegel des Marktes stammt aus der Zeit der Herren v. Streitwiesen (vor 1429) und stellt eine Festungsmauer mit Tor zwischen zwei schlanken Türmen dar, über denen sich das Wappen der Streitwiesner befindet. Um 1584 hatte die Hft. Mollenburg im Markte 66 Grundholden. Das Stift Melk, welches in der Umgebung des Marktes Einkünfte bezog, besaß 1420 im Orte auch einen *Amtshof.* Der 1207 urkl. genannte Heinrich v. Witen scheint ein Bürger gewesen zu sein.

BURG-KIRCHENANLAGE: Weiten wird durch den Nasting- und den Weitenbach in 3 Teile geteilt: Die alte Kirchsiedlung nimmt mit Kirche und Pfarrhof 3 kleine Hangterrassen am O-Abfall des Hausberges ein und liegt n. des Nastingbaches, südlich die eigentliche ma. Siedlung mit einem kleinen unregelmäßigen Platz, während die Marktsiedlung mit einem z. T. verbauten Rechteckplatz ö. des Weitenbaches liegt. Die Kirchsiedlung reicht i. d. 1. H. d. 11. Jh. zurück und ist ganz auf den Komplex Kirche-Pfarrhof-Kirchhof ausgerichtet.

Die große 3-schiff. Staffelkirche mit einem 1-schiff. hochgot. Chor mit 5/8-Schluß ist ganz an den O-Rand der unteren Terrasse gerückt, so daß der Fahrweg durch eine

125

Unterführung des Chores geleitet werden mußte. Vom Kirchenbau d. 11. Jh. sind im Mittelschiff der spätgot. Kirche Mauerteile vorhanden. Zwischen 1000 und 1050 entstand eine 1-schiff. Kirche (mit einer flachen Holzdecke) mit Chorquadrat (und Halbkreisapside). Vom 10.20 x 23.10 m großen Langhaus, Mauerstärke 1.30 m, ist die w. Giebelmauer vollständig erhalten und bildet in der spätgot. Giebelmauer die Rückwand einer seichten, hohen Nische (darüber die Konsolen einer spätgot. Wehreinrichtung). Nördlich der Kirche der große Pfarrhof mit einem Innenhof, mit der Kirche durch 2 Mauern verbunden. Er liegt niveaumäßig ungefähr gleich hoch mit dem Friedhof, der das Langhaus der Kirche im S und W umgibt. Der 2-gesch. hakenförmige Wohnbau mit einem neuen 1-achs. turmartigen Vorbau über dem Eingang beruht größtenteils auf spätgot. Grundlage. Ein älterer Baukern ist jedoch im O-Teil enthalten, ein turmartiger Bau mit 10.50 und 12 m Seitenlänge, 2-gesch. erhalten. Zusammen mit der Kirche des 11. Jh. und dem größten Teil des Friedhofes bildet er eine Burg-Kirchenanlage im Sinne der salischen Wehrverfassung.

Die großzügige Anlage mit den beiden zentral in einem Gesamtareal stehenden Baukörpern weist auf einen bedeutenden Sitz d. 11. Jh. Die Anlage gliedert sich in 2 Areale: Dem *„Burgareal"* innerhalb der heutigen Außenmauern des Pfarrhofes mit dem dezentral eingebauten Burggebäude und dem *„Kirchenareal"* (heutiger Friedhof) mit ebenfalls dezentral eingestellter (wehrhafter) Kirche. Die Altsiedlung erstreckte sich längs des Nastingbaches und ließ in der Mitte einen kleinen Platz vor der Kirche frei. Die genaue Umgrenzung der Burg-Kirchenanlage ist nicht mehr bestimmbar, da die Außenmauern des Pfarrhofes und die Friedhofsmauer größtenteils a. d. 2. H. d. 15. Jh. stammen. Mit der 1. Erweiterung der Kirche im 14. Jh. wurde die Anlage einer urspr. nur 2 m hohen, 3.43 m breiten Durchfahrt unter dem neuen hochgot. Chor nötig. Hier wird die alte Gruft der Herren v. Mollenburg vermutet, die aber im Untergeschoß ihrer Burgkapelle gelegen haben dürfte (siehe Mollenburg). Der alte Fahrweg wird am Terrassenrand hinter dem rom. Chorschluß der Kirche vorbeigeführt haben. Die Bedeutung der Kirche im 14. Jh. war noch eine große, wie u. a. ein Stifterbildnis auf den Glasmalereien im Chor zeigt, wo als Wappen der Stifterin um 1380 das der Katharina v. Streitwieser-Häusler aufscheint.

Die enge Verbindung mit Streitwiesen, das um ca. 100 Jahre später als die Burg-Kirchenanlage in Weiten entstand, wird auch der Grund für die Aufgabe der Burg gewesen sein. Wieder um ca. 100 Jahre später wurde die von Streitwiesen abhängige Mollenburg als Verwaltungsburg erbaut, der direkte Nachfolgerbau der Weitener Anlage. In einer Zeitspanne von rund 200 Jahren, entstanden also auf engstem Raum 3 mächtige Burgen, die in Abhängigkeit voneinander errichtet worden sind. Erfolgte die Erbauung der Burg Weiten noch aus dem Gedanken, eine Wehranlage mit Wohnmöglichkeit zu schaffen, so entstand Streitwiesen hauptsächlich als befestigter Wohnsitz, die Mollenburg aber als befestigter Verwaltungssitz in traditionellen Bauformen. Das Weitener Burggebäude wird als Amts- und Verwaltungsgebäude, vielleicht schon als Pfarrhof weiterbestanden haben. Erst i. d. 2. H. d. 15. Jh. erlebte der alte Wehrkomplex als Wehrkirchhof mit befestigtem Pfarrhof, eingebunden in eine Ortsbefestigung, wehrtechnisch betrachtet eine *„Renaissance"* (Über den Wehrkirchhof siehe Kafka, NÖWk II 105).

ORTSBEFESTIGUNG: 1473-82 wurde der Ort unter Veit v. Ebersberg mit Mauern Toren befestigt. Wurde urspr. angenommen, daß der ganze Ort mit einer Ringmauer versehen wurde, so stellte es sich heraus, daß nur der Bereich der ehem. Burg-Kirchenanlage ummauert war, der Ort selbst nur Mauertore erhielt. Die Marktsiedlung ö. des Weitenbaches war im O gegen den Berghang nur durch Hecken geschützt und hatte ein Tor bei Haus 1, 1844 abgebrochen. Die Hauptstraße führte nicht wie heute zur Gänze auf der linken Seite des Weitenbaches entlang, sondern übersetzte auf der Höhe der ehem.

Weiten, Taverne der Herrschaft Mollenburg.

Mollenburger Taverne „*Geierhorst*" den Fluß und war in der Nähe des Schwimmbades bei den Häusern 16 und 17 durch ein Tor sperrbar. Hinter dem Tor wechselte sie wieder auf die linke Seite des Weitenbaches. Ein weiteres Tor soll sich bei Haus 11 befunden haben.

Die „*Altsiedlung*" war an der Straße nach Seiterndorf zwischen den Häusern 41 und 42 mit einem Tor bewehrt. Eine einfache Toranlage befand sich beim heutigen Kaufhaus neben dem Friedhof zur Sperre des Weges vom Hausberg herab. Neben dem Kirchhof wurde auch das ehem. Burgareal ummauert. Der freistehende 3-gesch. Glockenturm gehört mit dem Untergeschoß gleichfalls in diese Zeit. Seine beiden hölzernen Obergeschosse wurden erst i. 19. Jh. durch gemauerte ersetzt. In der NO-Ecke des Pfarrhofes (Haus 65) ein spätgot. Wirtschaftsgebäude in Zwickelmauerwerk, in baulichem Verband mit der einzigen erhaltenen Toranlage.

Der alte Fahrweg wird n. des Kirchenchores nach der Durchfahrt von einem länglichen Zwinger eingefaßt. Die 70 cm starke, z. T. in einer Anschüttung steckende O-Mauer aus plattigen Bruchsteinen hat in 92 cm Höhe einen 24 cm breiten Absatz und ist gegen die Böschung mit 3 Strebepfeiler abgestützt. 1.24 m über dem Absatz 10 Zinnen. Die Breite der Zinnenlücken wechselt zwischen 59 und 68 cm. Die Höhe der aus 43 cm starkem Bruchsteinmauerwerk bestehenden Zinnen beträgt 1 m. Die rechtwinkelig ansetzende N-Mauer mit dem Tor trägt außer den Eckzinnen nur eine Zinne, die als einzige eine Schießscharte aufweist. Die Tormauer selbst ist 1.07 m stark, die Tornische 54 cm tief. Das in der Mitte des verstärkten Mauerteiles liegende Spitzbogentor mit einer Lichte von 2.28 m und einer Stichhöhe von 3.50 m war mit einem Schubbalkenriegel versperrbar. Über der Toröffnung der 50 cm breite Mauerabsatz eines Wehrganges mit 3 Zinnen. Einschließlich der Zinnen hat die O-Mauer außen eine Höhe von 3.12 m, z. T. als Futtermauer 6.62 m. Die Tormauer ist 5.50 m hoch. Mauern und Tor wurden 1965 nicht sehr vorteilhaft restauriert.

Im S des Chores bestand eine ähnliche Toranlage, nur zusätzlich mit einer Fußgängerpforte versehen. Diese Tormauer setzte an der SO-Ecke des Friedhofes beim erhaltenen Strebepfeiler an und schloß an den ersten schräggestellten Strebepfeiler des Kirchenchores. 1882 wurde das Tor gänzlich niedergelegt, nachdem Teile der Mauer schon dem Schulbau 1859-62 Platz machen mußten (1971 Abbruch der Schule, Neubau des Amtshauses und des Gemeindeamtes).

EHEM. MOLLENBURGER TAVERNE „*GEIERHORST*". An der Einmündung der Straße von Seiterndorf in die Bundesstraße liegt am ö. Straßenrand Haus 31, die um 1580 erbaute ehem. Taverne der Mollenburg, heute Gasthof „*Geierhorst*". Der 2-gesch. Hauptbau mit einem Krüppelwalmdach wird von 2 schräggestellten 3-gesch. Eckürmchen mit niedrigen Zeltdächern straßenseitig flankiert. Der gelb gefärbelte Bau besitzt durch kräftige Geschoßbänderungen und starken Ortsteinfassungen, grau in Putztechnik eine äußerst lebhafte Fassade. Ein 2-gesch. turmartiger Bau mit gedrücktem Zeltdach rechts vom Hauptbau wird mit ihm durch einen schmalen 2-gesch. Verbindungsbau mit einer tonnengewölbten Hofeinfahrt zu einer hakenförmigen Baugruppe mit homogener Fassadierung verbunden. In den Eckürmchen gratige Sterngewölbe im Erdgeschoß, Sitznischen, zum Gastraum offen.

AMTSHOF: Der 1420 genannte Amtshof dürfte entweder mit dem Pfarrhof oder mit der ehem. Mollenburger Taverne zu identifizieren sein.

HAUS AM TURM: Lage unbekannt.

DIRNHOF: Lage unbekannt.

ZEHETHOF: Der ehem. Zehethof in der Gemeinde Weiten ist mit dem heutigen „*Werndlhaus*" am Fuß des Mollenburgberges identisch. Ältester Baukern a. d. 19. Jh.

(GB III 228; IX 283; XIII 596; ÖKT IV 226; Plesser, Pöggstall 310; Kafka, NÖWK II 105; Dehio 375; Eppel, Wv 230; HiSt I 610; Reclam 488; Karl Schöbl, Wissenswertes in den Matriken der alten Stephanskirche Weiten, in: Wv 1965, 17; E. Lifsches-Harth, Zu Stifterbildnissen auf mittelalterlichen Glasmalereien in Weiten und Innerochsenbach, in: UH 1965, 65; FranzFass OM 772; Klaar/BDA; Seebach)

WEITENEGG (Markt/Melk)

Dieser alte Hoheitsbezirk, die *„Grafschaft"* Weitenegg, zweifellos im 9. Jh. zum Burg- und Zollbereich von Melk, 1100 den Gf. v. Tengling-Peilstein zugehörig, gelang-

WEITENEGG

te er um 1150 durch Heirat an die Gf. v. Pernegg. Die österr. Markgrafen, die schon i. d. 1. H. d. 12. Jh. vereinzelten Besitz in diesem Bereich hatten, konnten erst nach 1265 den vollständigen Grafschaftsbereich an sich bringen. Um 1180 erscheint Gf. Eckbert v. Pernegg als Nachfolger der Gf. v. Peilstein im Besitze der Burg *„Witenekke"* (OÖUB I 378). Er gab um 1190 einen Berghang in Ebersdorf dem Kl. Neustift bei Freising und er scheint noch 1218 als Schiedsrichter in einem Rechtsstreit, der auf der Burg Weitenegg entschieden wird. Als Burggraf wird 1263 *„Heinrich Steiner"* genannt, der als Richter der Freien von Raxendorf einen Gerichtsspruch fällt. Die von den Babenbergern 1265 übernommenen Rechte der *„Grafschaft Weitenegg"* finden 1284 durch Hzg. Albrecht I. ihre Bestätigung. Nach vorübergehender Belehnung der Kuenringer mit der Burg fiel sie nach dem Aufstand Leutholds v. Kuenring 1290 an die Habsburger zurück, die diese wichtige Wehranlage an der Donau, ebenso wie ihre Besitzvorgänger, fortan nur mit Burggrafen besetzten, von denen Ludwig v. Offing 1318 urkl. genannt wird. Die Kgn. Agnes v. Ungarn, Tochter Hzg. Albrechts I., genoß die Herrschaften Weitenegg, Persenbeug, Ysper und Wimberg von 1301 bis 1364 als Witwenrente. Die Herzoge Albrecht III. und Leopold III. verpfändeten die Burg samt der Grafschaft mit 100 Pfd. Pf., die die Grundholden zur *„Burghut"* (Bewachung) der Burg leisteten, und 1075 Goldgulden Erträgnis ihrer Schwägerin der Hzgn. Violanta Visconti v. Mailand. Bis 1395 hatte die Herrschaft Hans v. Liechtenstein zu Pfand, 1452 wurde die Burg von den Melker Bürgern im Auftrag der niederösterr. Stände erobert und kam 1457 in die Gewalt des jungen Kg. Ladislaus Posthumus. Der Wiener Bürgermeister Wolfgang Holzer, der Hzg. Albrecht VI. verraten wollte, zog sich nach dem Mißlingen des Planes nach Weitenegg, das ihm anvertraut worden war zurück. Von hier aus flüchtete er während der Belagerung als Hauer verkleidet, wurde aber in Nußdorf bei Wien erkannt und festgenommen, worauf man ihn 1463 zum Tode durch Vierteilen verurteilte. Jörg v. Seisenegg eroberte für den Herzog die Burg, die nun Kaspar v. Rogendorf anvertraut und 1492 den Herren v. Prueschenk verpfändet wurde. Kaiser Maximilian I. vertauschte Weitenegg gegen das Schloß Wimberg welches Georg v. Säusenegg gehörte, und trennte die Herrschaft von Persenbeug ab. Die Seisenegger, die sich fortan Frh. v. Weitenegg nannten, verkauften 1531 die Herrschaft an die Herren v. Lappitz. Diese vereinigten Weitenegg mit ihrer Hft. Leiben, wobei es fortan blieb. Seit 1796 kaisl. Besitz, wurden die Güter 1918 zum Kriegsgeschädigtenfond gezogen und gehören heute den Österreichischen Bundesforsten.

Die im 16. Jh. zur Festung ausgebaute und zum Fluchtort bestimmte Burg konnte im Dreißigjährigen Krieg unter dem Kommando des kaisl. Hauptmanns Johann Stockinger von den Schweden nicht erobert werden. Nach Vischers Abbildung von 1672 war das Gebäude noch unter Dach und mit stattlichen Türmen versehen. Seit d. E. d. 17. Jh. scheint das Schloß dem Verfall überlassen worden zu sein. 1832 stürzte an der Donauseite ein Mauerteil ab, um 1870 wurde der O-Turm abgebrochen und als Baumaterial für eine Fabrik verwendet.

Die RUINE, Weitenegg 1 liegt auf einem schmalen ca. 20 m hohen, in OW-Richtung verlaufenden Felssporn zwischen Donau und Weitenbach. Vom überhöhenden Gelände im W ist der Burgplatz durch einen aus dem Fels gehauenen Halsgraben getrennt. Der Aufstieg zur Ruine erfolgt über einen steilen felsigen Pfad im O hinter der Ultramarinfabrik am Eingang des Weitenbachtales. Ob der Felskopf (Aussichtsterrasse) linkerhand des Burgweges in die Vorbefestigung der Burg miteinbezogen war, wurde nicht untersucht.

Die langgestreckte Anlage wurde fortifikatorisch äußerst geschickt dem Gelände angepaßt. Sie gliedert sich in eine Vorburg und in 3 abfolgende Innenhöfe, die an den Längsseiten im S und N durch hohe Mauern und die Burggebäude, an den Schmalseiten im O (Torseite) und im W (Geländeüberhöhung) durch je einen Bergfried begrenzt werden. Die einzelnen Baukörper der Burg sind von O nach W:

Vorburg: Vorbefestigung mit Wächterhaus und Zwinger-Torturm (1. Bergfried). 2. Toranlage mit 2., 3. und 4. Tor.

WEITENEGG

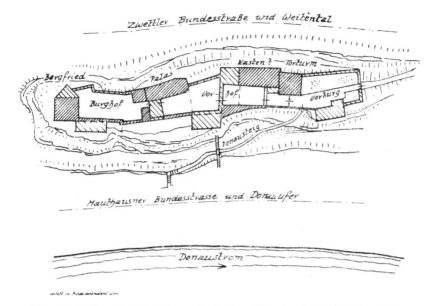

1. Innenhof: „*Kasten*" im N. -Wehrgang im S.-Ehem.Gebäudetrakt im W mit dem 5.Tor.
2. Innenhof: Donauseitige Gebäude im S. - Palas und Kapelle im N. - Festsaaltrakt und 6. Tor im W.
3. Innenhof: Rauchküche und donauseitige Gebäudetrakte im S. - Rauchküche im N. - 2. Bergfried im W.

VORBURG: Vom 1. Tor der Burg ist nur mehr die Stelle, ein Durchlaß in der niedrigen O-Mauer erkenntlich. Da die Vorbefestigungen der Renss. angehören, dürfte es ein rundbogiges Durchfahrtstor gewesen sein, über dem ein Wehrgang lag. Die donauseitige S-Mauer zeigt vor dem Wächterhaus eine Reihe von großen, schön gearbeiteten Schlüsselscharten. Das bewohnbare Wächterhaus, Weitenegg 2, ein 1-gesch. unterkellertes Gebäude, besteht fast gänzlich aus spätma. Mauern, zeigt aber keine Wehreinrichtungen mehr. Von diesem Gebäude ist die s. Zwingermauer innen nur mehr etwas über 1 m hoch erhalten (die Brüstungsmauer ist größtenteils neu aufgemauert), außen reicht sie als Futtermauer wesentlich tiefer hinab. Hier befand sich eine kleine Pforte für den noch begehbaren Donausteig.

Der ehem. 1. Bergfried *(„Torturm")* ist mit der angrenzenden Toranlage noch zur Vorburg zu zählen. Der einst 36 m hoch gemauerte Turm wurde 1870 abgebrochen und mit seinem Steinmaterial die Ultramarinfabrik am Fuße des Burgberges erbaut. Über dem 6. G. hatte er einen zurückspringenden 2-gesch. Aufsatz und einen vorkragenden, gedeckten Wehrgang. Der Aufsatz selbst war mit einer zinnenbekrönten Wehrplatte versehen, auf der ein steiles Walmdach saß. Heute ist das unterste, auf einem Felsen stehende Erdgeschoß, mit Schutt gefüllt, 8.05 m hoch (vom Zwinger aus gemessen) erhalten. Vom 2. und 3. G. blieb nur die N-Wand erhalten. Der gesamte Turmstumpf ist noch 15.55 m hoch. Der Grundriß des Turmes zeigt ein leicht unregelmäßiges Rechteck von 11.40 x 10 m. Die Mauerstärken des 1. und 2. G. sind 2.60 m, im 3. G. 2.10 m. Die meßbaren Geschoßhöhen betragen im 2. G. 4 und im 3. G. 3.50 m. Der Zugang zum Turm erfolgte im 2. G. von NW (linkes Türgewände), im Erdgeschoß besaß er keine Maueröffnung, im 2. ist im O der Ansatz eines Lichtschlitzes sichtbar. Da der Turm mit der W-Seite über die Giebelmauer eines älteren Baukörpers gestellt ist, gehört er zu einer Erweiterung der alten Burganlage. Die Bauform, das Mauerwerk und das Torgewände der im Verband stehenden Toranlage datiert den Turm erst i. d. 13. Jh.

Der 2.75 - 3.10 m breite Zwinger neben dem Bergfried war durch eine überwölbte Doppeltoranlage (mit dem 2. und 3. Tor) gesperrt. Ist vom 2. Tor nur mehr der Ansatz zu erkennen, so ist vom 3. Tor der untere Teil des rechten Gewändes an der SW-Ecke des Turmes erhalten. Die Tormauer war 1.27 m stark, das Gewände aus Hausteinen 34 cm. Das 4. Tor zum 1. Innenhof gehört der Renss. an und bestand urspr. aus einem offenen niedrigen Rundbogen mit 3.30 m Lichte. Im Zuge dieser Mauer ein weiterer Rundbogen zum „Kasten" hin mit 2.70 m Lichte. Beide Bögen wurden im Frühbarock abgemauert und der Raum zwischen Tormauer und dem Bergfried bzw. dem 3. Tor mit 2 Kreuzgratgewölben (2-joch) überwölbt. So entstand eine lange Torhalle mit insgesamt 3 Toren, worüber sich ein 1-gesch. Aufbau (mit Wehreinrichtungen) befand. Während das s. Gewölbe nur mehr in Spuren an der 4. Tormauer zu erkennen ist, ist das n. noch größtenteils vorhanden.

1. INNENHOF: Der n. Teil des Hofes wird zur Gänze von einem Gebäude eingenommen, das hofseitig noch 1-gesch., im N 3-gesch. bis zum ehem. Dachsims erhalten ist. Dieses „Kasten" genannte Gebäude ist der älteste Bauteil der Burg. Im Grundriß bildet es ein verzogenes Rechteck von etwa 27 x 8 (im W 7 m). Das Erdgeschoß, in der Gebäudemitte durch ein aus Flußsteinen sorgfältig gemauertes Rundbogentor betretbar, wurde im Spätma. unterteilt. Der größere Teil ist von einer mächtigen Rundtonne überspannt, deren Last z. T. von entlang den Längsmauern gestellten Wandpfeilern getragen wird. Im N keine Maueröffnung, im S neben dem Portal 4 konische Lichtschlitze, davon einer vermauert. Die NO-Ecke des Gebäudes ist nicht mehr urspr. erhalten. Die Gebäudehöhe und die Dachneigung sind an der W-Mauer des Bergfrieds zu sehen, da der Bergfried über die Giebelmauer des Gebäudes gestellt wurde. Das alte Burggebäude war 2-gesch., Mauerstärken im Erdgeschoß 1.28, im 2. G. 1.02 m und mit einem Satteldach gedeckt. Das ehem. 2. G. ist durch ein Tor im W über eine Anschüttung im 2. Innenhof zu erreichen. Die Unterteilung des Erdgeschosses erfolgte i. 16. Jh., der ö. kleinere Raum wurde mit einer quergestellten Rundtonne überwölbt. Der W-Teil des größeren Raumes ist wegen des ansteigenden Felsboden, der am Raumende den Gewölbescheitel erreicht, halbkreisförmig abgerundet. Im Felsen ein ca. 3 x 3 m großer Keller.

Der w. Teil des Hofes wurde i. d. Renss. überwölbt. War die alte, 80 cm starke Ringmauer im S nur 1-gesch., so wurde sie hofseitig, in einer Geraden (im Gegensatz zur gekrümmten alten Ringmauer) auf 4 der alten Mauer vorgeblendeten Arkaden gestellt, um 2. G. erhöht. Diese 1.17 m starke Mauer ruht tw. auf der alten Ringmauer, z. T. nur auf Arkaden. Am „Kasten" ist im Ansatz die Gebäudebreite des abgekommenen Renss.-Traktes erkennbar. Die den 1. Innenhof abschließende 3-gesch., .90 cm starke Renss.-Mauer, mit einer rundbogigen Durchfahrt (Lichte 2.97 m) als 5. Tor, ist von großen Fenstern der Renss. und des Frühbar. durchbrochen. Im Erdgeschoß wurde die Mauer um 60 cm für die Deckenauflager verstärkt, die Obergeschosse hatten durchwegs Tramdecken mit eingelassenen Träm.

2. INNENHOF: Die Aufmessung der Gebäudeteile im SO des Hofes brachte einen bisher unbekannten Bauteil zum Vorschein. Die wegen des Felsabfalles abgerundete donauseitige Ringmauer mündet hier in einen turmartigen Bau, der erst i. d. Renss. überbaut wurde. Er hatte wegen des Geländes einen verzogenen 4-eck. Grundriß und war im Erdgeschoß tonnengewölbt. Sein Eingang lag im N (ein Torgewände erhalten). Donauseitig sind in der Renss. und im Barock, z. T. auf gewaltigen Futtermauern

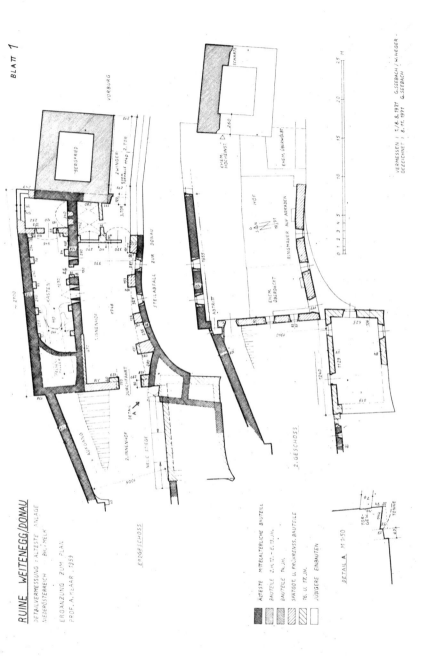

2-gesch. Gebäude mit Pultdächern außen an die alte Ringmauer angebaut worden, die im Laufe der Zeit abgerutscht sind. Die Reste sind über eine Doppelstiege a. d. A. d. 20. Jh. zu erreichen. Die 3-gesch. n. Ringmauer schließt an den ma. Palas mit der umgebauten Kapelle im Osten. Der langgestreckte Trakt wurde in der Renss. durch einen 3-gesch. Festsaaltrakt mit einer Durchfahrt im Erdgeschoß (als 6. Tor) zu einem hakenförmigen Komplex erweitert. Der ma. Palas war urspr. nur 2-gesch., seine Gewölbe wie das aufgesetzte 3. G. stammen a. d. 16. Jh. und d. 1. H. d. 17. Jh. Die Gewölbe des Festsaales (zur Burg quergestellt über der Durchfahrt) sind bereits eingestürzt, während die des Palas größtenteils bestehen. Die Mauern des Palas wie die des Festsaaltraktes stehen bis zum profilierten Dachsims aufrecht.

3. INNENHOF: Im O des Hofes stehen, an Palas und Festsaaltrakt angebaut die beiden Rauchküchenbauten der Burg. Die n. Küche mit einem mächtigen pyramidenförmigen Rauchabzug ruht auf spätma. Grundlage, die Esse stammt a. d. 16. Jh. Zwischen Esse und Ringmauer die Reste eines Renss.-Wehrganges, vom 2. G. des Palas aus erreichbar. Die 2. Rauchküche ist kleiner, 2-gesch. und besitzt eine niedrigere Esse. Es wird angenommen, daß der größere Küchenbau als Herrschaftsküche, der kleinere für die Bediensteten bestimmt war.

Den w. Abschluß der Burg bildet der 6-gesch. 2. Bergfried. Sein Hocheinstieg im 2. G. ist über eine Stiegenanlage vom donauseitig an die Ringmauer angebauten Renss.- Gebäude (im Erdgeschoß mit einer mächtigen Tonne überwölbt) aus zu erreichen. Innen führt eine Treppe zu einem Tor, durch das man in der Stiegenanlage im keilförmigen Turmanbau im N und auf die Wehrgalerie auf der Höhe des 5. G. gelangt. Der im Grundriß quadr. Turm, Seitenlänge 10 m, war urspr. 4-gesch. und 17 m hoch. Im Spätma. erhielt er über dem 4. G. einen 2-gesch. Aufbau mit einer zinnenbekrönten Wehrplatte und ein, heute verschwundenes steiles Walmdach. Die Eckzinnen wurden nach 1900 erhöht, der Stiegenaufgang und der vorgekragte Wehrgang renoviert. Dieser Wehrumgang war früher überdacht. Die Konsolsteine der Dachaufhängung sind 3.25 m über dem Umgang erhalten. Von der Wehrhaftigkeit des obersten Turmteiles zeugen noch je 2 Schlüsselscharten dicht unter dem Zinnenkranz auf jeder Seite. Die Obergeschosse des Turmes waren flachgedeckt, das Erdgeschoß ist überwölbt, aber nicht begehbar. Die keilförmige Turmverstärkung aus der Renss. im N (eigentlich keine Angriffsseite) trug früher eine Wehrplattform in der Höhe des 4. Turmgeschosses. Im Inneren der gewaltigen Baumasse die gewendelte Stiege im 3. Turmgeschoß auf den Umgang. Der Turm gehört einer rom. Erweiterung der Burg an und dürfte etwas älter als der 1. Bergfried sein.

Die großzügige Anlage der Burg, bereits bei der ältesten Anlage zu sehen, spiegelt ihre Bedeutung wieder. Obwohl Wehrbau und später als Festung ausgebaut, wurde doch nicht auf ein gewisses Maß an Wohnlichkeit und Repräsentation verzichtet.

MARKTBEFESTIGUNG: Der Ort, einer der kleinsten Märkte Niederösterreichs, hatte seine Lage an der Einmündung des Weiten in die Donau schon früh große wirtschaftl. Bedeutung und stand stets in engster Beziehung zu den Besitzern der gleichnamigen Burg. Oberhalb des Marktes, zwischen Weitenegg und Ebersdorf, befand sich ein wichtiger Donauübergang, an welchen noch heute der zu W. gehörige Ort Urfahr hinweist. Dieses Urfahr war noch im 14. Jh. Lehen des Bischofs von Freising und weist auf die Grafen v. Tengling-Peilstein, als die Besitzer dieses Hoheitsbereiches im 11. Jh., hin. Kaspar v. Rogendorf verkaufte 1478 K. Friedrich III. den Meierhof zu Weiten, Weingärten am Hausberg und andere Güter. Um 1500 wird der *Dürrenhof* zu W. genannt, der zur Hft. Pöggstall gehört und Grunddienste bezieht. Dieser Hof wird noch um 1640 „*ob dem Orte*" urkl. genannt. Dieser kleine Markt war stets in den Befestigungsbereich der Burg mit einbezogen.

Am s. Abhang zur Donau war der Burg unterhalb der Vorburg und des 1. Innenhofes ein Zwinger vorgelagert. Hier kam der Donausteig aus der Vorburg durch ein (erhaltenes)

Tor zur Donaulände. In Verlängerung der Tormauer des 5. Tores zog sich eine, nur mehr niedrig erhaltene Sperrmauer den Hang herunter und schützte auch den Markt im Westen. Ob sich eine ähnliche Mauer auch im O befand, ist nicht bekannt, aber anzunehmen.

DÜRRENHOF: Lage unbekannt. Könnte mit dem Dirnhof, Weiten iedentisch sein.
(Reil 432; Plesser, Pöggstall 312; ÖKT IV 245; GB IX 170; XIII 642; Vi IV 258/134; Bi I 24; Stepen E, Führer durch die Burgen und Ruinen des Weitentales, 1932, 6; Stundner F, Burg und Markt Weitenegg, 1959; Halmer, NÖ-Auswahl 118; Dehio 379; Reclam I 479; Büttner, Donau 89; HiSt I 610; Kreutzbruck; Klaar/BDA; Seebach)

W I M B E R G (Wimberg/Melk)

Von der Straße Pisching - Ysperklamm biegt bei der Häusergruppe Wimberg ein gekennzeichneter Weg nach W zur Ruine, Wimberg 1 ab. Nach ca. 1 km bietet sich die RUINE als langgezogene, auf einem in OW-Richtung verlaufenden, nach O abfallenden Felsrücken als dreiteilige Anlage dar.

Die Siedlung selbst scheint in das 11. Jh. zurückzureichen, den nach Plesser scheint der Name *„Winberch"* erstmals in einer Stiftung der Kn. Agnes 1076 urkl. auf und bedeutet *„Berg mit Kirchenstiftung"* (S. 317). Ob damals schon ein Wehrbau dort bestanden hat, ist urkl. nicht zu beweisen. Erst 1280 wird Adelheit, Witwe des *Friedrich v. Wonberch* urkl. genannt, als sie zum Kl. Waldhausen eine Stiftung macht. In der Zeugenreihe erscheint auch u. a. Adeligen der Umgebung *„Konrad v. Wonberch* (OÖUB III 519). Die Burg war ein Lehen der Hft. Yspertal, Bestandteil der urspr. reichsunmittelbaren Grafschaft Weitenegg-Persenbeug. Wimberg gehörte zur Witwenpension der Kgn. Agnes v. Ungarn (1301/64), die hier zeitweils auch gewohnt haben soll. Die Königin verlieh einen Teil der Herrschaft an Otto, Wilhelm und Johann Wunberger, welche 1332 Vögte des Kl. Waldhausen in dieser Gegend waren. Hans der Wumberger nahm 1362 den Hof zu Siebendürfting zu Lehen. Fünf Jahre später gab Hzg. Albrecht III. ein Viertel am *„Hause zu Wunnenberg"* dem Hans Posch und seinem Schwager Walter v. Seisenegg zu Lehen. 1403 erwarben die Seisenegger das halbe Haus, 1455 besaßen sie aber die Feste mit allem Zugehör. Wolfgang v. Seisenegg ließ 1470 das Banntaiding der Herrschaft aufzeichnen. 1513 tauschte K. Maximilian I. von den Seiseneggern Wimberg die Hft. Weitenegg ein und vereinigte Wimberg mit der Hft. Yspertal. Die Burg war 1572 bereits öde und um 1676 heißt es, diese einstige Residenz der Königin von Ungarn sei nun ein ganz ödes, eingefallenes Schloß und nicht mehr zu bewohnen. Ein Wiesengrund bei der ehem. Burg heißt heute noch das *„Pfarrhöfl"* und erinnert an die Burgkirche, die stets mit einem Kaplan besetzt war.

Auf der Wiese n. der Ruine stand die Kirche d. 11. Jh. Der Grund heißt heute noch *„das Pfaffenhöfl"*. Von diesen Gebäuden ist nichts mehr erhalten.

Das Hauptgebäude der dreiteiligen Burganlage liegt im O auf dem nach 3 Seiten abfallenden, im W durch einen 5 m tiefen Halsgraben abgetrennten Felskopf. Der Zugang erfolgt von W über eine Anschüttung. Die hier befindlichen Vorwerke sind bis auf Geländespuren verschwunden. Der älteste Bau bestand aus einem spätrom. Festen Haus mit 1.20 m Mauerstärke (im W gegen den Graben 1.45) und war zumindest 3-gesch. (nach Kreutzbruck). Es hatte einen annähernd quadr. Grundriß von 15 x 14 m und wurde in der Gotik durch 2 Quer- und eine Längsmauer unterteilt. An der S-Seite die einzige original erhaltene Maueröffnung dieses Gebäudes, ein rundbogiges Tor in der Füllmauer mit schönem Gewände. In der Gotik wurde die Burg bedeutend erweitert. Um ca. 3.5 m tiefergelegenen n. des rom. Baues 3-gesch. Reste eines spätgot. Gebäudes mit 15 x 9 m im Grundriß, zwischen den beiden Gebäuden befand sich eine nun abgekommene Toranlage. Der spätgot. Bau aus Konglomeratgestein, Mauerstärke 62 cm (die Eckverzahnungen wurden trotz des dafür ungeeigneten Materials sehr sorgfältig ausge-

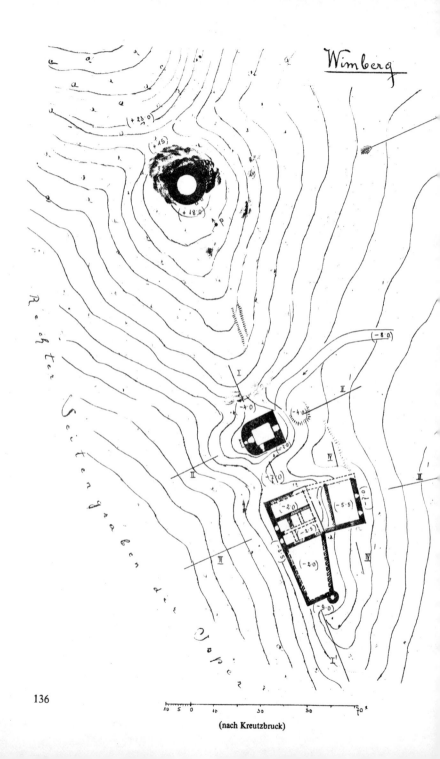

(nach Kreutzbruck)

führt), ist im N 3-achs., im O 2-achs. (Reste eines Erkers im 2. G.) mit schön gearbeiteten rechteck. Fensterrahmungen. Im Erdgeschoß an der N-Seite 2 schmale Lichtschlitze. Im O bekam die rom. Burg eine gleich breite, trapezförmige Vorburg mit einem vorspringenden Rundturm an der NO-Ecke. Binder und Plesser deuten diesen Turm als Apsis einer Burgkapelle d. 11. Jh.! Die Burg hatte jedoch nie eine eigene Kapelle, da eine Kirche in geringer Entfernung n. der Burg stand. Vom spätgot. Bau im N zieht sich eine Wall-Graben-Anlage in ö. Richtung um den Zwinger bis an seine SO-Ecke und schützte hier die Burg gegen den flachen Abhang im Norden.

Westlich der Hauptburg, von ihr durch den Halsgraben getrennt, steht auf einem kleinen Hügel ein spätgot., ehem. bewohnbarer Batterieturm, im Grundriß ein Rechteck mit abgerundeter S-Seite (vgl. Leiben). Er ist 3-gesch. erhalten und dürfte ehem. 4-gesch. gewesen sein (1835 wurde unter großer Mühe das oberste G. abgebrochen). An der N-Seite der Eingang in das rechteck., ehem. kreuzgratgewölbte Erdgeschoß. Darüber lagen 2 bewohnbare Geschosse (2 übereinanderliegende, in die Mauer verschliffene Kamine und ein Abtrittserker an der sturmfreien S-Seite im 3. G.). Mit Ausnahme der S-Seite an jeder Seite je 2 stichbogengewölbte Kanonenscharten im 3. Geschoß.

Der interessanteste Bauteil ist der mächtige, von der Hauptburg ca. 70 m entfernt stehende Rundturm auf einem Felskopf, um ca. 20 m höher als die Hauptburg gelegen. Der Turm mit einem Durchmesser von 10.50 m, Mauerstärke 3.50 m im 2. Geschoß, ist 3-gesch. in einer Höhe von ca. 17 m erhalten. Sein Einstieg, ein Rundbogentor von 1 m Lichte, Gewände 35 cm stark (2-fache Tornische mit 1.30 und 1.45 m Lichte) liegt im 2. G. im Osten. Er war durch einen Riegelbalken versperrbar. 2 mächtige profilierte Kragsteine trugen früher eine Plattform, die über eine Leiter zu erreichen war. Das 2. G. ist ein runder Raum mit 3.50 m Durchmesser und einem überhöhten, gut gemauerten Bienenkorbgewölbe. Rechts vom Eingang eine schmale rechteck. Pforte in der Mauer, der Abstieg zum niedrigen Verlies. Dieser Raum ist mit einer gewaltigen, über einer Schalung gegossenen flachen Tonne überwölbt. Vom 2. G. führt eine steile Stiege in der Mauerstärke in das 3. Geschoß, das ebenfalls mit einem Bienenkorbgewölbe überspannt ist. Die rechteck. Pforten haben gewaltige Steinplatten als Überlager. Vom 3. G. führt wiederum eine Stiege in der Mauerstärke auf eine Plattform, von wo sich ein herrlicher Ausblick über die gesamte Anlage bietet. Hier befand sich vermutlich ein vorgekragtes Wehrgeschoß. Gegen das ansteigende Gelände im W ist der Turm durch einen 7 m tiefen, in den Fels gehauenen Halsgraben geschützt.

Die älteste Burganlage reicht nicht, wie bisher vermutet i. d. 11. Jh. zurück, sondern dürfte erst a. d. 1. H. d. 13. Jh. stammen. Sie bestand urspr. aus einem 3-gesch. Festen Haus, das durch Gräben im W und N und einen Wall geschützt war. Auch der ehem. 4- oder 5-gesch. Rundturm dürfte noch in dieser Zeit angehören. In der Spätgotik wurde die Burg bedeutend erweitert, ihre Wehranlagen durch den gewaltigen Batterieturm, durch Zwingeranlagen im O und zwischen Festem Haus und Batterieturm verspärkt.
(BlLk 1881, 402; NotBl 1859, 188; 1854, 310; Reil 453; NÖUB II 132; GB VIII 126; XI 141; Plesser, Pöggstall 317; ÖKT IV 254; Bi II 7; Kreutzbruck)

Y S P E R   (Altenmarkt im Yspertal/Persenbeug/Melk)

Der heutige Markt Ysper liegt inmitten jenes Gebietes, welches K. Otto III 998 seinem Vetter Hzg. Heinrich v. Bayern den späteren K. Heinrich II. schenkte. Durch spätere Vererbung an hochadelige Familien, gelangte der Großteil dieses Gebietes schließlich im 13. Jh. an die österr. Markgrafen. Der Hauptort dieses Hoheitsbereiches war urspr. Nöchling, das später seinen Namen in St.Oswald geändert hat. Der heutige Markt Ysper leitet seinen Namen von dem 998 genannten *„fluvius Ispera"* ab (MG DD Otto III. Nr. 268), womit die Große Ysper gemeint ist. Der Markt *„Neu-Ysper"*, im Gegensatz zu Alten-Ysper oder Altenmarkt, wurde im 13. Jh. der Hauptort der Hft. Nöchling, die nun den Namen Hft. Yspertal annahm. 1282 wird ein iudex (Richter) in Ysper urkl. genannt (MB V 386), auf das 14. Jh. weist der viereckige Marktplatz hin. Die Kgn. Agnes v. Ungarn gab 1314 ihrem „*Eigen*" zu Ysper besondere Vorrechte, die an das ehemals hier seit der karoling. Grafschaftsverfassung bestehende Freigericht erinnern. Der Markt wurde durch Wall und Graben befestigt, darin befand sich ein hftl. Hof, der 1411 als Amt- und Pflegerhaus und Sitz der Verwaltung genannt wird. Hier bestand auch ein Hochgericht. Der durch die Hussiten zerstörte Markt erhielt 1459 durch K. Friedrich III. Freiheiten und durch K. Maximilian I. 1565 ein Marktwappen, welches einen Turm mit Tor darstellt. 1600 wurde das Schloß Rorregg zur Hft. Yspertal gezogen, die nun nach Rorregg benannt wurde. Seit 1600 steht Ysper mit der Hft. Rorregg und der Hft. Persenbeug unter gemeinsamer Verwaltung und teilt seither alle Schicksale mit dieser.

VERSCHWUNDENE BURG: Auf dem großen *Bescheidanger* auf der Höhe des Ostrongs, wo der Fußsteig von Münichreith ins Yspertal führt, soll auf einem kleinen Rasenplatz an der Kreuzung mit dem „*Kaiserweg*", - der den Bergrücken entlang zum Kaiserstein führt, die alte Burg Ysper gestanden haben. Der Französeische Kataster verzeichnet ö. von Altenmarkt/Ysper in der Grundparzelle 241 den Flurnamen „*Auf der Öden*". Der Weg von Altenmarkt führt „*Am Riedl*" vorbei, wo ein befestigter Hof und eine Wegsperre festgestellt werden konnten. Die Parzelle 241 ist die östlichste zu Altenmarkt gehörige außer der kleinen Grundparzelle 243. Die umgebenden Fluren haben die Namen: *In der Hohenreith; Am Sauanger; Im Schaufelwald.* Allerdings liegt die Parzelle 241 nicht am Höhenrücken des Ostrongs, sondern ca. 800 m unterhalb in 650 m Seehöhe.

MARKTBEFESTIGUNG: Der i. d. 2. H. d. 13. Jh. gegründete Ort mit einem Rechteckplatz 1 : 3, 1387 urkl. als Markt „*Newnyschper*" genannt, wurde bereits zur Gründungszeit (nicht erst i. 15. Jh.) mit Wall und Graben befestigt. Der Markt liegt auf einer flachen Terrasse über dem rechten Ufer der Ysper. Eine besondere Befestigung war im W gegen die Geländeüberhöhung nötig. Die hier stehende Kirche war in die Ortsbefestigung miteinbezogen. Am besten sind die Gräben und Wälle im NW erhalten. Der Ort bildet ein Rechteck in OW-Richtung, nach O um ca. 4 m abfallend. Die N- und S-Seite werden von im O 3 m, im W ca. 8 m hohen, sehr steilen Böschungen begrenzt. Davor ein ca. 6 - 12 (im W) m breiter Graben mit abgerundeten Ecken. Im W ist vor dem Graben ein Wall und ein 2. Graben, etwas seichter gelagert, der vermutlich von einem Außenwall begleitet war. Die stark gefährdeten O-Ecken wurden i. 15. Jh. durch Schanzwerke *(„Schwedenschanze")*, vor die Ecken gezogene halbrunde Erdwerke zusätzlich gesichert. Auf den Wallkronen standen Palisaden (wofür der Gemeindewald gestiftet worden sein soll). Trotz der starken Erd-Holz-Befestigungen wurde der Ort 1430 von den Hussiten eingenommen.

WEHRTURM: Der einst freistehende Kirchturm soll in die Marktbefestigung miteinbezogen und wehrhaft gewesen sein (GB VIII 93). Die um 1350 errichtete Kirche zum hl.Laurentius erhielt erst um 1650 ihr jetziges Langhaus als Verbindungsbau zwischen dem spätgot. Chorbau a. d. M. d. 15. Jh. und dem spätgot. 5-gesch. quadr. Turm, der erst 1739 zum Kirchturm umgebaut worden sein soll (Zwiebelhelm). Das Portal mit einem spätgot. Vorhangbogen im Erdgeschoß des Turmes spricht eigentlich gegen eine ehem. Wehrhaftigkeit. Nach Klaar bildet die Kirche jedoch einen einheitlichen Komplex.

AMTSHOF: An der NO-Ecke des Rechteckplatzes lag ein 2-gesch. Kastenbau, Haus 33. Trotz des etwas desolaten Aussehens ließ der Bau durch eine vornehme Fassadierung seine urspr. Bedeutung als Amtshof und Sitz des 1337 genannten „*Heinricus de Hyspere*" erkennen. Um 1411 Volkmar von Hof, gesessen zu Ysper. 1972 abgebrochen.

(Reil 116; Dachler 77; Plesser, Pöggstall 198, 245; GB VIII 93, 96, 100; ÖKT IV 45; Weigl III 181; I 133; Dehio 133; Eppel, Wv 238; Kafka, NÖWk II 150; Bi II 14; Franz-Fass OM 292, 14; Klaar/BDA; Seebach)

II. VERSCHWUNDENE OBJEKTE

A I C H A U (Artstetten-Aichau/Melk)
„*Ortlieb v. Aichawe*" 1263 genannt (MB XI 67). 1293 bezeugen die Brüder Pilgrim und Ulrich v. Aichau eine Urkunde des Stephan von Maissau in Wien (FRA XXI 73). Im 15. Jh. gehörte der Sitz zur Hft. Leiben.
Der Ort liegt an der alten Glashüttenstraße, die über 3 „*Römerbrücken*" von Pöggstall nach Weitenegg führt. Nach Auskunft Hrn. Wilhelm, Aichau 1, mußte der Besitzer des kleinen Gutes die Ochsen für den Vorspann der Fuhrwerke stellen. Angeblich erhielten 4 Bauern den Scheibenwald zur Viehweide als Spende einer adeligen Frau. Die Bauernhöfe Aichau 1, 2, 3 und 4 haben noch heute gleich große Besitzungen. Haus 1, der ehem. Sitz war früher mit Nr. 2 vereinigt. Im Sommer 1971 wurde der 2-gesch. Altbau (3-achs. Giebelfront, Mauerstärken um 1 m) an der Ortsstraße durch einen Neubau ersetzt; Die heutigen Besitzer, Fam. Wilhelm, sind im Besitz von Urkunden und Abschriften, u.a. mit folgendem Inhalt: Vor 1736 hatten Martin Mayr und seine Frau Barbara den Hof inne. Am 2.8. 1736 heiratet Andreas Paumbgartner Frau Barbara, die Witwe des Martin Mayr. Andreas Paumgartner ist der Sohn des Martin P. in Payrstetten und dessen Frau Maria, geb. Roitter aus Payrstetten. 1756: Verlassenschaftsabhandlung nach Eva Maria Paumbgartner von Eucha: „*....geweste hiesig herrschaftl. Unterthanin zu Eucha.*"; Herrschaftsbezirk Leiben. Vor der Fam. Wilhelm waren die Hebenstreit, ein adeliges Geschlecht aus Bayern, das auch in Seeb, Gossam und Losau 13 Besitz hatte, Inhaber des ehem. Sitzes.
(Plesser, Pöggstall 137; Plesser 1902, 90; GB IX 169, 285; Weigl I 9 A 37)

A S C H E L B E R G (Pöggstall-Aschelberg/Melk)
2 Häusergruppen n. von Pöggstall, getrennt ein Jägerhaus. 1398 „*datz den dreyn Eschleinsperig*" = die zwei Dörfer und der Wirtschaftshof. 1299 hatte das Stift Kremsmünster hier 3 Güter. Die Hft. Pöggstall hatte 1548 hier einen Meierhof und ein Amt. 1620 wird ein Amtmann genannt.
(Reil 193; GB IX 180, 209, 538; Plesser, Pöggstall 147; Weigl I 74 A 233)

B E R G E R N (Pöggstall-Bergern/Melk)
1366 verkaufte Georg v. Pergarn seinem Lehensherrn Albero v. Streitwiesen Güter zu Oed und Loibersdorf (NÖLA, Urk 687; NotBl. 1857, 206). 1405 Adolff der Wolffenrewter, gesessen „*zu Perigarn ob Pechstal*" (GB XIII 15). Vermutlich Haus Bergern 5.
(GB XI 564; XII 593, 602; XIII 600; Plesser, Pöggstall 151; Weigl I 129 B 121; FranzFass OM 503)

B R U C K AM OSTRONG (Neukirchen am Ostrong-Bruck am Ostrong/Melk)
Um 1193 wird ein „*Ihegrim v. Pruche*" genannt. Um 1584 hatte die Hft. Leiben 6 Vogtholden in Bruck. Sitz nicht lokalisiert, ev. Haus 5, genannt Hofbauer.
(GB III 544; XIII 643; Plesser, Pöggstall 155; Weigl I 253 B 507; FranzFass OM 542)

D E I S S E L H O F
1214 nannte sich „*Gerhard v. Obertessa*" (Deißelhof an der Yspser) nach (Ober-)Bierbaum. Nicht lokalisiert. (TopNÖ II 169; Plesser, Pöggstall 153)

D Ö L L A (Artstetten-Pöbring-Dölla/Melk)
Das „*Burgstallerfeld*" s. des Ortes deutet auf eine vor- und frühgeschichtliche Siedlung (s: Einleitung). 1391 wird ein „*Wendel v. Tola*" genannt. Der Sitz dürfte an Stelle des Hauses 7 gestanden haben.
(Plesser, Pöggstall 156; GB XIII 608; FranzFass OM 501; Weigl H, Flurnamen als Zeugen vor- und frühgeschichtlicher Erdwerke in NÖ, in: UH 1953, 1; Weigl II 45 D 173).

E I B E T S B E R G (Weiten-Eibetsberg/Melk)
1326 genannt „*Egelolf v. Eywezdorf*". Die Herrschaft Mollenburg hatte 1486 in „*Eibertsberg*" ein Gut. Geringe Reste des Altbaues, Eibetsberg 1, erhalten.
(Plesser, Pöggstall 163; NÖLA, Gültbuch OMB 11; FranzFass OM 772)

E I T E N T H A L (Weiten-Eitenthal/Melk)
Um 1133 gab Frau Haziha v. Tegernbach Güter von hier und dem nahen Felbring zum Stifte Klosterneuburg. Dieses Stift hatte um 1304 im Amte Autental einen Wirtschaftshof samt Zugehör. Der Klosterneuburger Amtshof war 1512 ein Turm und ödes Gemäuer. Um 1475 wollte man die erst 1444 wieder geweihte Kapelle mit Befestigungen versehen. Die kleine rom. Kirche mit einer Halbkreisapside und einem hochgelegenen Eingang wurde 1692 barockisiert. Der Amthof wird in unmittelbarer Entfernung von der Kirche gestanden sein. Der Franziszeische Kataster verzeichnet eine Flur „*Turnleiten*" w. der Kirche.
(Plesser, Pöggstall 163; GB III 271; IX 98; ÖKT IV 205; BlLk 1901, 397; Klaar/BDA; FranzFass OM 112; Winter II 1020; Kafka, NÖWk II 131)

F E I S T R I T Z BEI HEILIGENBLUT (Raxendorf-Feistritz-Mannersdorf/Melk)
Um 1118 gab der edle „*Waltrich v. Vustrize*" Güter bei Ebersdorf zum St.Leonhardsaltar in Freising. 1300 erscheint ein „*Ulrich v. Fevstritz*" als Lehensritter der Kuenringer auf Dürnstein (FRA I/1, 236). 1395 verlieh der Landesfürst den Neudeggern mit der Feste Ranna und einer Mühle zu „*Feistritz, wo der Turm liegt*".
Neben dem Bauernhof des Landwirtes Johann Kammerer, Feistritz 8 war bis zum Herbst 1960 ein ma. Turmrest zu sehen (Gdb. Feistritz EZ, 20-21). Der Hof liegt auf einer z. T. künstlichen Erhöhung am Eingang zum Steinbachtal. Bis zum Abbruch aus Sicherheitsgründen 1960 stand eine ca. 7 m hohe Bruchsteinmauer mit 2 seitlichen Maueransätzen, Mauerstärke ca. 2 m. Der im Grundriß quadr. Turm mit ca. 8 m Seitenlänge war zumindest 3-gesch., da er Pfostenlöcher für 2 Trambalken aufwies. Hof und Turmrest waren von einem halbkreisförmigen, nun eingeebneten Graben umgeben.
Im Keller des Hauses Feistritz 3 der Eingang zu einem Erdstall, ein Gang, der anfänglich nach O geht, dann aber nach S abbiegt und in einen rondellartigen Raum endet. Ein anderer Gang gegen den Steinbach ist verfallen.
(GB III 542; IX 181, 231; ÖKT IV 75; Plesser, Pöggstall 169; Bi II 14; Hutter Franz, Der Burgstall zu Sassing-Echartstayn-und Feistritz, wo der Turm liegt, in: UH 1961, 69)

F I L S E N D O R F (Weiten-Filsendorf/Melk)
Das Stift Melk hatte hier ein Amt, 2 Höfe und eine Hofstatt. 1306 beurkundet Konrad v. Streitwiesen den Verkauf des Melker Wirtschaftshofes auch Amthof genannt. Der Hof hat im Franziszeischen Kataster die Hausparzelle 1. Altbau nach 1945 durch einen Neubau ersetzt.
(TopNÖ III 106; VI 811; Plesser, Pöggstall 170; FranzFass OM 146; StiftsArch.Melk)

H A R T H (HART) (Artstetten-Pöbring-Hart/Melk)
„*Hadmar v. Hardt*", Lehensritter des Albero v. Streitwiesen (TopNÖ VII 385). 1357 nennt sich Friedrich der Fritzelsdorfer „*von Herdt*". 1473 gehört das Amt Hart zur Hft. Leiben. Sitz vermutlich nach FranzFass OM 234 auf Hausparzelle 10.
(NotBl 1857, 208; GB IX 191; XIV 418; Plesser, Pöggstall 191; Plesser 1903, 153; Bi II 14)

H U T T E R B E R G (HUETERBERG-HENZING) Anhöhe zw. Mampasberg und Losau.
Die Maissauer belehnten um 1400 die Fritzelsdorfer mit einem Hof. Anna v. Fritzels-

dorf brachte ihn 1452 ihrem Gemahl Hans v. Gilleis zu. 1558 erscheint er als öder Hof am Henzing. 1601 die „Öde" oder „Purgstall" am Hüetterperg genannt.
(NotBl 1857, 317; Plesser, Pöggstall 117; GB IX 92, 104, 623)

K A P E L L E R A M T (Altenmarkt-Yspertal-Kapelleramt/Persenbeug/Melk)
Zerstreut gelegene Häuser zwischen Ysperbach und den Bergen Hochwand und Schöberberg am ö. Abhang zum Yspertal. Name lt. Plesser von einer abgekommenen Kapelle beim Haus Stein (Staina). Das Urbar der Hft. Yspertal führt 1499 die „Cappeller" an und bemerkt „Stainach bey der Capellen ligt ytzt oed" (Wr HKA).
(Plesser, Pöggstall 202; GB VIII 112, 118, 121; TopNÖ V 41; ÖKT IV 48)

L O S A U (Lehen-Losau/Melk)
Um 1130 tritt „Liutold v. Lasach" als Zeuge auf (FRA XXXI 96). Vermutlich Haus 13. (Plesser, Pöggstall 220; FranzFass OM 367).

M A M P A S B E R G (REITHOF, STREINHOF) (Lehen-Mampasberg/Melk)
In Mampasberg bestanden 2 Sitze: Der nach Freising dienstbare *Reithof* (heute Reithofbauer w. des Ortes), Flur Reither Feld (Hausparz. 11 in FranzFass OM 367) und ein *ldfl.* Hof in der Ortschaft, nun Haus 9 (Neubau).
Um 1130 hatte das Freisinger Domkapitel ein Gut in „*Meginbolteperge*". Wichard v. Klamm und seine Schwester Gerbirg verzichteten 1183 gegen eine Geldabfertigung durch die Propstei Neustift bei Freising auf diesen Hof (GB III 543). 1310 hatte ihn „*Heinrich v. Maepoltesperch*" inne (FRA XXXVI 40). Die 1310 genannten „*Chunrad*" und „*Perchtold v. Meinboldsperge*" (GB XII 130) saßen auf dem ldfl. Hof (1328 genannt). 1343 verkaufte Margret, Hausfrau des verstorbenen Perchtold v. Menpoltzperg den Hof zu Menpoltzperg (GB XI 141) an Konrad v. Bierbaum. 1395 wird Konrad Geschechsennot von Hzg. Albrecht IV. mit dem Hof belehnt. Auf ihn folgen 1437 die Raschp, die bis 1460 nachweisbar sind. 1558 baut der Pfarrer zu Ebersdorf den Reithof dabei ein öder Hof) zu einem Meierhof um. 1620 kam er zur Hft. Leiben, die ihn einem Untertanen Strein verkaufte, wovon er 1629 *Streinhof* genannt wurde.
(GB III 551, 554; IX 92, 614; 623; XII 130; StaatsArch. Wien, Kodex Nr. 20; TopNÖ VI 55; Plesser, Pöggstall 222; FranzFass OM 367)

M A N N E R S D O R F (Raxendorf-Mannersdorf/Melk)
„*Ulrich der Scheck v. Menhaertstorf*" war 1361 Siegler einer Urkunde über Grillenparz-Koppenhöfe (FRA LI 525). 1366 heißt er der ehrbare Mann, gehörte also dem niederen Adel an (TopNÖ VII 442). Um 1400 ein Ulrich Scheck (NotBl 1857, 206) genannt. Frau Scheck ließ 1411 die Ursprungskapelle in Heiligenblut erbauen.
(Reil 211; Plesser, Pöggstall 222; FranzFass OM 379)

M A U S E L B U R C H (MAWSELBURKCH)
1343 wird eine Hofstätte auf der Mauselburg genannt (GB XI 141). 1539 als Meisslburg genannt (GB IX 621). Lage unbekannt, wahrscheinlich an der Grenze gegen das Landgericht Weitenegg zu.

M A Y E R H O F E N (Münichreith am Ostrong-Mayrhofen/Persenbeug/Melk)
Die Maissauer belehnten um 1400 den Konrad Puschinger mit einem Hofe und dem Dorf und nannten 1431 den Jörg Kälberharder zu Mairhofen ihren Diener oder Lehensmann (TopNÖ VI 331; FRA LIX 262). Vermutlich wurde der Altbau bei einem Brand 1930 zerstört und neu wiederaufgebaut. (Plesser, Pöggstall 230).

NASTING (Weiten-Nasting/Melk)
1391 wird ein *„Fridel v. Nestingen"* genannt (GB XIII 608). Der ehem. Sitz, Nasting 1 ist durch einen vollkommenen Neubau ersetzt.
(Plesser, Pöggstall 239; FranzFass OM 772)

NUSSENDORF (Artstetten-Nussendorf/Melk)
1326 sendete Konrad der Püschinger dem Alber v. Streitwiesen (auf Mollenburg) die Lehenschaft des Hauses zu Nussendorf auf (GB IX 204). 1427 wird ein ödes Haus zu Nussendorf genannt. An Stelle des Sitzes steht der Schafhof außerhalb des Ortes. Vollkommener Neubau. (GB XII 28; Plesser, Pöggstall 244; FranzFass OM 464)

OBERBIERBAUM (Neukirchen am Ostrong-Oberbierbaum/Melk)
1144 *„Sigeloch v. Pirpoumen"* (MB IV 311). *„Hermann v. Pirbaum"* bezeugte 1192 die Beilegung eines Streites zwischen dem Kl. Neustift in Freising und Hermann v. Hohenau. 1214 nannte sich Gerhard v. Obertessa (Deisselhof an der Ysper) nach Bierbaum. Der Sitz dürfte nach der FranzFass OM 161 die Hausparzellen 3 und 4 umfaßt haben (Haus 1). Davor ein kleiner Dreiecksplatz.
(TopNÖ II 168, 169; Plesser, Pöggstall 152; Weigl I 172 B 235)

OBERHOHENAU (Neukirchen am Ostrong-Oberhohenau/Melk)
Kleine Häusergruppe n. von Neukirchen. Die Propstei Neustift in Freising kaufte i. 12. Jh. von *„Wolfgrim v. Hohenau"* ein Gut (Plesser, Pöggstall 196). 1378 wurde ein Hof zu Oberhohenau, den Hans Melabrunner zu Lehen gehabt hat, von den Brüdern Albrecht und Hans v. Streitwiesen und Heinrich v. Maissau dem Pfarrer von Münichreith für seine Kirche und das Gotteshaus Neukirchen verkauft (StiftsArch. Melk). 1398 kam der Hof an Ulrich v. Naerndorf (Arndorf) (GB XI 502). Von ihm kaufte ihn 1413 Hans Melebrunner zurück (GB XI 503), (nach Plesser 1401). Heute ein Neubau, Haus 1.

OBERNDORF (Artstetten-Pöbring-Oberndorf/Melk)
1175 wird *„Heinrich v. Oberndorf"* genannt. Das Dorf bildete ein Gut, daß von Zelking zu Lehen vergeben wurde. (TopNÖ VII 399; Plesser, Pöggstall 245).

OTTENBERG (Raxendorf-Mannersdorf-Ottenberg/Melk)
Um 1180 schenkte Reinpert v. Hohenstein dem Stift Göttweig das Lehen eines Otto, der noch am Leben war und den Besitz weiter behalten konnte. 1302 war Göttweig im Besitz eines Hofes zu Ottenperg. (TopNÖ VII 578; Plesser, Pöggstall 248)

PARGARTSTETTEN (Münichreith am Ostrong-Pargartstetten/Persenbeug/Melk)
1317 (oder 1397) saß Friedrich der Plewsinger in Pargartstetten. Nichtlokalisierbar.
(TopNÖ VIII 36; Plesser, Pöggstall 250, 259; FranzFass OM 542)

PAYERSTETTEN (Artstetten-Pöbring-Payerstetten/Melk)
1434 siegelte *„Albrecht der Payrsteter"* eine Urkunde in Weiten. 1510 wurde ein Meierhof mit Wirtschaft von der Hft. Pöggstall an Ottenschlag überlassen. Vermutlich an Stelle des Hauses 5. (TopNÖ VIII 58; Plesser, Pöggstall 250; FranzFass OM 32)

RAXENDORF (Marktgemeinde/Melk)
Der schon im 11. Jh. erstmals urkl. genannte Ort lag in der ehem. alten Grafschaft Weitenegg-Persenbeug, einer Landschaft, die schon sehr früh besiedelt wurde und bis in die späte Neuzeit die Einrichtung eines bäuerlichen Freigerichtes kannte. Zu diesem gehören noch 1523 in Raxendorf selbst 18 Häuser und 3 Öden. In R. gab es auch einen

Adelssitz, nach dem sich um 1180 „*Dietmar v. Rachsendorf*" als Zeuge einer Hzgl. Urkunde nennt (Mitis 365). Dieser widmet um 1210 Gülten von einem Hofe bei der Kirche in Raxendorf an das Kl. Nieder-Altaich. Dieser Wirtschaftshof bei der Kirche gehörte um 1258 mit 2 Lehen und einer Hofstätte samt Gärten und Äcker zu diesem Kloster. 1263 wird erstmals urkl. von einem öffentlichen Gerichte der Freibauern von Raxendorf und Umgebung berichtet, dem der Burggraf von Weitenegg als bestellter Vogt vorsitzt. Dieser Gerichtstag findet allerdings im Steinhof (Gem. Mödelsdorf) dem Sitz des Burggrafen Heinrich Steiner, statt. Im folgenden Rechtsspruch werden die Brüder Otto und Wichard v. Pöbring, die der Kirche v. Altaich dieses Gut in Raxendorf lange Zeit streitig machten, verpflichtet auf dieses Gut zu verzichten und diesen Kirchenbesitz zu beschützen.

1523 gehörten in das *Urbar Freigericht Raxendorf:*
Loibersdorf; ein ödes Gut am Ottenberg, 1 ödes und 2 behauste Güter;
Prinzelndorf: 1 Hof, 4 Güter und 1 Hof am Eybeßberg;
Mürfelndorf: 1 ödes Gut und 1 Gütel;
Fritzelsdorf: 1 ödes Gut;
Afterbach: 11 Güter (im Pach, auf der Lauben, unter dem Lauberg);
Troibetsberg: 2 Güter;
Raxendorf: 18 Güter, (Darunter in Drumb), 3 öde Güter;
Ottenberg: 1 Gut;
Hinterkugel bei Nonnersdorf: 1 Gut;
Loitzendorf: 6 Güter und ein Kleinhaus;
Haslarn bei Laach: 4 Güter und 1 Öde;
Feistritz bei Heiligenblut: 1 Gut (Inhaber H. v. Neidegg auf Ranna, und 3 Güter „*Vogtrecht";*
Prinzelndorf: Der Amtmann des Krabat v. Leiben und 5 Holden Vogthafer;
Hart: 1 Hof, dem Krabat v. Leiben gehörig, dient Vogtrecht;
Der ehem. Sitz, Raxendorf 2 liegt direkt neben der Kirche auf einer z. T. künstlichen Erhöhung und bildete urspr. mit ihr einen Wehrverband. Heute ein Neubau (Pfarrhof). Haus 1, ebenfalls ein Neubau, liegt im Winkel zwischen beiden Ortsstraßen und dürfte gleichfalls zum Sitz gehört haben. Beim Haus 14 Einstieg in einen Erdstall. Ein zweiter soll sich hinter dem Kaufhaus Adam befunden haben.

(Reil 367; Plesser, Pöggstall 274; GB XI 631; XIII 54; HiSt I 495; Lechner, Wv 72, 74, 147; ÖKT IV 196; FranzFass OM 549; Hutter Franz, Der Burgstall zu Sassing-Eckartstayn- und Feistritz, wo der Turm liegt, in: UH 1961, 69)

R E I D L I N G (Raxendorf-Pölla-Reidling/Melk)
1180 bezeugte „*Reinbert v. Rudigen"* die Schenkung des Reinpert v. Hohenstein betreffs der Güter im nahen Eckhardstein. (FRA VIII 807; Plesser, Pöggstall 275).

S I E B E N D Ü R F T I N G (ZINDÜRFTING, ZINHOF)
(Wimberg-Pisching-Siebendürfting/Melk)
Der Sitz dürfte vor seiner Teilung *Zinhof* geheißen haben (von dem adeligen Geschlecht der Zin; s.: GB IV 385). 1144 wird in der Stiftungsurkunde von Münichreith ein „*Czineus"* genannt. Das Geschlecht war auch in Wien ansässig. Nach Links „*Annales Claravallenses"* erscheint 1285 gleichfalls der Name Zin, nämlich Carl v. Espeinsdorf, genannt *Cinus.* 1362 wurde ein Hof an Hans Wimberger durch Hzg. Rudolf IV. verliehen. Um 1387 erhielt Hans v. Persenbeug vom Landesfürsten den Hof zu Sübendurften. 1411 wurde Wernhard v. Säusenegg auf Wimberg damit belehnt.
(Plesser, Pöggstall 291; GB IV 385; VIII 98; StaatsArch. Wien, Kodex blau 530, 366)

S T E I N B A C H (FRIESENEGG)(Marbach an der Donau-Friesenegg/Persenbeug/Melk)
Burgstall: Auf einem Höhenrücken n. des Marktes Marbach, ca. 300 m hoch gelegen erhebt sich über dem Dorf Friesenegg eine freie Höhe, die seit alter Zeit *Burgstall* genannt wird.Hier soll sich auch eine Altsiedlung befunden haben (SchloßArch.Persenbeug).
Herrenhaus: 1651 erbaut, vor 1675 in 3 Kleinhäuser unterteilt.
(Plesser, Pöggstall 171, 294; Eppel, Wachau 134; Weigl II 244 F 188)

S T R A S S R E I T H (Pöggstall-Straßreith/Melk)
Die Lindegg auf Mollenburg nannten sich 1659-1719 auch Herren von Straßreith und hatten hier einen Freihof (GB IX 434). Haus 1, im wesentlichen ein Neubau.
(GB III 255; Plesser, Pöggstall 295; FranzFass OM 43)

T O T T E N D O R F (TORTENDORF, TURTENDORF)
(Weiten-Tottendorf/Melk)
1300 verlieh Konrad v. Werde der Alheid, Hausfrau des *"Renolt v. Turtendorf"* ein halbes Lehen zu Turtendorf (StiftsArch. Melk). 1360 war Konrad Fritzelsdorfer im Besitz des Hofes. Ulrich der Prinz v. Tortendorff siegelte 1366 eine Urkunde des Georg v. Pregarn (TopNÖ VII 443). Der Sitz dürfte an Stelle des Hauses 12 (Hausparzelle 4) gestanden haben. Der Hof liegt auch erhöht am Rande des Ortes und hat eine eigene Zufahrt. Geringe Reste vom Altbau mit 70 cm starken Bruchsteinmauern im Neubau. Haus 1 am *"Zöllerwiesl",* isoliert am Ort gelegen, wurde 1920 abgerissen und stand mit dem Sitz nicht in Verbindung.
(GB IX 209; XIII 599; Plesser, Pöggstall 300; FranzFass OM 421; Weigl II 62 D 246)

W E I N S (Hofamt Priel-Weins/Persenbeug/Melk)
Wegen der Türkengefahr 1683 wurde die Schanze an der Ysper (aus der Schwedenzeit) neu in Stand gesetzt, wodurch das Amt Weins an Wäldern und Gründen 341 fl Schaden erlitt. (Reil 138; Plesser, Pöggstall 307)

W E I S S P Y H R A (Neukirchen am Ostrong-Weißpyhra/Melk)
1194 bezeugte *"Gerolt Wizeperin"* eine Urkunde des Eckhard v. Pernegg über Hohenau bei Neukirchen (MB IX 569). 1687 wurde der Hof zu Weißpyhra von Gf. Hoyos dem Karl Haffner zu Lehen gegeben und 1696 dem Michael Thomas Gf. v. Sinzendorf auf Pöggstall. Dieses Lehen umfaßte einen Hof, 8 Hofstätten, Burgrecht und Holz. Der ehem. Sitz stand auf der Hausparzelle 1.
(GB IX 51, 499; Plesser, Pöggstall 310; FranzFass OM 811)

W Ü R N S D O R F (SEISENEGG, SINZENEGG) (Würnsdorf/Melk)
1190 tritt *"Konrad v. Wirmesdorf"* als Zeuge auf, 1194 nennt er sich *"Konrad v. Wirmlsdorf",* 1200 *"Wichard v. Wirinstorf".* Im 15. Jh. wurde der Sitz von den Seiseneggern auf Wimberg umgebaut, im 17. Jh. von den Sinzendorf auf Pöggstall.
Das Schloß war 1756 noch bewohnt. Seine letzten Reste verschwanden 1810. 1910 sollen noch geringe Spuren zu sehen gewesen sein. Der genaue Standort des Schlosses ist unbestimmt. Vermutlich auf der Grundparzelle 614 n. des Weitenbaches knapp außerhalb der Ortschaft.
(Plesser 1904, 184; Plesser, Pöggstall 319; GB VII 540; IX 540; XIII 643; Bi II 8; FranzFass OM 811)

Z E I N I N G (Raxendorf-Zeining/Melk)
1427 pachtet *"Ottler v. Zeining"* einen Meierhof in Trendorf (Hipp. 1864, 134). 1419 stiften Geschwister *"Wildung v. Czeiningk"* in Emmersdorf (GB IX 101). Da 1530 ein Falltor genannt wird, dürfte der Ort eine eigene Ortsbefestigung gehabt haben. Im

Kern des haufendorfähnlichen Straßendorfes liegen die beiden größten Hausparzellen 6 und 7. Auf 6 dürfte der ehem. Sitz gestanden haben. Auf der Siedlungsformenkarte von A. Klaar ist ein Schloß eingetragen. Auf eine Ortsbefestigung lassen auch die geradlinigen Böschungen der Terrasse, auf der der Ort liegt, schließen.
(GB IX 207, 208, 210; Plesser, Pöggstall 320; Winter II 1008-14; FranzFass OM 818)

III. FRAGLICHE OBJEKTE (Sitzqualität nicht nachweisbar)

AUF DER EBEN (Hofamt Priel/Persenbeug/Melk)
Dorfwüsting am S-Abhang des Sulzberges. Eine Stelle heißt *„beim eisernen Tor"*, eine andere das *„Specktor"*. Um 1880 sollen hier Waffen, Spuren udgl. gefunden worden sein. Auf der W-Seite des Sulzberges das *„Blockhaus"*, 1887 unter Ehzg. Otto errichtet.
(Plesser, Pöggstall 159; ÖKT IV 191)

A U H O F (Neukirchen am Ostrong-Oberbierbaum-Auhof/Melk)
Oberbierbaum 6. Jetziger Bau um 1900. Zwischen Hof und Oberbierbaum die Flur *„Hauswiesen"*. (Parz. 230-235, 225). (Franz.Fass OM 161)

B A C H O N E S (Münichreith am Ostrong-Bachones/Persenbeug/Melk)
Grundparzelle 4. (Plesser, Pöggstall 149; FranzFass OM 542)

B U R G E R N (St.Oswald-Urthaleramt-Burgern/Persenbeug/Melk)
Plesser vermutet, daß die beiden Einzelhöfe (Urthaleramt 15, 16), 1431 *„dacz den Burgern"* genannt, mit Wall und Graben umgeben waren. Landesfürstliches Lehen (1431 Georg Geschähseinnot).
(NotBl 1858 446; Plesser, Pöggstall 155; Weigl I b 1353 Prgern, s.: Nr. O 99)

B U R G H O F (BIRGHOF) (Nöchling-Niederdorf-Burghof/Persenbeug/Melk)
Niederndorf 12. Neubau 1971. Vom Altbau nur die Keller erhalten. (FranzFass OM 471)

EBEN BEI YSPER / E B E N H O F BEI DORFSTETTEN
(Dorfstetten-Wimbergeramt-Ebenhof/Persenbeug/Melk)
Um 1380 nach GB VIII 100: *„...Bald darauf erhielt Hans der Friczestorffer von Leydem (Leiben) auch ein Dorf zu Eben bei Ysper (Ebenhof bei Dorfstetten)... zu Lehen"*.
Dorfwüstung. (GB IX 78; Weigl II 58 D 233 (II 100 e 42)

E I B E L S B E R G (EIBETSBERG) BEI RAXENDORF
(Raxendorf-Eibetsperg/Melk)
1107 Gut *„Iringisperg"* des Gf. Eckbert v. Vormbach.
(FRA VIII 12, 16, 191; GB IX 195, 209, 153; Plesser, Pöggstall 162)

F A H R A L E H E N
Markt Ysper 37.

G L A T Z H O F (St.Oswald-Urthaleramt-Glatzhof/Persenbeug/Melk)
Einzelhof. Nach FranzFass OM 471.

G U T E N B A C H (Wimberg-Pisching-Gutenbach/Melk)
Landesfürstlicher Hof. (Plesser, Pöggstall 187; OÖUB VI 68)

H E I L I G E N B L U T (Raxendorf-Mannersdorf-Heiligenblut/Melk)
Sitz der Scheck v. Mannersdorf. Um 1361, *„Ulrich der Scheck v. Menhartsdorf"* genannt.
(Plesser, Pöggstall 193; Eppel, Wv 138; FranzFass OM 379 (ev.Hausparz.4); ÖKT IV 74

H O L Z I A N (Hofamt Priel-Rottenhof-Holzian/Persenbeug/Melk)
Landesfürstlicher Hof. (GB IX 153; Plesser, Pöggstall 197)

J A S E N E G G (Weiten-Jasenegg/Melk)
Um 1360 Lehen der Fritzelsdorfer. Ehem. Hausparzelle 1. Altbau abgerissen. (Plesser, Pöggstall 200; FranzFass OM 421)

K R E M P E R S B A C H (KREMPELSBACH) (Pöggstall-Krempersbach/Melk)
Nach FranzFass OM 503 Hausparzelle 1.

L A A S (Pöggstall-Laas/Melk)
Nach einem Bericht von Pfr. O. Strasser sollen vor 1886 noch Reste einer Burg zu sehen gewesen sein. (TopNÖ V 612; Plesser, Pöggstall 211; GB IX 539)

M U C K E N D O R F (Pöggstall-Muckendorf/Melk)
In der FranzFass OM 43 sind zwischen den Hausparzellen 3 und 4 Gräben (Böschungen) von ovalem Grundriß eingezeichnet. Die Grundparzelle 239 trägt die Flurbezeichnung *„Mauerwiesen"*, daneben die Flur *„Leithen".*

N E U S I E D L AM FELDSTEIN (Raxendorf-Neusiedl am Feldstein/Melk)
Landesfürstliches Lehen. Altbau vollkommen aus der Gotik erhalten.
(TopNÖ VII 245; Plesser, Pöggstall 242)

N E U S I E D L BEI PFAFFENHOF (Raxendorf-Neusiedl bei Pfaffenhof/Melk)
Zwei ldfl. Höfe. (TopNÖ VII 245; Plesser, Pöggstall 242)

O E D BEI BRAUNEGG (Raxendorf-Braunegg/Melk)
Meierhof der Hft. Streitwiesen. Die Grundparzelle 48 trägt den Namen *„Ödholz"*, die Parzellen 457 und 458 *„Hausfeld".* (Plesser, Pöggstall 245; FranzFass OM 43)

P U R G S T A L L (OBER-, UNTER-,) (St.Oswald-Urthaleramt/Persenbeug/Melk)
Zwei Einzelhöfe (Urthaleramt 18 und 19). Eventuell war eine ur- oder frühgeschichtliche Siedlung namensgebend (s.: Einleitung). (FranzFass OM 471)

R I E D (Laimbach am Ostrong-Gmaining-Ried/Melk)
Eine Viertelstunde ö. von Pisching soll nach Binder eine Burg gestanden haben. (Bi II 8; Plesser 1904, 26)

R O T E A U IM KALTEN TAL (Dorfstetten-Wimbergeramt/Persenbeug/Melk)
Landesfürstliches Lehen (Mühle). (NotBl. 1859, 37; Plesser, Pöggstall 280)

S A L M O N S B E R G (Altenmarkt-Yspertal-Salmesberg/Persenbeug/Melk)
Landesfürstliches Lehen. (Plesser, Pöggstall 283; NotBl. 1859, 37)

S A S S I N G (Raxendorf-Pölla-Sassing/Melk)
Landesfürstlicher Hof, um 1380 genannt (StaatsArch Wien, Kodex blau 530, 49; Plesser, Pöggstall 283)

S T R A S S B U R G BEI PÖMMERSTALL (Pöggstall-Prinzelndorf-Straßburg/Melk)
Gasthof Holzinger, Prinzelndorf 15. Südlich vom Gasthof *„Straßburg"* bestand der Neugebäudehof (zu Prinzelndorf gehörig). (Plesser, Pöggstall 117; Weigl I 212 B 366)

VORDERLEHEN (Nöchling-Gulling-Vorderlehen/Persenbeug/Melk)
An der Straße von Nöchling zum Hof Streit. Fast völliger Neubau.

WACHTBERG (Neukirchen am Ostrong-Wartberg/Melk)
Dürfte vielleicht in Zusammenhang mit Fahrenberg (siehe dort) stehen.

WEITERNDORF (Weiten-Weiterndorf/Melk)
1336 Lehen des Richters Dietrich v. Ybbs. 1486 ein Gut zu Mollenburg. Ehem. Haus 1 (Neubau). (TopNÖ III 5; Plesser, Pöggstall 316; FranzFass OM 146)

WINDPASS
Hofruine eines Zehenthofes an der Bezirksgrenze zu Zwettl (Angeblich 1645 durch die Schweden zerstört).

ZODERHOF (Persenbeug/Melk)
1570 Meierhof der Hft. Persenbeug (Plesser, Pöggstall 271).

WORTABKÜRZUNGEN:

A. – Anfang
Abh. – Abhandlung
achs. - achsig (2-achs.)
ahd. – althochdeutsch
Akad. – Akademie
Arch. – Archiv
bar. – barock
bayr. – bayrisch
Beg. – Beginn
bmkw. – bemerkenswert
Bez. – Bezirk
Bf., bfl. – Bischof, bischöflich
böhm. – böhmisch
bürgl. – bürgerlich
bzw. – beziehungsweise
ca. – cirka
christl. – christlich
d. – des
ders. – derselbe
Dir. – Direktor
Dr. – Drittel
E. – Ende
Ebf., ebfl. – Erzbischof, erzbischöflich
eck. – eckig
ehem. – ehemals, ehemalig
Ehzg(n). – Erzherzog (in)
engl. – englisch
evang. – evangelisch
Fa. – Firma
Fam. – Familie
Fil. – Filiale
FilKi. – Filialkirche

fl. – Gulden
FM. – Feldmarschall
FMLT. – Feldmarschalleutnant
frühgot. – frühgotisch
frühklass. – frühklassizistisch
franz. – französisch
fürstl. – fürstlich
FZM. – Feldzeugmeister
G. – Geschoß(es)
GB. – Gerichtsbezirk
geb. – geborene
Gen. – General
GenDir. – Generaldirektor
GenMjr. – Generalmajor
gesch. - geschossig (2-gesch.)
Gf., Gfn. – Graf, Gräfin
got. – gotisch
griech. – griechisch
H. – Hälfte
hd. – hochdeutsch
halbkreisf. – halbkreisförmig
Hft., hftl. – Herrschaft, herrschaftlich
hl. – heilig
Hptm. – Hauptmann
Hs. – Handschrift
Hzg(n). – Herzog, Herzogin
hzgl. – herzoglich
ital. – italienisch
Jh. – Jahrhundert
joch. – jochig (2-joch.)
Jz. – Jahreszahl
K., Kn., – Kaiser, Kaiserin

kaisl. – kaiserlich
Kap. – Kapelle
karoling. – karolingisch
Kg., Kgn. – König, Königin
KG. – Katastralgemeinde
Ki., kirchl. – Kirche, kirchlich
Kl. – Kloster
klass. – klassizistisch
km. – Kilometer
Kod. – Kodex
Krnt. – Kärnten
landw. – landwirtschaftlich
lat. – lateinisch
ldfl. – landesfürstlich
Ldgf. – Landgraf
Lt. – Leutnant
lt. – laut
m. – Meter
M. – Mitte
Ma., ma. – Mittelalter, mittelalterlich
Mgf. – Markgraf
mhd. – mittelhochdeutsch
milit. – militärisch
Mjr. – Major
mündl. – mündlich
N, n., – Norden, nördlich; NO, NW; N-Trakt
neogot. – neogotisch
niederländ. – niederländisch
niederösterr. – niederösterreichisch
O, ö., – Osten, östlich; O-Trakt
öffentl. – öffentlich
OG. – Ortsgemeinde
OÖ. – Oberösterreich
österr. – österreichisch
Parz. – Parzelle
Pf. – Pfennig
pfarrl. – pfarrlich
Pfd. – Pfund
Pfgf. – Pfalzgraf
PfKi. – Pfarrkirche
Pfr. – Pfarrer
pol. – politisch
poln. – polnisch
prot. – protestantisch
preuß. – preußisch
prov. – provisorisch
Quadr., quadr. – Quadrat, quadratisch
rechteck. – rechteckig
Renss., renss. – Renaissance
Rgf(n). – Reichsgraf, Reichsgräfin
rhein. – rheinisch

Rok., rok. – Rokoko, rokoko
rom. – romanisch
röm. – römisch
russ. – russisch
S. – Süden, s.– südlich; SO, SW; S-Trakt
s. – Schilling
schiff. – schiffig (2-schiff.)
schwed. – schwedisch
slaw. – slawisch
sog. – sogenannt
spätgot. – spätgotisch
spätrenss. – spätrenaissance
spätrom. – spätromanisch
Stmk. – Steiermark
symmetr. – symmetrisch
teil. – teilig (3-teilig)
türk. – türkisch
tw. – teilweise
u. – und
udgl. – und dergleichen
ung. – ungarisch
Urk., urkl., – Urkunde, urkundlich
urspr. – ursprünglich
v. – von
V. – Viertel
verehel. – verehelicht(e)
vergl. – vergleichend
verw. – verwitwet
verwalt. – verwaltungsmäßig
Vj., – Vierteljährlich
W., w., – Westen, westlich; W-Trakt
WC. – Wasserkloset
wirtschaftl. – wirtschaftlich
Wr. – Wiener
Wwe. – Witwe
z. B. – zum Beispiel
z. T. – zum Teil

Historische und kunsthistorische Perioden in Mitteleuropa (Österreich, Deutschland)

Zeitperiode:	Kaiser- und Königsgeschlechter:	Kunsthistorischer Zeitabschnitt:
Ur- und Frühgeschichte (Ohne Schrift, Sprache, Kultur)		
Altertum (keine fixen Zeitgrenzen) - 395 oder 732		Antike (- 312 n. Chr.)
	Karolinger 751-814	
	Franken 814-843	Karolingik
Frühmittelalter - 911		8. Jh. - 911
	Ostfranken 843-911	
	Sächsische Kaiser 919-1024	Ottonik 911 - 1000 (1030 Dom zu Speyer)
Hochmittelalter 911 - 1250	Fränkische oder salische Kaiser 1024-1125	Romanik 1000 (1030) - 1200 (1220) (1250)
	Staufer 1137-1254	Übergangsstil 1200 - 1270 (1280) Frühgotik 1200 (1220) (1250) - 1300
	Habsburger 1273-1308	
Spätmittelalter 1250 - 1453 (1492) (1519)	Luxemburger 1308-1437 (Ludwig der Bayer 1314-1347)	Hochgotik 14. Jh.
	Habsburger 1438-1918	Spätgotik 15. Jh. - A. d. 16. Jh.
		Renaissance A. d. 16. Jh. - 1600 (1620) (1650)
		Frühbarock 1600 (1620) (1650) - 1680
		Hochbarock 1680 - 1720 (1740)
Neuzeit (Ende des Mittelalters - 1789		Spätbarock und Rokoko 1720 (1740) - 1780 (1790)
Neueste Zeit		Klassizismus 1740 (1770) - 1830 (Directoire 1795 - 99) (Empire 1800 - 30)

Die Zeitgrenzen basieren auf Vorlesungen am Kunsthistorischen Institut der Universität Wien.

ABKÜRZUNGEN
bei Quellen- und Literaturangaben

Arlt	= Arlt W, Die Pottschacher Kirche im Wandel der Zeit. Katholische Pfarrgemeinde Pottschach, 1969;
BA	= Burgenarchiv der Niederösterreichischen Landesregierung. 1010 Wien, Teinfaltstrasse 8;
Baravalle	= Baravalle Robert, Steirische Burgen und Schlösser I, II, III, (1936-43);
BF	= Burgenländische Forschungen. 7000 Eisenstadt, Landesarchiv;
Bi	= Binder Georg, Die niederösterreichischen Burgen und Schlösser, 2 Bde, Wien 1925;
BlLk	= Blätter des Vereines für Landeskunde von Niederösterreich;
Bitterauf, Freis.Trad	= Quellen und Erörterungen zur Bayrischen, Deutschen Geschichte. NF. IV, V: Die Traditionen des Hochstifts Passau, hsg. v. Theodor Bitterauf. 2 Bde. München 1905, 1909;
Bruckmüller	= Bruckmüller Ernst, Herr und Herrschaft. Ungedr. Diss. d. phil. Fak. Wien. 1968;
Busley	= Quellen und Erörterungen zur Bayrischen und Deutschen Geschichte. NF. XIX: Die Traditionen, Urkunden und Urbare des Klosters Neustift bei Freising, bearbeitet von Hermann-Joseph Busley. München 1961;
Büttner, Donau	= Büttner Rudolf, Burgen und Schlösser an der Donau. Birken-Verlag. Wien 1964;
Büttner, Greifenstein	= Büttner Rudolf, Burgen und Schlösser zwischen Greifenstein und St.Pölten (Niederösterreichs Burgen II/1). Birken-Verlag. Wien 1969;
Büttner, Leitha	= Büttner Rudolf, Burgen und Schlösser zwischen Wienerwald und Leitha (Niederösterreichs Burgen I/1). Birken-Verlag, Wien 1966;
Dehio	= Dehio Handbuch, Die Kunstdenkmäler Österreichs, die Kunstdenkmäler Niederösterreichs. 3. Aufl. 1953;
Ebner, Burgen	= Ebner Herwig, Burgen und Schlösser und wehrhafte Stätten, in: Die Steiermark - Land, Leute, Leistung, 460;
Ebner I, II, III	= Ebner Herwig, Burgen und Schlösser im Ennstal und Murboden; Mürztal und Leoben; Graz, Leibnitz, West-Steiermark (Steiermarks Burgen I, II, III). Birken-Verlag. Wien 1963, 1965, 1967;
Eppel, Wachau	= Eppel Franz, Die Wachau, Nibelungen- und Strudengau. Ihre Kunstwerke und historische Kultur. Salzburg 1964;
Eppel, Wv	= Eppel Franz, Das Waldviertel. Seine Kunstwerke, historischen Lebens- und Siedlungsformen. Salzburg 1963;
Fischer, Burgbez.	= Fischer H, Burgbezirk und Stadtgebiet im deutschen Süden, Wiener rechtsgeschichtliche Arbeiten. Bd. 3; Wien 1956;
FRA II/	= Fontes Rerum Austriacarum. Abt. II: Diplomataria et Acta Wien 1849 ff. (Darin die Traditions- u. Urkundenbücher der meisten niederösterr. Klöster. Bd. 3 Zwettl; 4, 10, 28 Klosterneuburg; 8, 51, 52, 55, 69 Göttweig; 21 Altenburg; 31, 35, 36 Freising; 6 St.Bernhard; 11 Heiligenkreuz;
FranzFass	= Franziszeische Steuerfassion, Parzellenprotokolle und Katastralmappen 1819/1824;
GB	= Geschichtliche Beilagen zum St.Pöltner Diözesanblatt (früher zu den Consistorial-Currenden der Diözese St.Pölten) 1878 ff;

Götting - Grüll	= Götting Wilhelm - Grüll Georg, Burgen in Oberösterreich. Schriftenreihe der oberösterr. Landesbaudirektion. Bd. 21. Wels 1967;
Grabherr, Evolution	= Grabherr Norbert, Wehrbauten und Herrensitze in Oberösterreich. Eine Evolutionsstudie über Wehranlagen und verwandte Objekte, in: ZsÖBurgV. Heft 4;
Grüll I, II, III	= Grüll Georg, Burgen und Schlösser im Mühlviertel; Innviertel und Alpenvorland; im Salzkammergut und Alpenland. (Oberösterreichs Burgen I, II, III). Birken-Verlag, Wien 1963 - 68;
Halmer, Baden	= Halmer Felix, Burgen und Schlösser zwischen Baden - Gutenstein - Wr.Neustadt. (Niederösterreichs Burgen I/2). Birken - Verlag, Wien 1968;
Halmer, NÖAuswahl	= Halmer Felix, Niederösterreichs Burgen. Eine Auswahl. 3. Aufl. Birken-Verlag, Wien 1964;
Halmer, Rax	= Halmer Felix, Burgen und Schlösser im Raume Bucklige Welt, Semmering, Rax (Niederösterreichs Burgen I/3). Birken-Verlag. Wien 1969;
Hippolyt	= Hippolytus, Theolog. Quartalsschrift St.Pölten. 7 Bde. St.Pölten 1858-64;
HiSt	= Lechner Karl, Handbuch der historischen Stätten Österreichs. Bd. 1. Donauländer und Burgenland (Kröners Taschenausgabe Bd. 278), Stuttgart 1970;
HHSTA	= Österreichisches Staatsarchiv, Abt. I: Haus-, Hof- und Staatsarchiv, 1010 Wien, Minoritenplatz 1;
JbLk	= Jahrbuch für Landeskunde von Niederösterreich. Wien;
Kafka, KrntWK I, II	= Kafka Karl, Kärntens Wehrkirchen I, II. Birken-Verlag. Wien 1971; 1972;
Kafka, NÖWK I, II	= Kafka Karl, Niederösterreichs Wehrkirchen I, II. Birken-Verlag Wien. 1969; 1970;
Keiblinger, Melk	= Keiblinger I.F, Geschichte des Benediktinerstiftes Melk. 6 Bde. Wien 1851 - 69;
Kenner	= Kenner H, Neuere römerzeitliche Ausgrabungen in Österreich, in: UH 1957, 159;
Klaar/BDA	= Klaar Adalbert, Neuvermessungen und Pläne: Bundesdenkmalamt 1010 Wien, Hofburg, Schweizerhof, Säulenstiege und Burarchiv d. NÖ.-Landesregierung, 1010 Wien, Teinfaltstrasse 8;
Klaar, Siedlungsf.NÖ	= Klaar Adalbert, Die Siedlungsformen Niederösterreichs, in: JbLk 1930, 44;
Klaar, Siedlungsf. Wien	= Klaar Adalbert, Die Siedlungsformen von Wien. Wiener Geschichtsbücher. Bd. 8. Wien 1971;
Köpp	= Köpp v. Felsenthal Ant. u. Christ, Historisch malerische Darstellungen von Österreich. 2 Bde. Wien 1844;
Kreutzbruck	= Kreutzbruck Oskar, Unveröffentlichte Pläne, aufgenommen 1920-30. Burgenarchiv d. NÖ.-Landesregierung. 1010 Wien, Teinfaltstrasse 8;
Kummer, MelkUrb	= Kummer Edmund, Das älteste Urbar des Benediktinerstiftes Melk (1289-1294). Wien 1970 (Österreichische Urbare, II. Abt. Urbare geistlicher Grundherrschaften. Bd. 1. Die Mittelalterlichen Stiftsurbare Niederösterreichs. II. Teil, Melk, 1. Hälfte);
Lechner, Entw.Herzogtum	= Lechner Karl, Die territoriale Entwicklung von Mark und Herzogtum Österreich, in: UH 1953, 33;

Lechner, WV	= Lechner Karl, Besiedlungs- und Herrschaftsgeschichte, in: Das Waldviertel, Bd.7. Hsg. v. Dr. Edmund Stepan, 2. Buch;
Mayer, Rgbg	= Mayer, Burggrafen von Regensburg;
MB	= Monumenta Boica. München 1763 ff;
MbAV	= Monatsblatt des Altertumsvereines zu Wien. 1884 ff;
Meiller, BR	= Meiller Andreas v., Regesten zur Geschichte der Markgrafen und Herzoge Österreichs aus dem Hause Babenberg. Wien 1850;
Merian	= Merian Matthaeus, Topographia Provinciarum Austriacarum, Austriae, Styriae, Caranthiae, Carniolz, Tyrolis etc., Frankfurt a. M. 1649;
MG	= Monumenta Germaniae historica: DD = Diplomata, DChr = Deutsche Chroniken, Necr = Necrologia, SS = Scriptores. Hannover 1826 ff;
Mitis	= Mitis Oskar, Studien zum älteren österreichischen Urkundenwesen. Wien 1912;
Mitscha-Märheim, Kampgebiet	= Mitscha-Märheim Herbert, Karolinger- und ottonenzeitliche Burgen im Kampgebiet, in: ZsÖBurgV, Heft 4;
NotBl	= Notizenblatt. Beilage zum Archiv für Kunde österreichischer Geschichtsquellen. Wien 1851-59;
NÖLA	= Niederösterreichisches Landesarchiv, 1010 Wien, Herreng. 11;
ÖKT	= Österreichische Kunsttopographie. Wien. Bd. 1 ff;
OÖUB	= Urkundenbuch des Landes ob der Enns (Oberösterreichisches Urkundenbuch). Linz 1852 ff;
ÖZKD	= Österreichische Zeitschrift für Kunst und Denkmalpflege. Wien 1952 ff;
Piper	= Piper Otto, Österreichische Burgen. 8 Bde. Wien 1902-10;
Plesser	= Plesser Alois, Vergessene Burgen, in: MbLk 1902 - 05;
Plesser, Pöggstall	= Plesser Alois und Gross Wilhelm, Heimatkunde des politischen Bezirkes Pöggstall, Pöggstall 1938;
Recl	= Reclams Kunstführer Österreich. Bd. 1. Wien, Nieder- u. Oberösterreich, Burgenland. Bearb. v. K. Oettinger, R. Wagner-Rieger, Fr. Fuhrmann, Alfr. Schmeller. Stuttgart 1961;
Reil	= Reil Anton Friedrich, Das Donauländchen der Patrimonial-Herrschaften im VOMB. Wien 1835;
Reitsamer	= Reitsamer J, Des Erzstiftes Mission und Machtstreben, in: Merian Heft, Salzburger Land II/XXII, 72. 1969;
Schad'n	= Schad'n H. P, Die Hausberge und verwandte Wehranlagen in NÖ. (Prähistorische Forschungen, H.3). Horn-Wien 1953;
Seebach	= Seebach Gerhard, Unveröffentlichte Grundrisse, Baualterspläne: Birken-Verlag, 1060 Wien;
Seebach, Burgtypen Kamptal	= Seebach Gerh, Burgtypen im Kamptal, in: Wv 1971, 213;
Seebach, Mollenburg	= Seebach Gerhard, Die Mollenburg in plankritischen Betrachtungen, in: Wv 1971, 85;
Stowasser, freien Leute	= Stowasser Otto H, Die freien Leute der Grafschaft Weitenegg, in: Vierteljahresschrift für Sozial- u. Wirtschaftsgeschichte, NF, 1929, 146-56;
SUB	= Salzburger Urkundenbuch, v. Hauthaler Willibald und Martin Franz, 4 Bde. Salzburg 1910-1933;
TopNÖ	= Topographie von Niederösterreich, 8 Bde. Wien 1977 ff;
UH	= Unsere Heimat, Monatsblatt des Vereines für Landeskunde von Niederösterreich und Wien. Wien;

Ulbrich-Ratz	= Ulbrich K-Ratz A, Die Wehranlagen von Burg (eine topographische, historische und burgenkundliche Untersuchung), Anh.: Probegrabungen v. H. Mitscha-Märheim, A. Ohrenberger, B. Saria, in: BF, Eisenstadt 1954;
Uslar, Studien	= Uslar R. v, Studien zu frühgeschichtlichen Befestigungen zwischen Nordsee und Alpen, Bd. 11. Beihefte der Bonner Jahrbücher, Köln-Graz 1964;
Vi	= Vischer Georg Matthäus, Topographia Austriae inferioris 1672, Frankfurt a. M. 1672; bzw. Neuaugabe: Wien 1920;
Wiesflecker, Meinhard II	= Wiesflecker H, Meinhard der Zweite. Tirol, Kärnten und ihre Nachbarländer am Ende des 13. Jh. (Schlern 124) 1955;
Wiessner I, II, III	= Wiessner Hermann, Burgen und Schlösser um Wolfsberg, Friesach, St.Veit; Klagenfurt-Feldkirchen, Völkermarkt; Hermagor, Spittal/Drau, Villach (Kärntens Burgen I, II, III). Birken-Verlag, Wien 1964, 1965, 1967;
Weigl	= Weigl Heinrich, Historisches Ortsnamenbuch von Niederösterreich. Wien. Bd.1. - 1964; Bd.2. - 1965; Bd.3/1, 3/2 - 1970;
Winter	= Winter Gustav, Niederösterreichische Weistümer. 4 Bde. Wien 1886-1913;
Wißgrill	= Wißgrill Franz Karl, Schauplatz des landsässigen Nieder-Österreichischen Adels vom Herren- und Ritterstande von dem XI. Jahrhundert an, bis auf die jetzige Zeit. Bd. 1. (A-B) Wien 1794 ff; Fortsetzung i. Zs. Adler II (1872) ff;
WrHKA	= Wiener Hofkammerarchiv, 1010 Wien, Johannesgasse 6;
Wolf	= Wolf Hans, Erläuterungen zum historischen Atlas der österreichischen Alpenländer. II. Abt.: Die Kirchen- und Grafschaftskarte, 6. Teil, Niederösterreich. Wien 1955;
Wv	= Das Waldviertel. Wachauer und Waldviertler Zeitschrift für Heimatkunde und Heimatpflege. Krems a. d. Donau;
Zs	= Zeitschrift
ZsÖBurgV	= Zeitschrift des österreichischen Burgenvereines. Burgen und Schlösser in Österreich. Wien 1/1965; 2/1966; 3/1967; 4/1968; 5/1969; 6/1970; 7/1971;
Ztg	= Zeitung;

INHALTSVERZEICHNIS

Vorwort 4
Beiträge zur Siedlungs- und Herrschaftsgeschichte des südwestlichen Waldviertels 5
Die freien Leute der Grafschaft Weitenegg-Persenbeug 8
Allgemeine Betrachtungen über Bautypen am Ostrong 10
Karolingische Gutshöfe und Areale 11
Die Bautypen der Kleinadelssitze am Ostrong 21
Gliederung des Adels im Hochmittelalter 23
Wortabkürzungen 147
Historische und kunsthistorische Perioden in Mitteleuropa (Deutschland,Österreich) 149
Abkürzungen bei Quellen- und Literaturangaben 150

Burgenkarte 91

Abfalterhof	26	Fritzelsdorf	40
Adelmuthof	27	Glatzhof *	145
Aichau *	139	Gottsberg	41
Altenmarkt im Yspertale	25	Gottsdorf	41
Alten Pechlarn	55	Gotzb(p)erg	41
Arndorf	27	Graslhof (Gräslhof)	43
Artstetten	30	Greslhof	43
Aschelberg *	139	Gutenbach *	145
Auf der Eben *	145	Haag	46
Auhof *	145	Hart(h) *	140
Bachones *	145	Haslarn	47
Bergern *	139	Haslau	46
Bösen-Bechlarn	55	Haslesreut	38
Bruck am Ostrong *	139	Hasling	47
Burgern *	145	Hausegg(ck)	47
Bu(i)rghof *	145	Heiligenblut *	145
Deisselhof *	139	Henzing *	143
Dölla	139	Hertenssreit	38
Eben, Auf der *	145	Hinterlueg	26
Eben bei Ysper *	145	Hochegg	47
Ebenhof bei Dorfstetten *	145	Holzian *	146
Ebersdorf-Lehen	31	Hu(e)tterberg *	140
Eckhardstein	35	Jasenegg *	146
Edelsreith	38	Kälberhof	48
Eibelsberg bei Raxendorf *	145	Kapelleramt *	141
Eibetsberg *	140	Kaumberg-Lehen	50
Eitenthal *	140	Kienbauerhof	51
Erlang(s)hof	38	Kienberg (erhof)	51
Fahralehen *	145	Kienhof	51
Fahrenberg	39	Kleehof	55
Feistritz bei Heiligenblut *	140	Klein-Pöchlarn	55
Filsendorf *	140	Krempersbach *	146
Fischerlehen	26	Krumling	56
Friesenegg *	144	Laas *	146

Laimbach am Ostrong	57
Lauschstein	109
Lehen-Ebersdorf	35
Lehen-Kaumberg	50
Lehenhof	59
Leiben (Leiden)	154, 59
Linz(s)grub	62
Losau *	141
Mampasberg *	141
Mannersdorf *	141
Marbach an der Donau	64
Mauselburch *	141
Mayrhofen/Altenmarkt	26
Mayerhofen/Münichreith a.O. *	141
Mollenburg	65
Muckendorf *	146
Münichreith am Ostrong	74
Mürfelndorf	75
Nasting *	142
Neukirchen am Ostrong	76
Neusiedl am Feldstein *	146
Neusiedl bei Pfaffenhof *	146
Niederndorf	79
Nöchling	80
Nussendorf *	142
Oberbierbaum *	142
Oberhohenau *	142
Oberndorf *	142
Oed bei Braunegg *	146
Ostronghof	57
Ottenberg *	142
Pargatstetten *	142
Payerstetten *	142
Persenbeug	80
Pischingerhof	85
Pleissing	86
Pöbring	86
Pöggstall	88
Prinzelndorf	98
Purgstall (Ober-, Unter-) *	146
Rappoltenreith	101
Raxendorf *	142
Reidling *	143
Reithof *	141
Ried *	146
Röhrfeld	102
Rohrhof	102
Rorregg	102
Rotenau im Kalten Tal *	146
Rothof	105
Rottenhof	105
Salmonberg *	146
St.Anna im Felde - Pöggstall	94
St.Oswald	107
Sassenschlößl	35
Sassing *	146
Schaustein	109
Schwarzau	111
Seisenegg *	144
Seiterndorf	114
Siebendürfting *	143
Sinzenegg *	144
Steinbach *	144
Straß	26
Straßburg bei Pömmerstall *	146
Straßreith *	144
Streinhof *	141
Streitwiesen	117
Thaia / Laimbach	57
To(u)rtendorf *	144
Tottendorf *	144
Ulmuthof	27
Ulmützhof..	27
Unterbierbaum	121
Urfahr bei Weitenegg	121
Urthalhof	122
Vorderlehen *	147
Vorderlueg	26
Vornberg	39
Wachtberg *	147
Walchersperg	27
Walkersberg	27
Weins *	144
Weissenberg	122
Weissenlehen	27
Weißpyhra *	144
Weiten	124
Weitenegg	129
Weiterndorf *	147
Wimberg	135
Windpass *	147
Würnsdorf *	144
Ysper	137
Zaglau	46
Zeining *	144
Zindürfting *	143
Zinhof *	143
Zoderhof *	147

* Verschwundene Objekte